FIFTYFIFTY

ANSGAR SCHNEIDER
KLAUS-DIETER KOLENDA

Generation 9/11

Die verhinderte Aufklärung
des 11. Septembers
im Zeitalter der Desinformation

FIFTYFIFTY

Ein Abkürzungs-, Personen- und Stichwortregister des Buches sowie weiterführende Informationen finden Sie unter www.buchkomplizen.de/generation

Einen ausführlichen Anhang zum Buch finden Sie unter: http://download.fiftyfifty-verlag.de/generation_9-11.pdf

Die Deutsche Nationalbibliothek verzeichnet diese Publikation in der Deutschen Nationalbibliografie; detaillierte bibliografische Daten sind im Internet über http://dnb.d-nb.de abrufbar.

ISBN: 978-3-946778-25-7

in Vertriebskooperation mit der Westend Verlag GmbH
Umschlaggestaltung: Maximilian David
Satz: Publikations Atelier, Dreieich
Printed in Germany

Inhalt

Gewidmet denjenigen, die bereit sind, die andere Seite anzuhören.

– Klaus-Dieter Kolenda

Gewidmet Andreas …, der das Lesen meines ersten Buches mit der Begründung, dass, wenn die dort beschriebenen Inhalte stimmen würden, diese schließlich in der Zeitung stünden, abgelehnt hat.

– Ansgar Schneider

»Er erkennt sehr genau, dass die Welt mehr von denen bedroht wird, die Böses tolerieren oder unterstützen, als von denen, die es tatsächlich verüben.«[1]

– Albert Einstein

Vorwort und inhaltlicher Überblick

Liebe Leserin und lieber Leser[1], wir sind Zeuge, wie eine ganze Generation von Journalisten, Akademikern und Politikern einen intellektuellen Kampf gegen die Aufklärung der Terroranschläge des 11. September 2001 führt, diesen fördert oder ihn umkommentiert geschehen lässt. Wir sind damit ebenso Zeuge, wie eine neu heranwachsende Generation in einer medialen Landschaft aufwächst, in der die Lüge zur Wahrheit und die Wahrheit zur Lüge erklärt wird. Der 11. September, in amerikanischer Schreibweise 9/11 (»*nine eleven*«), ist so ein Symbol für eine ganze Generation gesellschaftlicher Leugnung geworden.

Die Terroranschläge des 11. Septembers mit ihren fast 3 000 Todesopfern dienen bis heute der Begründung des »*Kriegs gegen den Terror*« in Afghanistan, im Irak, in Pakistan und im Jemen. Dieser Krieg, an dem auch Deutschland direkt beteiligt ist, hat Millionen von Menschenleben gefordert und die dortigen Gesellschaften um Jahrzehnte in ihren Entwicklungen zurückgeworfen.

In nunmehr zwanzig Jahren ist viel über die Anschläge und die weltweiten Entwicklungen hin zu Krieg und Überwachungsstaat geschrieben worden: viel Falsches und Propagandistisches, aber auch viel Erkenntnisbringendes und wissenschaftlich Begründetes.

Das vorliegende Buch befasst sich mit zwei unterschiedlichen Themenbereichen. Das erste Thema ist die Zerstörung des World Trade Centers (WTC) am 11. September 2001 in New York City. Ziel des Buches ist es hier, wesentliche Fragen zur Zerstörung des World

Trade Centers zu beantworten und einen kurzen Überblick über die neuesten wissenschaftlichen Arbeiten zu geben.

Das zweite, darauf aufbauende Thema ist die gesellschaftliche Debatte über dieses erste Thema. Dies beinhaltet eine historische, erkenntnistheoretische und gesamtgesellschaftliche Einordnung dieser Debatte, von der wir in diesem Buch zeigen, dass sie vonseiten der großen Leitmedien mit diffamierenden und irreführenden Methoden, von Teilen der akademischen Welt mit pseudowissenschaftlichen Methoden, insgesamt also mit hochgradig manipulativen Methoden geführt wird.

Im politischen Kontext bezeichnet man Formen von organisierter und manipulativer Kommunikation, denen die Absicht zugrunde liegt, menschliches Denken, Fühlen oder Handeln zu beeinflussen, als Propaganda. Dieses Buch ist also insbesondere auch ein Buch über Propaganda der Gegenwart und darüber, wie sich pseudowissenschaftliches Gedankengut aus akademischen Kreisen propagandistisch verwerten lässt. Anhand der historischen Entwicklung der letzen 60 Jahren schildern wir, wie dieses Zusammenspiel in einer kontinuierlichen Linie propagandistischer Aktivitäten steht.

Dem Hauptteil des Buches sind vier persönliche Betrachtungen des 11. September vorangestellt. Dem ersten Beitrag des bekannten Filmemachers und Investigativ-Journalisten Dirk Pohlmann folgt ein Beitrag von Jörg Schneider, einem der renommiertesten statisch-konstruktiv ausgerichteten Bauingenieure der Schweiz. Zwei persönliche Anmerkungen von uns, Klaus-Dieter Kolenda (KDK) und Ansgar Schneider (AS), bilden den dritten und vierten Beitrag.

Der Hauptteil des Buches besteht aus elf Kapiteln und gibt ein Gespräch über den 11. September und die genannten angrenzenden Themen zwischen KDK und AS wieder. Wir haben den Text in Form eines Dialoges gestaltet, weil es einerseits unseren gemeinsamen Weg darstellt, aus dem dieses Buch hervorgegangen ist, und weil die Dialogform andererseits einen gewissen didaktischen Wert haben mag. Denn wer Informationen als Ergebnis einer Reihe von Fragen und Antworten, von Rede und Gegenrede erhält, erkennt Sinnzusammenhänge vielleicht besser, als wenn die Informationen ohne solche Fragen und Einwände präsentiert werden.

Wir hoffen also, dass wir mit der Dialogform eine ansprechende, lebendige Erzählform gefunden haben, die Sie, liebe Leserin, lieber Leser, zum Mit- und Nachdenken anregt. Ob uns das gelungen ist, müssen Sie beurteilen.

Das hier sinngemäß wiedergegebene Gespräch ist einem Treffen nachempfunden, das mit den im Laufe des Textes angegebenen Rahmendaten in Frankfurt am Main stattgefunden hat. Diesen Ort haben wir für ein Treffen gewählt, weil Frankfurt die einzige Stadt Deutschlands mit einer stadtbildprägenden *»Skyline«*, einer Silhouette aus Hochhäusern und Wolkenkratzern, ist, die man unweigerlich wahrnimmt, wenn man sich mit dem Zug dem Hauptbahnhof nähert.

Haben Sie eine spannende und erkenntnisreiche Lektüre!
Ansgar Schneider und Klaus-Dieter Kolenda

Persönliche Einführungen

»[…] You give me a waterboard, Dick Cheney and one hour, and I'll have him confess to the Sharon Tate murders.«[1]
– Jesse Ventura

Mein 11. September

Der Passagierjet dringt in die Fassade des Hochhauses wie ein heißes Messer in Butter. Ein Bild, dessen Wirklichkeit nicht akzeptabel ist, eine Hollywoodszene. Mein Verstand findet keine Traktion. Auf der anderen Seite des World Trade Centers bricht ein gigantischer Feuerball aus dem Gebäude. Tod und Vernichtung. Ein Katastrophenfilm in den Nachrichten. Ein zweiter Jet, heißt es. Ein erster war etwa eine halbe Stunde zuvor eingeschlagen, man konnte die Silhouette des Flugzeugs in der Fassade sehen. Und jetzt der zweite Einschlag. Auf dem Fernsehschirm. Live. Ich kann mich nicht erinnern, jemals wieder wegen eines Fernsehberichtes so erschüttert gewesen zu sein wie an diesem Nachmittag des 11. September 2001.

Momente vorher: Ich bin dabei, von zu Hause einen Drehtermin zu vereinbaren, mit Hans-Werner Große, einem der besten Segelflieger aller Zeiten. Ich bin damals Geschäftsführer der CargoLifter World GmbH, einer Tochterfirma der CargoLifter AG, verantwortlich für das Besucherzentrum auf dem Werftgelände, Merchandising, vor allem aber für alle Arten von Filmen und Drehs, die bei dem visionären Luftfahrtprojekt CargoLifter AG anfallen. Ziel ist eine große Doku über die Entwicklung und Produktion des geplanten Transportluftschiffs, die mit dem Erstflug enden soll. Ein Geschäftspartner ist National Geographic.

Ich drehe ab und zu auch für TV-Sender, bevorzugt im Bereich Luftfahrt. Das Thema, das ich mit dem damals neunundsiebzigjährigen Große bespreche, ist ein Magazinbeitrag über das neueste Projekt des vielfachen Rekordhalters im Segelflug. Große ist eine der treibenden Kräfte für die Entwicklung eines neuen Segelflugzeugs, des größten der Welt, das die Grenzbereiche der Leistungsfähigkeit erproben soll, der *»Eta«*, benannt nach dem physikalischen Symbol für den Wirkungsgrad. Ich freue mich auf den Dreh mit der Fliegerlegende und versuche am Telefon konzentriert und freundlich die wichtigsten Fragen für die Filmarbeiten zu klären, als mich eine SMS der Telekom erreicht.

Ich werfe einen Blick auf das damals noch kleine Display des Handys. Da steht etwas von einem Angriff auf das World Trade Center mit Flugzeugen. Eine SMS der Telekom? Ich habe noch nie eine SMS der Telekom erhalten. Was ist da los? Während des Gesprächs schalte ich meinen Fernseher im Heimbüro an, CNN.

Als das Bild auf dem Röhrengerät erscheint, sehe ich die oben beschriebene Szene. Ich will konzentriert bleiben, aber es gelingt nur teilweise. Ich spreche Große darauf an, ob er erfahren hat, was da in New York geschieht. Hans-Werner Große ist ebenfalls freundlich und konzentriert bei der Vorbereitung und sagt sofort: *»Ja, furchtbar. Wenn Sie erst mal Nachrichten gucken wollen?«* Ich widerspreche kurz, will auf jeden Fall den Dreh organisieren und begreife erst nach dem Auflegen, dass Große wohl selbst erst mal Nachrichten schauen wollte. Aber wir einigen uns schnell auf Datum, Ort und Zeit für den Dreh und dann brennen sich weiter die Bilder des Fernsehens in mein Bewusstsein.

Meine älteste Tochter ruft an, will wissen, ob ich verstehe, was da vor sich geht. Sie ist schockiert. In New York soll ein Passagierjet in das World Trade Center gerast sein. Das Hochhaus brennt. Sie sieht dasselbe wie ich und hofft, dass ich ihr erkläre, was da passiert ist. Schließlich bin ich Journalist und Pilot. Aber ich schwimme, ich habe keine Erklärung. Das ist alles zu groß, zu unglaublich.

Ich erzähle ihr, dass 1945 ein zweimotoriger Propellerbomber vom Typ B-25 Mitchell in das Empire State Building krachte, in den 79.

Stock. Die Geschichte hat sich mir als Kind aus dem Buch »*Notlandung*« in mein Gedächtnis eingebrannt. Der erfahrene Pilot Oberst William E. Smith hatte in schlechtem Wetter beim Flughafenanflug die Orientierung verloren, irrte über New York und schlug dann im höchsten Gebäude der Welt ein. Aber das war ein Unfall, bei schlechtem Wetter, tief hängenden Wolken und Nebel. Die Fernsehbilder vom 11. September zeigen einen blauen Himmel, Sicht von Pol zu Pol, wie das Flieger nennen.

Das ist doch kein Unfall!? Wieso steuert ein Pilot sich und seine Passagiere in den Tod? Warum greift der andere Pilot im Cockpit nicht ein? Ist es möglich, dass sich beide Piloten verabredet haben? Ist die Maschine entführt worden? Wie bringen Entführer die Besatzung dazu, in das World Trade Center zu rasen? Oder war die Besatzung durch einen Schwelbrand mit giftigen Dämpfen bewusstlos geworden? Dafür gibt es Sauerstoffmasken im Cockpit, damit die Piloten handlungsfähig bleiben.

Ich bin erschüttert von dem, was die Bilder letztlich bedeuten, ein Massaker, ich habe ein flaues Gefühl, wie bei einer Prüfung. Ich hatte bei den vielen Prüfungen in meinem Leben immer Prüfungsangst, und jetzt bin ich mitten in so einem Prüfungsalptraum: Ich bin ratlos, verstehe nichts, habe keine Antwort. Eta, der Wirkungsgrad, denke ich. Das Thema, das ich gerade besprochen habe. Wirkungsgrad: genau das, was mir gerade fehlt.

Der qualmende Nordturm steht wie eine Fackel in New York, ich muss merkwürdigerweise an die Fackel der Freiheitsstatue denken, als der zweite Jet in den Südturm einschlägt. Es ist live auf CNN zu sehen. Der Reporter berichtet von einer zweiten Explosion, erwähnt keinen Jet. Aber ich weiß, was ich gesehen habe. Das sind keine Unfälle. Das ist etwas anderes. Aber was? Wurden die Jets ferngesteuert? Ich kenne die Filme von Versuchen mit einer Boeing 720, die ferngesteuert in der Wüste bauchgelandet wurde, um ein brandhemmendes Treibstoffadditiv zu erproben. Der Versuch endete in einem Feuerball. Ich kenne Filme von ausgedienten Militärjets, die als Zieldrohnen benutzt wurden, auch moderne Überschalljäger.

Es bestehen automatische, konstante Verbindungen zwischen einem Flugzeug und Bodenstationen, der Zustand eines Flugzeugs wird in der Luft in Echtzeit überwacht. Aber ich weiß nichts von einer Fernsteuerung in Erprobung, die jemand missbrauchen könnte. Gäbe es so etwas, hätte ich davon in einer Fachzeitschrift gelesen. Könnte so etwas überhaupt unerkannt in Flugzeuge eingebaut worden sein? Wer jemals gesehen hat, mit welcher Akribie jeder Arbeitsschritt bei der Flugzeugwartung durchgeführt und dokumentiert wird – dieses Szenario ist nicht vorstellbar, es sei denn, unter Deckung eines Geheimdienstes. Aber welcher Geheimdienst soll in den USA unerkannt operieren können?

Ich klebe vor dem Fernseher. Ratlos und schockiert, stundenlang. *»America under Attack«* erscheint bald darauf auf dem Bildschirm. Ja, stimmt, denke ich, aber es gibt schon bald einen merkwürdigen Unterton in der Berichterstattung, etwas Kriegerisches, auf Rache Sinnendes mischt sich in das Entsetzen. Ein verständlicher Reflex, denke ich, frage mich aber gleichzeitig, warum ich ihn nicht so klar empfinde, ich habe eher die Befürchtung, dass jetzt vorschnell agiert wird.

Die Studiodekorationen werden innerhalb eines Tages auf eine Version mit einem großen Schriftzug *»War«* umgebaut. Wie kommt man von einem Terroranschlag auf Krieg? Wie bestraft man Terroristen mit *»Krieg«*? Ist das nicht eine Aufgabe für Polizei und Geheimdienste? So ähnlich, wie es die Israelis nach dem Anschlag auf die Olympischen Spiele in München gemacht haben?

Ich telefoniere mit Kollegen und Freunden in den USA, sie schicken E-Mails. Fotos von Menschen, die sich aus dem brennenden Gebäude in den Tod stürzen. Ich schaue sie nicht an. Ich empfinde sie als obszön. Ein Freund fragt auf meine Anmerkung, dass ich hoffe, dass es eine zivilisierte Aktion gegen die Urheber dieses gigantischen Verbrechens gibt: *»Was meinst du mit zivilisiert?«* Ich antworte, dass hoffentlich genau ermittelt wird, wer verantwortlich ist, dass die Täter ausgeliefert werden oder entführt, wie Josef Mengele, wenn nötig, dass es eine Geheimdienstaktion, vor allem aber ein Gerichtsverfahren gibt.

»Das ist nicht genug!«, sagt mein Freund. Er will Bomber fliegen sehen, etwas in vergleichbarer Größe. Ein anderer Bekannter aus den USA schickt ein Foto eines B-2-Bombers im Anflug, auf der Unterseite steht: *»If you can read this, you are fucked.«* Die Supermacht USA wurde herausgefordert, sie wird als Supermacht reagieren. Mit ihrem Militärapparat. In New York steht Präsident Bush mit einem Feuerwehrmann in den Trümmern des World Trade Center und ruft unter dem Jubel der umstehenden Rettungskräfte einem Feuerwehrmann, der darauf hinweist, dass er Bush nicht hören könne, mit dem Megafon zu: *»Aber ich kann dich hören! Der Rest der Welt kann dich hören. Und die Leute, die Leute, die dieses Gebäude zum Einsturz gebracht haben, werden uns alle bald hören!«*[2] Die Menge antwortet mit: *»USA! USA! USA!«*

Meine Freunde aus den USA berichten gerührt, dass ein deutscher Zerstörer im Nordatlantik mit einem Transparent ein US-Kriegsschiff begleitet hat: *»Wir stehen an eurer Seite!«*

Solidarität mit USA ist das große Thema in den deutschen Medien. Eine Welle der Sympathie brandet durch die Welt. Aber es werden auch Nachrichtenfilme gesendet, die angebliche Freudenfeiern von Palästinensern zeigen. Sie hinterlassen ein zwiespältiges Gefühl. Zum ersten Mal denke ich an eine Inszenierung. Ich spreche mit meinem Kameramann. Uns beiden ist aufgefallen, dass nur wenige Menschen zu sehen sind, dass es keinen Kontext gibt, der die Behauptung stützt, dass die Bilder angeblich Freudenfeiern wegen der Anschläge zeigen. Warum ist ein Kameramann dort, um 20 Leute zu filmen? Später wird bewiesen, dass dies ein krasser Fall von *»Fake News«* war, absichtliche Manipulation, aber damals wissen wir noch nichts, wir sind nur misstrauisch. Dieser Gedanke hält nicht lange an.

Ich will meine Unterstützung für die Opfer in den USA zeigen, ich will, dass dieses Verbrechen aufgeklärt wird und die Täter bestraft werden. Bei CargoLifter arbeiten viele Amerikaner, wir versichern ihnen unsere Anteilnahme und Solidarität. Wir machen die Kollegen in diesem Moment zu Repräsentanten einer Nation. Eigentlich eine merkwürdige Reaktion.

Als am nächsten Tag eine Demonstration in Berlin stattfindet, bin ich dabei, die Firma erlaubt es den Mitarbeitern. 200 000 Menschen, so die offizielle Angabe, ziehen zum Brandenburger Tor und hören eine Rede von Bundespräsident Rau. Ich nicht, ich bin zu weit weg. Ich habe einige Demonstrationen mitgemacht, gegen die Startbahn West, gegen die Nachrüstung. Diese ist anders, ganz anders. Hier dominieren gepflegtes Äußeres, Business-Kleidung, gut geschnittene Haare und teure Brillen die Optik. Eine Willensbekundung der besseren Leute, mit vielen Gästen aus dem Diplomatenviertel und den internationalen Büros in Berlin.

Später höre ich im Fernsehen, dass Rau gesagt hat: *»Nirgendwo wissen die Menschen besser als hier in Berlin, was Amerika für Freiheit und Demokratie in Deutschland getan hat.«*[3] Und Bundeskanzler Schröder sagt im Bundeskanzleramt: *»Es geht jetzt um die Solidarität mit den Vereinigten Staaten, es geht um die Tatsache, dass Deutschland fest an der Seite der Vereinigten Staaten steht und uneingeschränkte, ich betone das, uneingeschränkte Solidarität übt.«*[4] Das sind keine Demonstration für die Opfer, keine Forderung nach Gerechtigkeit, sondern Ergebenheitsadressen von Vasallen, Manifestationen der Dienstbereitschaft. Die Staatsmänner des Großraums drängeln sich danach, sich dem Hegemon zur Verfügung zu stellen. Als ob er das bräuchte.

Es gibt eine Dialektik der Unterstützung, wer sie anbietet, signalisiert gleichzeitig die Anerkennung der Hypermacht der USA sowie die Akzeptanz der folgenden Aktionen des Hegemons. Die internationale Unterstützung für die USA hat eine Intensität, die es seit der Mondlandung und nach Vietnam nicht mehr gab. Die einzige Supermacht der Welt ist jetzt das unschuldige Opfer eines ruchlosen Verbrechens. Sie wird sich rächen. Aber an wem? Und zu welchem Zweck wird diese Energie genutzt werden?

Die aufkommenden Schwierigkeiten der CargoLifter AG und die Suche nach ihren Gründen lassen meinen Blick auf manche Dinge kritischer werden. Da ist ein Untergrund unter der Oberfläche der Verhältnisse, über den in Zeitungen und im TV nichts zu hören ist. Da ist etwa ein Journalist, der unter circa 200 Pseudonymen in

Internet-Foren schreibt, ein Vollzeitjob. Er schickt sich selbst Nachrichten, täuscht einen Expertenkreis vor, der ihn selbst hochlobt, und wird daher von anderen als Quelle verwendet, obwohl er einen so schlechten Ruf hat, dass wichtige Luftfahrtorganisationen jeden Kontakt mit ihm ablehnen.

Ein Aktionär, der in Leitungsfunktion für eine US-Detektei arbeitet, die größte der Welt, berichtet mir, dass solche Aktionen nicht zufällig seien, dass man diese Manipulation von Aktienkursen durch Gerüchte im Internet *»Humping and Dumping«* nenne, dass dies ein neues, aber sehr erfolgreiches Verfahren sei. Er weist darauf hin, dass der Journalist Beziehungen in die USA hat, dass einiges für eine Operation gegen CargoLifter spreche, und rät dazu, seine Detektei mit einer Analyse zu beauftragen. Eine Führungsperson der Detektei kommt extra aus den USA angereist, trifft aber auf Unglauben bei dem Vorstandsmitglied, mit dem sie spricht. Ich aber fange an, mich mit dem Thema zu beschäftigen.

Die USA beanspruchen die Führerschaft bei allen strategischen Luftfahrtentwicklungen. Die Vorstellung, dass eine Sprunginnovation aus Deutschland mit Beifall begrüßt würde, ist falsch. Alles, was neu und wichtig ist, muss von den USA dominiert werden.

Dieses Gesetz ist nicht einmal ungeschrieben. Wenn man recherchiert, entdeckt man, dass die USA zum Beispiel darüber entscheiden, ob ein europäisches Unternehmen Trainingsflugzeuge in Südamerika verkaufen kann. Zuwiderhandlungen gegen US-Entscheidungen sind mit Sanktionen bedroht, der Regelfaktor ist Geopolitik, nicht Betriebswirtschaft. Die Europäer fügen sich, es gibt keine sichtbaren Proteste.

Ich stoße auf das *Project for a New American Century.* Warum liest man so wenig darüber?[5] Von Freunden aus den USA erhalten ich den Tipp, mich mit James Bamford, der NSA und Industri*espionage zu beschäftig*en. So stoße ich auf die Planungen für die *Operation Northwoods*, die Inszenierung eines Angriffes unter Falscher Flagge auf die USA durch die USA, um einen Konflikt mit Kuba zu ermöglichen.[6] Ein perfider Plan, sich als unschuldiges Opfer eines Terrorangriffes darzustellen, um militärisch zuschlagen zu können.

Ausgearbeitet und abgesegnet vom kompletten US-Generalstab, abgelehnt nur, weil John F. Kennedy nicht zugestimmt hat. Darin geht es um verschiedene Terroranschläge, die Sprengung eines Schiffes, um Entführungen oder fingierte Abschüsse von Verkehrsflugzeugen. Die Militärs planen dabei große Zahlen von Toten unter Amerikanern ein. Je mehr ich erfahre und erlebe, desto klarer wird, dass ich meine Vorstellungen von der Welt und wie sie funktioniert, verändern muss.

Im Januar 2002, die Insolvenz der CargoLifter AG beginnt sich abzuzeichnen, lese ich ein langes Interview mit dem ehemaligen Forschungsminister und Mitglied des Geheimdienstausschusses des Bundestages Andreas von Bülow im Tagesspiegel über den 11. September. Er liefert ein umfassendes Bild der Zustände. Wesentliche Teile decken sich mit meinen selbst recherchierten Tatsachen.

Damals war es noch möglich, so etwas Kritisches in einer großen Zeitung zu lesen, auch wenn im Interview bereits der Begriff *»Verschwörungstheoretiker«* auftaucht und sich die Redakteure fassungslos geben: nicht wegen der Tatsachen, sondern wegen der Vorwürfe des ehemaligen Ministers. Ich weiß, dass von Bülow recht hat, und frage mich, warum die Tagesspiegel-Redakteure im Interview die Rolle spielen, die sie spielen.

Der 11. September hat unser aller Leben verändert. Meines auch, aber er hat auch meine Weltsicht fundamental verändert. Letztlich ähnelte diese Entwicklung der berühmten Szene aus dem Film *»The Matrix«*, nämlich der Frage, ob man lieber die rote Pille, die den Ausbruch aus dem Gedankengefängis darstellt, oder die blaue Pille, die ein unreflektiertes Weiterleben im System symbolisiert, schlucken will. Dieser Film ist ein tiefer Mythos unserer Zeit, er ist anders als andere Hollywood-Blockbuster kulturrelevant, er ist mehr als eine Allegorie, er ist ähnlich wie die reale Katastrophe der Titanic ein Menetekel. Ein Mythos im klassischen Sinn. Die griechischen Mythen sind Geschichten, die tiefer wurzeln als die Wissenschaft, gleichzeitig unklarer sind, aber doch wahrheitsverbunden. Der 11. September selbst ist hollywoodesk, eine böse Inszenierung. Es gibt viele Menschen, die angesichts dieses Ereignisses weder die rote noch die blaue Pille schlucken wollen, die mythische Tiefen und Wahrheitsbezüge scheuen und wie Kinder hoffen, dass die Realität verschwindet, wenn sie nur die Augen fest genug schließen.

Kleinmachnow, im Mai 2021
Dirk Pohlmann

»Prima di essere ingegneri voi siete uomini«[7]
– Francesco de Sanctis

Ein langer 11. September

In den über vierzig Jahren meiner beruflichen Tätigkeit habe ich statisch-konstruktive Probleme des Bauwesens studiert, analysiert, meinen Studenten nahegebracht und untersucht, wobei im Zentrum meiner Forschung Fragen von Risiko und Sicherheit von Menschenleben und Sachwerten angesichts eines möglichen Versagens von Bauwerken standen. Die Beobachtung und anschließende Analyse vieler Versagensformen von Bauwerken waren immer wieder Quelle neuer persönlicher Einsichten und Erkenntnisse, insbesondere, wenn ich direkt – zum Beispiel als Gutachter oder Gerichtsexperte – mit solchen Ereignissen zu tun hatte.

Weltweit versagten unzählige Konstruktionen, stürzten ein, wurden unbrauchbar und kosteten das Leben von Menschen und jede Menge Geld. Ein paar lehrreiche Beispiele, die von meinen Kollegen und mir lebhaft diskutiert und begutachtet wurden: der Einsturz der Reichsbrücke in Wien über die Donau eines frühen Morgens, das Schwingen der Tacoma Narrows Bridge im US-Bundesstaat Washington bei leichtem Sturm und ihr schließliches Versagen, der Einsturz der Kongresshalle in Berlin, der Teileinsturz des Ronan Point Hochhauses in London mit wenigen Toten, das Versagen der Hänger der Passerellen im Hyatt Regency Hotel in Kansas City mit vielen Toten, der Absturz der untergehängten Decke in einem Schwimmbad in der Schweizer Stadt Uster, das Versagen eines Lehrgerüstes für eine Brücke in Winterthur wegen fehlerhafter Details et cetera et cetera.

Manchmal konnte das Versagen durch rechtzeitiges Handeln noch vermieden werden, wie zum Beispiel bei einer Eisenbahnbrücke, über die heute viele Züge vom Zürcher Hauptbahnhof in Richtung Westen fahren. Die Spannbetonbrücke stand schon im Rohbau fertig da, sah schön und elegant aus, als man glücklicherweise noch rechtzeitig vor dem Verlegen der Gleise einen schwerwiegenden Konstruktionsfehler entdeckte, der zum Einsturz geführt hätte.

Nachdem die Konstruktion mit zusätzlichen Spanngliedern ergänzt war, kann sie heute als sicher gelten.

Eine Einladung des brasilianischen Ingenieurverbands *Associação Brasileira de Engenharia e Consultoria Estrutural,* Vorträge in Rio de Janeiro und São Paulo zu halten, gibt mir nun die willkommene Gelegenheit, endlich einmal in knapper und verständlicher Form zusammenzufassen, was ich in meinem beruflichen Leben gelernt und verinnerlicht habe. *»Structural and Construction Safety«* ist der Titel der Veranstaltung, den ich für diese Vortragsreise wähle. Auf Deutsch würde ich das wohl unter dem Titel *»Sicherheit im Bauwesen«* vortragen. Fünf einzelne etwa einstündige Vorlesungen habe ich in Form einer Powerpoint-Präsentation vorbereitet und will diese jetzt zur Sicherheit – denn man weiß ja nie, ob die Technik in der Fremde funktioniert – auf Folien kopieren.[8] Und da stehe ich nun als emeritierter Professor des Instituts für Baustatik und Konstruktion der Eidgenössischen Technischen Hochschule Zürich (ETHZ) am Kopierer im Stockwerk F des HIL-Gebäudes, um diese Unterlagen zu kopieren, als mich der Zeichner unseres Instituts mit bestürzter Miene ins Sitzungszimmer ruft: Der Fernseher läuft und in New York steht das World Trade Center in Flammen.

Als kurze Zeit später die Zwillingstürme einstürzen, sind wir alle im Raum sprachlos. Entgeistert starren wir auf die Mattscheibe. Keiner von uns begreift so recht, was da vor sich geht. Wir schauen, staunen.

In den Tagen danach sprechen wir am Institut über die Einstürze. Hugo Bachmann, ein Kollege von mir an der ETHZ, äußert sich gegenüber der *Neuen Zürcher Zeitung* (NZZ) mit einer durchaus vernünftigen ersten Einschätzung zum Fall:

> *»Für Hugo Bachmann, emeritierter Professor für Baudynamik und Erdbebeningenieurwesen an der ETH Zürich, gibt es im Prinzip eine breite Palette von Möglichkeiten, warum die Konstruktionen schließlich doch versagten. Auf den ersten Blick scheinen ihm vor allem zwei Möglichkeiten in Frage zu kommen. Beim ersten Szenario ist das Feuer, das sich nach dem Aufprall der Flugzeuge ausbreitete, der entscheidende Faktor. Da Stahl mit zunehmender Hitze seine Festigkeit verliert, könnte es sein, dass die Tragkonstruktion, vor allem einzelne Stützen im Gebäudeinnern, in den betroffenen Stockwerken wegen der großen Hitze plötzlich einknickte. Die Stockwerke über den beschädigten Bereichen wären dann auf die an sich noch intakten unteren Teile der Hochhäuser gefallen. Dieser Belastung waren die Häuser jedoch nicht*

mehr gewachsen; es kam zu einer Kettenreaktion, bei der die Gebäude von oben nach unten zusammenbrachen. Dass vermutlich mehrere hundert Feuerwehrleute ums Leben gekommen sind, deutet darauf hin, dass die Rettungsmannschaften nicht mit einer solchen Möglichkeit gerechnet hatten.

Beim zweiten Szenario hätte hingegen eine weitere terroristische Aktion den Kollaps der Häuser verursacht. Bachmann kann sich vorstellen, dass die Attentäter in einer unteren Etage vor dem Anschlag Sprengstoff an ausgewählten tragenden Stützen im Gebäudeinnern angebracht haben. Auf diese Weise, so Bachmann, können Häuser wie das World Trade Center ohne größeren logistischen Aufwand zerstört werden. Wenn die Attentäter beispielsweise Büroräume gemietet hätten, so hätten sie in aller Ruhe und ohne dass dies jemandem aufgefallen wäre, den Sprengstoff an den verletzlichen Teilen des Gebäudes anbringen können. […] Wer über das nötige Fachwissen in Baustatik und Sprengtechnik verfügt, kann im Prinzip jedes Gebäude zerstören, denn jedes Tragwerk hat seine Achillesferse. Ein Attentat, das sich diese Schwächen gezielt zunutze macht, ist relativ einfach auszuführen, erfordert jedoch eine sorgfältige und zeitraubende Planung.«[9]

Wir lesen mit Interesse, was die *NZZ* in den folgenden Tagen publiziert, doch bald kehrt wieder Ruhe ein, jeder geht wieder seiner Arbeit nach. Wir befassen uns kaum mehr mit der Thematik, bis dann, vier Jahre nach den Anschlägen, etwas sehr Eigentümliches passiert.

Im Dezember 2005 erreicht mich die Anfrage eines jungen Historikers, der an der ETHZ beschäftigt ist. Er will mit Hugo Bachmann und mir reden. Ich bin zwar etwas überrascht über den Wunsch eines Historikers, mit zwei statisch-konstruktiv ausgerichteten Bauingenieuren zu sprechen, aber natürlich komme ich der Anfrage gerne nach. Dass sich danach meine Sicht auf einige Dinge deutlich ändern würde, konnte ich kaum ahnen.

Wir treffen uns am 14. Dezember 2005 im Dozentenfoyer der ETHZ. Ich bin immer gerne dort: die perfekte Aussicht, eines der schönsten Restaurants der Stadt. Der junge Historiker heißt Daniele Ganser, und er zeigt uns alte Fernsehaufnahmen aus New York vom 11. September 2001. Aber das, was er uns zeigt, sind nicht die Zwillingstürme. Zum ersten Mal höre und sehe ich, dass in New York am Nachmittag und ohne Einschlag von Flugzeugen noch ein dritter Wolkenkratzer, mit Namen World Trade Center Building 7 (WTC 7), eingestürzt ist. Kollege Bachmann und ich reiben uns verwundert die Augen. Dieses Gebäude scheint fachmännisch gesprengt zu sein, daran besteht kein Zweifel.

Undurchschaubar hingegen scheinen uns die politischen Implikationen dieser Aussage und Ganser fragt mehrfach nach, wie sicher wir seien und ob er uns mit diesen Aussagen zitieren dürfe. Um uns und Ganser etwas zu beruhigen, geben wir ihm die etwas vorsichtigere Formulierung *»mit großer Wahrscheinlichkeit gesprengt«* mit auf den Weg, auch wenn das an der Sache nichts ändert.

Das Gespräch dauert noch länger und wir sprechen über das, was zur Zeit von Fachkundigen diskutiert wird: War es ein Anschlag, der völlig überraschend für die amerikanischen Sicherheitsbehörden war (*»Surprise«*), war es ein Anschlag, der von amerikanischen Kreisen selbst aktiv geplant war (*»MIHOP = Make It Happen On Purpose«*), oder war es ein von außen geplanter Anschlag, den die amerikanischen Sicherheitsbehörden geschehen ließen (*»LIHOP = Let It Happen On Purpose«*)?

Im September 2006 erscheint dann im *Tages-Anzeiger*, einer überregionalen Schweizer Tageszeitung, ein Artikel von Ganser, der unter anderem auch unsere Einschätzung zum Einsturz von WTC 7 wiedergibt.[10] Dieser Artikel löst in der Schweiz einen kleinen Wirbel aus. Aber der verebbt bald. Offenbar haben Akademiker unterschiedlicher Gattungen, solange sie im Amt sind, Hemmungen, sich zum 11. September zu äußern. Sie müssen mit Schwierigkeiten rechnen, denn sie erinnern sich, dass Hugo Bachmann schon nach seinen Äußerungen im September 2001 von vielen Seiten angegriffen wurde. Auch Daniele Ganser verlor seine Stelle und Karriere an der ETHZ.

Ich weiß nicht, was ich von all dem halten soll. Aus den damals gut vierzig Jahren sind mittlerweile über sechzig Jahre geworden, in denen ich mich mit statisch-konstruktiven Problemen konfrontiert sehe, und eines kann ich feststellen: Die Spieler, die in der medialen Öffentlichkeit auftreten und das Thema WTC 7 mit Arroganz und zur Schau gestellter Besserwisserei zu einer Nebensache erklaren oder ganz beiseite zu legen suchen, spielen ein undurchsichtiges, ja falsches Spiel. Und wir sachkundigen Ingenieure sollten offener, ehrlicher sein und uns der einsichtigen Diskussion stellen.

Zürich, im April 2021
Jörg Schneider

»Was sind das für Zeiten, wo
Ein Gespräch über Bäume fast ein Verbrechen ist
Weil es ein Schweigen über so viele Untaten einschließt!«[11]
– Bertold Brecht

Der andere 11. September

Es ist Dienstagmorgen und ich bin auf dem Weg zur Arbeit. Bereits gestern kündigte sich eine arbeitsreiche Woche in meiner Rehabilitationsklinik am Ostufer der Kieler Förde an, aber auf der allmorgendlichen Fahrt dorthin habe ich immer eine gute halbe Stunde Zeit, um meinen Gedanken nachzugehen.

An diesem Morgen muss ich unweigerlich an den Militärputsch von General Pinochet in Chile denken, denn heute ist dessen 28. Jahrestag. Zur Unterstützung der progressiven Kräfte in Chile habe ich ab 1970 mehrere Jahre lang in der Chile-Solidarität in Kiel mitgearbeitet und dadurch einen intensiven und kritischen Blick auf die politischen Entwicklungen dieses südamerikanischen Landes entwickelt.

Ein Jahr vor dem Putsch verbrachte ich zusammen mit meiner Freundin vier Wochen in Panama, an die ich mich gern erinnere. Ein guter Freund und Kollege, der von dort stammte und den ich bei den Protestveranstaltungen gegen den Vietnamkrieg kennen gelernt hatte, lud uns ein, ihn nach Panama zu begleiten. Durch ihn bekam ich einen sehr persönlichen Bezug zu den Geschehnissen in Lateinamerika.

Pinochets Putsch wurde durch den amerikanischen Auslandsgeheimdienst CIA unterstützt und kostete den demokratisch gewählten und sozial engagierten chilenischen Präsidenten Salvador Allende das Leben. Allende war Arzt, wie mein Freund und ich, und viele Tausende seiner Anhänger und Unterstützer wurden nach dem Putsch verfolgt, gefoltert und ermordet. Darunter befanden sich mindestens 85 namentlich bekannte, verfolgte, verhaftete oder ermordete Ärztinnen und Ärzte und weitere Angehörige des chilenischen Gesundheitswesens.[12] Nach dem Putsch kam es zu einer 17-jährigen Terrorherrschaft der Militär-Junta in Chile.

Der Besuch meines Freundes in Panama war sein erstes Wiedersehen mit seiner Familie nach fast zwei Jahrzehnten. In den 1950er-Jahren »verschwanden« in Panama immer wieder politisch engagierte junge Leute. Dieses Schicksal wollte ihm seine Familie ersparen und schickte ihn mit einem Frachtschiff nach Spanien. Von dort kam er nach Deutschland, studierte Medizin und bestand Anfang der 1970er-Jahre das medizinische Staatsexamen.

Die Zeit mit meinem Freund in Panama habe ich als ein einziges Fest in Erinnerung. Von seinen früheren Schulkameraden wurde er fast jeden Abend zu einer anderen Party eingeladen, die extra für ihn veranstaltet wurde, und wir durften ihn begleiten. Dabei konnte ich bei vielen jungen Leuten die Hoffnungen erkennen, die auf Allende gerichtet waren. Die meisten meiner Gesprächspartner unterstützten in Panama den charismatischen Oberst Omar Torrijos, der kurz vorher die Macht übernommen hatte und den Panama-Kanal aus der amerikanischen Kontrolle befreien wollte.

Doch dann kam der 11. September 1973, der für meine lateinamerikanischen Freunde und so auch für mich ein Trauertag wurde. Die Hoffnungen auf eine progressive Wende in Lateinamerika wurden von einem Tag auf den anderen brutal zerstört. Allende war tot.

Nachdem ich in meiner Klinik angekommen bin, beginnt die Morgenbesprechung , dann die Patientenvisite, die bis zum Mittag andauert. Nachmittags habe ich ein langes Gespräch mit einem Patienten mit einer chronisch-obstruktiven Lungenerkrankung. Patienten mit langjähriger Tabakabhängigkeit zu motivieren, an einer Raucherentwöhnung teilzunehmen, fällt oft schwer.

Als ich ihn nach dem Gespräch zur Tür bringe, reißt mir ein Kollege förmlich die Klinke aus der Hand und berichtet mir, in New York sei etwas Schreckliches passiert: Zwei Flugzeuge seien in die Zwillingstürme des World Trade Centers gerast und hätten diese zum Einsturz gebracht. Deshalb beende ich an diesem Tag schon früher als vorgesehen meine Arbeit und fahre nach Hause, um mir die Berichterstattung im Fernsehen anzusehen. Bis in den späten Abend sind auf fast allen Kanälen die Bilder von den Ereignissen in New York zu sehen.

Der Drahtzieher der Anschläge sei Saudi Osama bin Laden, der Chef der Terrororganisation Al-Qaida, so ist es schon in den späten Abendstunden dieses Tages im Fernsehen zu hören. Diese Behauptung ist später in allen Zeitungen immer wieder zu lesen.

Am 20. September 2001 kündigt US-Präsident Bush den *»Krieg gegen den Terror«* an und droht der Weltgemeinschaft: *»Entweder ihr seid für uns, oder ihr seid für die Terroristen«.*[13] Bushs martialische Rhetorik ist erfolgreich, denn als im Oktober 2001 der Krieg gegen Afghanistan beginnt, wo sich Bin Laden angeblich aufhalte, ist Deutschland als NATO-Bündnispartner von Anfang an mit dabei und die Friedensbewegung sieht machtlos zu, wie das Völkerrecht dem Recht des Stärkeren weicht.

Gibt es nicht diese Weisheit: *»Das erste Opfer des Krieges ist die Wahrheit«*? Jedenfalls reagiere ich mit Skepsis auf die so schnell vorgebrachten Anschuldigungen gegen Bin Laden, was sicher auch durch mein langjähriges friedenspolitisches Engagement begründet ist. Seit Mitte der 1980er-Jahre bin ich Mitglied in der größten berufsbezogenen Friedensorganisation in Deutschland, bei den Internationalen Ärztinnen und Ärzten für die Verhütung des Atomkriegs – Ärzte in sozialer Verantwortung (IPPNW),[14] die 1985 mit dem Friedensnobelpreis ausgezeichnet wurde.

Nach dem 11. September 2001 startet die IPPNW eine Kampagne gegen Krieg und Terrorismus und vertritt dabei die Überzeugung, dass Terror nicht mit Krieg bekämpft werden kann. Wenn ich mit IPPNW-Kollegen über den 11. September 2001 spreche, höre ich häufig Zweifel an der sogenannten offiziellen Geschichte über diesen Terroranschlag,[15] aber öffentlich darüber sprechen mögen die wenigsten. Entsteht hier ein Tabu?

Eine der wenigen Ausnahmen ist eine 2008 durchgeführte Veranstaltung der Hamburger IPPNW-Regionalgruppe mit dem amerikanischen Architekten Richard Gage.[16] Gage ist Gründer der Organisation *Architects and Engineers for 9/11 Truth,* die sich für eine Aufklärung des 11. September einsetzt und eine unabhängige Neuuntersuchung der Ereignisse fordert. Ein Jahr später lädt die IPPNW zusammen mit der *Arbeitsgruppe Zukunftspolitik Hamburg* den renommierten amerikanischen Theologen und Philosophen David Ray Griffin ein, der in einer Reihe von Büchern das Geschehen und die Hintergründe des 11. September kritisch beleuchtet hat.[17] 2015 bringt die IPPNW eine umfangreiche Studie heraus, die die Todesopfer des *»Kriegs gegen den Terror«* allein in den ersten 10 Jahren in Afghanistan, Pakistan und im Irak mit etwa 1,3 Millionen beziffert.[18] Tatsächlich wird der 11. September 2001 mit den Jahren in seiner historischen Bedeutung zunehmend als Zäsur des 21. Jahrhunderts deutlich. Bürgerrechte wurden und werden in den USA und weiteren westlichen Ländern abgebaut und die Befugnisse von Polizei und Geheimdiensten ausgeweitet. Der zunehmende Überwachungsstaat wird legitimiert und die Rüstungsausgaben steigen bis heute an.

Mein anfängliches Unbehagen gegenüber der offiziellen Darstellung des 11. September wird dadurch verständlicherweise kaum beseitigt, aber als medizinischer Leiter einer Rehabilitationsklinik bin ich beruflich sehr gefordert und beschäftige mich nicht tiefergehend mit dem Thema. Das ändert sich ein wenig, als ich 2006 in den Altersruhestand gehe. Ich lese die Bücher von verschieden Autoren zu diesem Thema, das des ehemaligen Staatssekretärs und Bundesministers von Bülow, später das der Journalisten Bröckers und Walther und dann die von Schreyer und Klöckner.[19] Bei dieser Lektüre erfahre ich, dass am 11. September in den späten Nachmittagsstunden noch ein dritter Turm, World Trade Center 7 (WTC 7), eingestürzt ist, das aber nicht von einem Flugzeug getroffen worden war.

2015 werde ich auf die Vorträge des Schweizer Historikers und Friedensforschers Daniele Ganser aufmerksam, in denen dieser auch den 11. September 2001 beleuchtet. Ein Vortrag, den Ganser 2014 an der Universität Tübingen gehalten hat, ist inzwischen von mehr als einer Million Menschen im Internet aufgerufen worden.[20] In diesem Vortrag sehe ich zum ersten Mal einen Film, der zeigt, wie WTC 7 plötzlich und innerhalb von wenigen Sekunden kollabiert ist. Ich bin verblüfft.

Im Frühjahr 2019 werde ich dann von Kollegen der Kieler IPPNW-Gruppe auf den gerade stattgefundenen Jahreskongress der

Neuen Gesellschaft für Psychologie (NGfP) aufmerksam gemacht. Anfang März fand dieser in Berlin statt und einer der eingeladenen Redner war Ansgar Schneider, ein diplomierter Physiker und promovierter Mathematiker, der dort einen viel beachteten Vortrag mit dem Titel *»Wissenschaft, Medienversagen und der 11. September«* hielt.

Ich kannte diesen Schneider bisher nicht, aber ich lese ein interessantes Interview mit ihm, das er im Vorfeld dieses Kongresses gegeben hat.[21] Sein Buch *»Stigmatisierung statt Aufklärung«* bestelle ich mir sofort bei meinem Buchhändler um die Ecke und lese es mit großem Interesse.[22] In seinem Buch beschreibt Schneider aus der Sicht eines Naturwissenschaftlers die empirische Faktenlage zu den drei am 11. September 2001 in New York eingestürzten Wolkenkratzern. Er stützt seine Aussagen dabei unter anderem auf eigene wissenschaftliche Untersuchungen zu den Zwillingstürmen. Schneider sagt, dass die Sprengung der drei Wolkenkratzer die einzige wissenschaftliche Erklärung sei, die mit allen vorliegenden empirischen Daten über die Zerstörung der Türme übereinstimme.

Daraufhin schreibe ich eine Rezension über Schneiders lesenswertes Buch für das Online-Magazin *Rubikon*.[23] Vor diesem Hintergrund nehme ich Kontakt mit ihm auf und frage ihn, ob er bereit wäre, mir ein Interview zu geben. Das ist er und es werden daraus insgesamt vier Interviews, die nacheinander im *Rubikon* und in den *Nachdenkseiten* erscheinen.[24] Diese Interviews haben uns zu einem anhaltenden und vertiefenden Gedankenaustausch geführt, dessen Ergebnis das vorliegende Buch darstellt.

Kronshagen, im April 2021
Klaus-Dieter Kolenda

»Macbeth: *[...] I bear a charmed life, which must not yield*
To one of woman born.
Macduff: *Despair thy charm;*
And let the angel whom thou still hast served
Tell thee, Macduff was from his mother's womb
Untimely ripp'd.«[25]
– William Shakespeare

Kein 11. September ist auch keine Lösung

Der Film- und Literaturkritiker Georg Seeßlen stellte einmal fest, dass jedes Schreiben immer auch autobiografisches Schreiben ist. Ich kann und will also nicht den Fehler machen und versuchen, meine hier geäußerten Gedanken und deren Darstellung so zu präsentieren, als seien sie gänzlich losgelöst von meinen Erfahrungen, Erlebnissen, meiner Ausbildung, meiner Perspektive oder meinen weltanschaulichen Überzeugungen. Das ist es natürlich nicht. Meine Herangehensweise an einen Sachverhalt und mein Verständnis davon ist sicher anders, als man es von einem Juristen, einem Politologen oder einem Psychologen erwarten würde. Das mag bei den Themen, um die es hier in diesem Buch gehen soll, sowohl Vor- wie auch Nachteile haben.

Der Psychologe Friedemann Schulz von Thun beschrieb mit dem *»Kommunikationsquadrat«* einen Gedanken, der Seeßlens Einsicht über das automatisch autobiografische Schreiben noch weiter führt und abstrahiert. Schulz von Thun identifiziert, analog zu den vier Seiten eines Quadrates, vier Seiten einer zwischenmenschlichen Äußerung: (1) Eine Sachebene, die Informationen zu einem Thema korrekt oder falsch, wichtig oder irrelevant, ausführlich oder knapp beinhaltet. (2) Einen Appell, der den Leser oder Zuhörer zu einer Folgehandlung, einer Reaktion oder zu einem Denkanstoß bringen soll oder kann. (3) Einen Beziehungshinweis, der Informationen darüber verrät, wie der Angesprochene zum Sprechenden steht. Und (4) eine Selbstoffenbarung, die Informationen über den Sprechenden preisgibt. Die Selbstoffenbarung in zwischenmenschlichen Äußerungen entspricht offenbar in etwa dem, was Seeßlen mit dem automatisch autobiografischen Schreiben meint.

Eine reichhaltige Quelle für Missverständnisse ist es, wenn Sender und Empfänger einer Nachricht unterschiedliche Schlüssel zur (De-)Codierung der vier Ebenen verwenden. Anders gesagt: Die Wahrnehmung der vier Ebenen ist (natürlich) subjektiv. Oder, um Seeßlens Einsicht zu vervollständigen: Auch alles Lesen oder Zuhören läuft immer durch den eigenen autobiografischen Filter und die Reaktion darauf hängt von Vorwissen, Weltbild, Wünschen und Gefühlen des Lesers oder Zuhörers ab. Ich denke zwar, dass die sich in diesem Buch darstellenden vier Ebenen wenig Spielraum für allzu große Missverständnisse lassen, aber ich will trotzdem ein paar kurze Bemerkungen dazu machen:

Über den Beziehungshinweis zwischen Ihnen, werte Leserin und werter Leser, und den Autoren dieses Buches braucht man nicht viele Worte zu verlieren, da Autoren aus den offensichtlichen Gründen nicht wissen, wer ihre Leser sind, wenngleich man aus den ebenso offensichtlichen Gründen annehmen kann, dass dies Menschen sind, die sich für das gegebene Thema des Buches interessieren.

Das Thema (die Sachebene), um das es in diesem Buch gehen soll, beinhaltet einen Kriminalfall, der sich vor zwanzig Jahren ereignete und dessen Hauptakt am 11. September 2001 stattfand. Drei Wolkenkratzer wurden an diesem Tag zerstört und fast dreitausend Menschen verloren ihr Leben. Doch die Sachebene ist damit noch nicht umfassend beschrieben. Denn das Verbrechen, das stattfand, blieb nicht nur unaufgeklärt, sondern es wurde und wird von einem großen medialen, politischen und akademischen Eifer begleitet, dessen effektive Wirkung es ist, dass die Aufklärung des Verbrechens gesellschaftlich geächtet wird. Die Ächtung der Aufklärung, die damit einhergehende gesellschaftliche Leugnung des Verbrechens und die Duldung des erneuten Rückfalls in die real existierende Barbarei von Krieg und Überwachungsstaat sind das eigentlich bedeutsame Thema, das die nachfolgenden Generationen – sowohl in seiner analytischen Aufarbeitung als auch in seinen gesellschaftlichen Konsequenzen – noch weit mehr beschäftigen wird als die Aufklärung des Verbrechens selbst.

Die Sachebene dieses Buches ist also ein Bericht über einen tiefliegenden Missstand in unserer Gesellschaft. Diese Aussage beinhaltet eine normative Komponente, die die besagten politischen und gesellschaftlichen Entwicklungen der letzten zwanzig Jahre als falsch bewertet. Der offensichtliche, sich daraus ergebende Appell dieses Buches liegt in der Aufforderung, diesen Missstand zu beseitigen. Wir – die Bevölkerung, das Volk, der Souverän – müssen Aufklärung einfordern und die gemachten Fehler als solche anerkennen und juristische und politische Konsequenzen verlangen.

Der einzige Weg, den ich hierfür sehe, ist, eine breite gesellschaftliche Debatte anzustoßen. Dabei ist mir bewusst, dass dies genau die Schwierigkeit ist, an der die Aufklärung dieses Verbrechens seit nunmehr 20 Jahren scheitert, und auch ich habe kein Patentrezept, wie man hier geschickt und erfolgversprechend vorgehen sollte.

Zwei ehrliche und vernunftbegabte Menschen sollten, wenn sie gewisse ethische Grundprinzipien teilen und über dieselben Informationen verfügen, entweder zur gleichen Bewertung einer Situation kommen oder zumindest klar benennen können, an welcher konkreten Sachfrage sich ihre Geister scheiden. Diesen Punkt sauber herauszuarbeiten, wäre das Ziel einer ehrlichen und demokratischen Debatte.

Eine solche Verständigung über die Ereignisse des 11. September ist jedoch nicht immer gewünscht, wie wir anhand von einigen Beispielen sehen werden. – *»Natürlich!«*, mag der eine oder die andere Kundige rufen, das ist seit zwanzig Jahren so und wird auch in zwanzig Jahren noch so sein. Nun, das mag stimmen, aber ich denke oder hoffe, dass noch nicht alle Wege ausgeschöpft sind, denn letzten Endes sind die Protagonisten der Gegenaufklärung so machtlos gegenüber der Wahrheit, wie es Macbeth in Shakespeares gleichnamigen Drama ist: keine Macht, die den Tyrannen beschützen könnte, sobald der Herausforderer der Macht das Kleingedruckte liest und dessen Bedeutung versteht. Bei Shakespeare ist es Macduff, der erkennt, dass die Prophezeiung, dass Macbeth nicht von *»einem einer Frau Geborenen«* getötet werden kann, keinen Schutz für Macbeth bietet, da Macduff per Kaiserschnitt zur Welt kam. In der Post-9/11-Welt sind es unzählige Aufklärer und Forscher, die die Details des 11. September untersucht und sich damit den modernen Prophezeiungen einer äußert aggressiven und den Geist lähmenden Propaganda entzogen haben. Dieses Buch beinhaltet also den Appell zur Aufklärung und zur Aufdeckung von Propaganda als solche, und da ich einer derjenigen bin, die diesen Appell aussprechen, spiegelt dies natürlich einen autobiografischen Aspekt meiner selbst wider. Wie komme ich also dazu, mehrere Jahre meines Lebens aus freien Stücken darauf zu verwenden, etwas zu erforschen, was doch schon so lange her ist, und dessen tagespolitische Bedeutung für einen oberflächlichen politischen Beobachter gering erscheinen mag?

Ich kann die Frage nur auf einer emotionalen Ebene beantworten: Die Realität des 11. September und die folgende jahrzehntelange gesellschaftliche Leugnung empfinde ich in ihren menschenverachtenden und demokratiezersetzenden Konsequenzen als so pervers, dass ich gar nicht anders handeln könnte, ohne die eigenen Ideale zu verraten. Aufklärung ist die Pflicht des mündigen Bürgers, des Wissenschaftlers, des Humanisten. Von dieser Pflicht sollten wir uns alle leiten lassen. Nicht weiter über den 11. September zu sprechen und das Thema damit ad acta zu legen, kann also keine Lösung sein.

Bonn, im März 2021
Ansgar Schneider

Ein Gespräch über den 11. September

»Ich war noch niemals in New York!«
– Udo Jürgens

1 Am Bahnhof: Einreiseprobleme

Frankfurt Main Hbf, Montag, 17. August 2020, 11:21 Uhr

Klaus-Dieter Kolenda (KDK): Herr Schneider! Ich grüße Sie! Wie geht es Ihnen, ich hoffe, Sie hatten eine gute Anreise.

Ansgar Schneider (AS): Guten Morgen! Danke, ja. Ich hab's ja nicht so weit wie Sie. So wie Sie gesagt haben, sind Sie öfters hier?

KDK: Ja. Meine ehrenamtliche Tätigkeit im Vorstand eines Vereins, der sich für die Prävention des Rauchens und die Förderung der Raucherentwöhnung einsetzt, führt mich gelegentlich nach Frankfurt.

Aber Sie waren doch auch schon mal hier im Sommer 2019. Sie erwähnten, dass Sie hier in der Stadt beim amerikanischen Generalkonsulat für Ihre Visumsbeantragung waren. Können Sie mir bitte noch einmal schildern, warum die amerikanische Regierung Ihnen die Einreise verweigert hat? Jeder Deutsche kann doch einfach per ESTA-Antrag[1] einreisen?

AS: Das stimmt nur für fast jeden Deutschen, denn wenn man nach 2011 im Iran oder in anderen Ländern wie Syrien, dem Irak, dem Jemen oder dem Sudan war, kann man nicht per ESTA einreisen. So war die

Rechtslage im Sommer 2019. Weil ich nun beruflich schon mehrfach im Iran war, das letzte Mal im Sommer 2018, geht das bei mir also nicht.

KDK: Was haben Sie im Iran gemacht?

AS: Ich war auf verschiedenen mathematischen Konferenzen eingeladen. Einmal ging mein Aufenthalt über mehrere Monate und ich konnte etwas vom Land kennenlernen. Ein atemberaubendes Land und unglaublich gastfreundlich. So schrecklich gastfreundlich, dass es einem unheimlich wird. Einmal musste ich einen Taxifahrer minutenlang darum bitten, dass ich ihn bezahlen durfte. Er wollte mich nicht abkassieren. Ob das einem Iraner schon mal in Deutschland passiert ist, weiß ich nicht.

Jedenfalls komme ich nicht per ESTA in die USA, aber man darf ein Visum beantragen, wenn man einen abgelehnten ESTA-Antrag hat.

KDK: Und das Visum wurde dann auch wegen Ihrer Iranbesuche abgelehnt?

AS: Das Visum wurde mit einem vorgedruckten Formular ohne persönliche Anrede und der Begründung abgelehnt, dass ich *»nicht an mein Heimatland gebunden«* sei. Fragen Sie mich nicht, was das heißen soll oder wie das Konsulat darauf kommt. Es ist in jedem Fall absurd, weil ja jeder Deutsche normalerweise einfach ohne Visum einreisen darf, egal, ob er an sein *»Heimatland«* gebunden ist oder nicht. Es hat mich auch niemand darum gebeten zu begründen, dass ich eine solche Bindung habe. Im Gegenteil:

Die amerikanischen Behörden wussten, dass ich zum Kongress der IABSE[2] eingeladen war, weil ich das Einladungsschreiben zweimal vorlegen musste: einmal zur Beantragung eines vorgezogenen Termins zur Visumsbeantragung und einmal, weil mich die Sachbearbeiterin im Konsulat aufforderte, die Einladung per E-Mail nachzureichen.

Sie gab mir dazu einen Vordruck auf gelbem Papier mit, auf dem sie angekreuzt hatte, dass mein Antrag vorläufig abgelehnt sei, bis ich das Einladungsschreiben nachgereicht habe. Das war der einzige Punkt von vielen, den sie angekreuzt hatte und den ich darlegen sollte. In unserem Gespräch versicherte sie mir, dass sie sonst keine Beanstandungen hat und es sich dabei um eine reine Formalie handelt, für die ich etwa eine Woche Bearbeitungszeit annehmen sollte.

Mein Termin im Konsulat war freitags um 11 Uhr. Gegen 16 Uhr am selben Tag habe ich die E-Mail mit dem Einladungsschreiben abgeschickt; der Eingang wurde bestätigt. Etwas merkwürdig ist nun, dass die Visumsablehnung, die mir schon am darauffolgenden Dienstag zugestellt wurde, auf denselben Tag datiert ist wie mein Gespräch. Das heißt, die Sachbearbeiterin hat meinen Fall entweder noch am späten Freitagnachmittag bearbeitet oder mein Fall wurde abgearbeitet, ohne dass meine Unterlagen berücksichtigt wurden.

KDK: Oder jemand wollte nicht, dass Sie auf der Konferenz in New York über das World Trade Center sprechen?

AS: Das wäre zwar irgendwie denkbar, aber ich bin nicht der Erste, der wissenschaftliche Daten zur Zerstörung des World Trade Centers vorlegt, die den offiziellen Behauptungen widersprechen. Warum sollte ich so besonders behandelt werden? Das ist nicht plausibel.

Ich habe wegen meines Falles mit einer zuständigen Frau von der Deutschen Forschungsgesellschaft aus der Gruppe für internationale Zusammenarbeit gesprochen. Sie ist selbst regelmäßig im Iran und den USA und meinte, sie habe es erwartet, dass die zunehmenden Grenzverschärfungen irgendwann auch Wissenschaftler treffen. Die Welt hat sich seit 2001 in vielerlei Hinsicht verändert.

KDK: Wenn eine international so renommierte Ingenieursvereinigung wie die IABSE einen Physiker auf ihren Jahreskongress nach New York einlädt, um über das größte Strukturversagen in der Geschichte der Architektur – also den Kollaps der Zwillingstürme – zu sprechen, dann gehe ich davon aus, dass die besprochenen Dinge sowohl von wissenschaftlicher als auch von gesellschaftlicher Relevanz sind. Man kann Ihre wissenschaftliche Arbeit im Kongressband nachschlagen und studieren – gut, aber der wissenschaftlich-gesellschaftliche Diskurs wird durch das abgelehnte Visum doch behindert.

Sie waren ja im September zusätzlich noch eingeladen, auf einer öffentlichen Veranstaltung von Rechtsanwälten, dem *Lawyer's Committee for 9/11 Inquiry*, in New York zu sprechen, die seit dem Frühjahr 2019 juristische Schritte wegen der ungenügenden Untersuchung der Gebäudeeinstürze verfolgen. Aus meiner Sicht wird die juristische Aufklärung behindert, wenn Leute wie Sie dort nicht sprechen können. Das ist denkwürdig oder meinen Sie nicht?

AS: Ja, da stimme ich Ihnen zu. Es ist wichtig, mit den Leuten persönlich zu sprechen. Das ist der beste Rahmen für einen ungehemmten Wissensaustausch. Sie können dann Fragen und Unklarheiten möglichst effizient klären. Das Zusammenschließen von Gehirnen ist wichtiger als alles andere. So banal es klingt, aber die gemeinsame Limonade nach der Konferenz ist womöglich der wichtigste Teil einer Konferenz. Ich bedauere, dass es nicht dazu kam, sowohl was die Bauingenieure als auch was die Rechtsanwälte angeht.

Andererseits ist Ihre Frage doch von einem utopischen Ideal getragen, was wir in der Realität kaum vorfinden. Vielleicht darf ich hier mal mit etwas Polemik antworten: Wo spielen denn Aufklärung und der wissenschaftlich-gesellschaftliche Diskurs überhaupt eine Rolle? Zumal es beim 11. September um eines der geopolitisch zentralen Themen dieses jungen Jahrhunderts geht. Fragen Sie in solchen Angelegenheiten mal die Dissidenten Snowden, Manning oder Assange! Die wissenschaftlichen und humanistischen Erkenntnisse der Aufklärung sind im global-politischen Rahmen kaum mehr als intellektuelle Almosen für hoffnungslose Optimisten, denn realpolitisch geht es bei dem Wort Aufklärung nicht um Diskurs, sondern um den Kurs eines AWACS-Flugzeugs.[3] Also … Sie haben gewiss recht, aber es ist an dieser Stelle bei mir nur ein verstauchter Zeh, während bei anderen das ganze Bein ab ist.

KDK: Ja, die Realität ist nicht schön und verlangt nach Verdrängung durch Bewegung: Gehen wir für ein spätes Frühstück in die Altstadt?

»Not the apple story again!«[4]
– Stephen Hawking

2 Eine kurze Geschichte der Zwillingstürme

Sehr spätes Frühstück: Café Liebfrauenberg, nahe Liebfrauenkirche

KDK: Ihre Arbeit für den IABSE-Kongress – um was geht es da?

AS: Eine gute Frage.

KDK (*lacht*)**:** Entschuldigen Sie, ich dachte, das wüssten Sie!?

AS (*lacht auch*)**:** Oh, das war gar nicht so ironisch gemeint. Um das richtig einordnen zu können, muss man den Hintergrund der bisherigen wissenschaftlichen Untersuchungen ein bisschen kennen. Ich versuche, das mal zusammenzufassen:

Im Januar 2002 veröffentlichte eine amerikanische Fachzeitschrift, das *Journal of Engineering Mechanics,* eine Arbeit der Ingenieure Zden k Bažant und Yong Zhou aus Chicago. Bažant war zu der Zeit in Fachkreisen bekannt und angesehen, Zhou sein junger Assistent. In der Arbeit geben die beiden eine Abschätzung an, die besagt, dass die Zwillingstürme keine Chance hatten, den Einsturz zu überleben, sobald dieser in einem Stockwerk einmal angefangen hat. Die Struktur muss dann ja nicht nur das Gewicht des Oberteils tragen, sondern auch die beschleunigte Masse abbremsen, das bedarf zusätzlicher Kraft. Die bauliche Struktur sei nun mindestens um einen Faktor 8 bis 9 zu schwach gewesen, so das Ergebnis von Bažant.

Diese Aussage zieht drei Fragen nach sich: (A) Wie konnte der Einsturz in einem Stockwerk überhaupt anfangen, (B) wie hat er sich dann fortgesetzt und (C) stimmt der angegebene Zahlenwert von Bažants Abschätzung? Diese drei Fragen sind die zentralen wissenschaftliche Fragen, um die es beim Einsturz der Zwillingstürme geht.

Mit der ersten Frage nach der Einsturzursache hat sich das National Institut for Standards and Technology (NIST) in seinem Bericht über die Zerstörung der Zwillingstürme beschäftigt. Dieser offizielle Untersuchungsbericht wurde 2005 veröffentlicht. Das Wichtigste an diesem Bericht ist aber das, was nicht drinsteht. Denn der Bericht befasst sich lediglich mit dem Zeitraum zwischen Flugzeugeinschlag und Einsturzbeginn, also mit Frage (A), nicht aber mit dem weiteren Verlauf des Einsturzes, also mit Frage (B).[5] Sie haben die Zerstörung der Zwillingstürme am Bahnhof das größte Strukturversagen der Geschichte genannt. Da haben Sie recht und der offizielle Untersuchungsbericht über das größte Strukturversagen aller Zeiten enthält keine wissenschaftlich begründete Antwort auf die Frage, wie das größte Strukturversagen aller Zeiten abgelaufen sein könnte. Allein dieser Umstand, diese Unterlassung, hätte in den Medien der Skandal des Jahres sein müssen.

Was der NIST-Bericht hingegen macht, ist, die Arbeit von Bažant und Zhou zu zitieren und deren Ergebnis als offizielle Einschätzung zu übernehmen. Das heißt, die Frage (C) nach der Richtigkeit dieser Daten ist vom NIST offiziell mit Ja beantwortet worden,[6] während Frage (B) vom NIST einfach ignoriert wird.

KDK: Also Bažant und Zhou liefern eine Abschätzung und die Behörde, die den Einsturz untersuchen sollte, segnet diese als korrekt ab und damit ist der Einsturz erklärt ...

AS: So tut es das NIST, nur ist das aus mehreren Gründen inhaltlich falsch. Aber ich bin mit meinem Überblick noch nicht ganz fertig: Bažant brachte nach dem NIST-Bericht mit anderen Co-Autoren 2007 und 2008 noch weitere Arbeiten heraus, die das ganze Problem mathematisch etwas eleganter fassen und das anfängliche Resultat mit empirischen Daten der Abwärtsbewegung des Einsturzes untermauern.

KDK: Wie geht das?

AS: Die zugrunde liegende physikalische Idee ist leicht beschrieben: Aus der Bewegung des herunterkommenden Gebäudeteils kann man die Widerstandskraft berechnen, mit welcher der noch stehende Gebäudeunterteil den Oberteil während des Einsturzes abbremst. Wird die Einsturzbewegung schneller, ist der Widerstand klein, wird der Einsturz langsamer, ist der Widerstand groß.

Das hat Bažant für die ersten drei Sekunden des einstürzenden Nordturmes gemacht und damit festgestellt, dass der Widerstand in der Tat sehr klein war, so wie er das erwartet hat: Der Turm habe also einstürzen müssen.

KDK: Das ist nun also der endgültige Beweis!?

AS: So stellt Bažant es dar, aber das stimmt hinten und vorne nicht. Es gibt drei wesentliche Dinge, die man richtigstellen muss: Etwas Technisches, etwas Grundsätzliches und etwas Empirisches. Das Empirische ist der wesentliche Punkt meiner Arbeit für den IABSE-Kongress.

Aber ich fange mal mit dem Grundsätzlichen an, weil es aus erkenntnistheoretischer Sicht sehr wichtig ist: Der von Bažant in der Arbeit aus 2008 gemessene Widerstand des Gebäudes beim Einsturz ist der Widerstand, der real beim Einsturz vorhanden war. Diesen Widerstand mit dem prinzipiell möglichen Widerstand des Gebäudes gleichzusetzen, setzt die Annahme voraus, dass der Einsturz gravitationsbedingt war.

Ohne diese Annahme kann ich aus dem gemessenen Widerstand nicht folgern, dass dies tatsächlich der prinzipiell mögliche Widerstand war, weil ich nicht weiß, was im Inneren des Gebäudes passiert. Anders gesagt: Man beobachtet nur die resultierende Gesamtkraft, aber man weiß nicht, wie diese Kraft entsteht.

Ist die beobachtete Widerstandskraft die mögliche Maximalkraft oder ist es eine reduzierte Kraft, weil jemand absichtlich nachgeholfen hat? Und das ist ja die Frage, um die es letztendlich geht: Einsturz durch Gravitation oder menschliches Handeln?

KDK: Kann man sagen, Bažants Aussage ist ein Zirkelschluss? Er nimmt einen gravitationsbedingten Einsturz an, um dann aus seinem Messergebnis zu schließen, dass ein gravitationsbedingter Einsturz stattfinden musste?

AS: So ist es! Und jetzt kommt das Empirische, also das Hauptresultat meiner Arbeit für den IABSE-Kongress: Wenn man den Einsturz des Nordturmes auch in der Zeit nach den ersten drei Sekunden weiter vermisst, dann stellt man fest, dass der Einsturz in dem Zeitintervall zwischen 4,5 und 7,7 Sekunden ganz massiv abgebremst wurde.[7] Das heißt, dass der Widerstand hier ganz groß war. Und wenn man aus den Bewegungsdaten ausrechnet, wie groß der Widerstand war, dann findet man einen Wert, der so groß ist, dass der Einsturz hätte stoppen müssen.

KDK: Das kann doch nicht sein. Wir wissen schließlich alle, dass der Einsturz nicht gestoppt wurde!

AS: Doch das kann sein! Denn ich sage nicht, dass der Widerstand ab diesem Zeitpunkt gleichbleibend groß war. Der Einsturz hätte gestoppt, wenn er auf diesem Niveau geblieben wäre. Aber nach meinen weiteren Messergebnissen ist er darauffolgend – in dem Zeitraum zwischen 7,8 und 9,3 Sekunden – wieder so klein wie am Anfang. Für die Zeit danach habe ich keine Daten, weil die Bildauswertung für diesen späteren Zeitraum erheblich aufwendiger ist.

Also das heißt, dass das Gebäude prinzipiell stabil genug war, um dem Einsturz standzuhalten! Doch das heißt, die real aufgetretene Widerstandskraft war kleiner als das, was möglich war. Irgendetwas hat die Struktur geschwächt.

KDK: Auf diese Aussage darf ich gleich noch einmal zurückkommen ... Sind das Ihre grundsätzlichen und empirischen Einwände bezüglich der Aussagen von Bažant?

AS: Fast. Über all diesen modellspezifischen Punkten steht noch die Frage, inwieweit das Einsturzmodell selbst gerechtfertigt ist. In dem Modell ist ein zentraler Punkt, dass der Oberteil des Gebäudes, etwa die oberen 50 Meter, den restlichen Teil des Gebäudes, also die unteren gut 360 Meter, zerschlägt. Es gibt aber nur für etwa die ersten drei, vier Sekunden des Einsturzes überhaupt empirische Daten für die Existenz des Oberteils. Aus den Videoaufzeichnungen kann man nicht schließen, dass es den Oberteil danach noch gibt. Im Gegenteil, wenn man die Phänomenologie der Einstürze beschreibt, dann sieht es für mich eher so aus, als ob der Oberteil zerstört ist, bevor er unten Schaden anrichten kann. Man sieht nur Gebäudematerial, das im hohen Bogen wegfliegt, vom stoßenden Oberteil keine Spur. Diese phänomenologischen Daten sind von großer Wichtigkeit.

KDK: Und was meinen Sie mit den technischen Einwänden, die Sie noch vorzubringen haben?

AS: Das sind so ein paar Fehler innerhalb des Modells, die sich aufsummieren: Bažant verwendet in der ersten Arbeit mit Zhou zum Beispiel falsche numerische Werte für die Masse des Turms und für die Geschwindigkeit, mit der der Gebäudeoberteil nach unten geht – er nimmt beide zu groß an. Diese Fehler sind schon länger bekannt und auch in der Fachliteratur beschrieben worden.[8] Es gibt aber auch noch theoretische Fehler, dass nämlich die Abschätzung von Bažant nur den Einsturz eines weiteren Stockwerkes berücksichtigt, nicht aber die dann folgenden. Wenn man das aber tut, bekommt man weitere Abschätzungen, die weniger dramatisch sind.

KDK: Moment, das verstehe ich nicht. Was soll das heißen? Je mehr Stockwerke einstürzen, desto weniger dramatisch wird die Situation?

AS: Ja, das ist bis zu einem gewissen Grad so. In dem einfachen Einsturzmodell von Bažant können Sie nach jedem eingestürzten Stockwerk eine Bilanz ziehen: Welche Kraft der Stützen hätte gereicht, um den Einsturz abzufangen. Es gibt da zwei gegenläufige Effekte: Auf der einen Seite wird der Oberteil ja immer schwerer, wenn er herunterfällt, weil er durch die zusätzlich zerstörten Stockwerke an Masse gewinnt, das heißt, man bräuchte eine immer größere Kraft, um ihn aufzuhalten. Aber auf der anderen Seite wird der Einsturz durch die Masse der noch ruhenden unteren Stockwerke auch abgebremst. Je nachdem, welchen Geschwindigkeitswert man für den herunterfallenden Block über dem ersten Stockwerk annimmt, stellt man fest, dass nicht das nächste darunterliegende, einstürzende Stockwerk der kritische Punkt ist, sondern das dritte oder vierte; bei den zu großen Geschwindigkeitswerten, die Bažant benutzt hat, sogar erst das fünfte.[9] Das reduziert die nötige Kraft, die den Einsturz stoppen könnte, aber in Bažants Überlegungen kommt das nicht vor. Es fehlt einfach.

Dann sind da auch physikalisch fehlerhafte Annahmen in dem weiterentwickelten mathematischen Einsturzmodell, das Bažant benutzt hat, um die empirischen Daten der ersten drei Sekunden auszuwerten, aber ich will das jetzt nicht zu kompliziert machen, weil das keine signifikanten numerischen Unterschiede macht. Diejenigen, die es genau wissen wollen, können das an anderer Stelle nachlesen.[10]

KDK: Ihre Aussage war gerade, *»irgendetwas«* habe die Struktur des Nordturmes geschwächt. Kann das nicht alles Mögliche sein? Das ist doch kein Beweis für eine *»absichtliche Zerstörung«* der Gebäude, wie Sie immer sagen.

AS: Gut, das ist ein wichtiger Punkt. Meine Arbeit zeigt zunächst einmal, dass das offiziell vorgebrachte Argument – also das Gebäude sei a priori zu schwach gewesen, um den Einsturz aufzuhalten – falsch ist. Ich sage, das Gebäude war a priori stabil genug.

Jetzt kommt Ihre Frage. Was hat die Struktur geschwächt? Das kann ich mit den bisher genannten Daten nur indirekt beantworten. Aber die Geschichte ist ja nicht mit meiner Arbeit zu Ende oder, besser gesagt, sie hat nicht mit meiner Arbeit angefangen!

Man muss sich an dieser Stelle einmal klarmachen, wie ein naturwissenschaftlicher Beweis überhaupt funktioniert. Der geht so: Es gibt einen Satz von empirischen Daten. Dazu gibt es mögliche Hypothesen, um diese Daten zu erklären. Im Folgenden versucht man durch zusätzliche Messungen und Experimente, aus allen möglichen Hypothesen eine einzige herauszukristallisieren, die man beim besten Willen nicht schafft zu widerlegen. Das ist alles.

Mein Schlüssel fällt immer nach unten, aber was beweist das? Nicht besonders viel, das könnte ja Zufall sein und morgen ist es anders. Aber man stellt mit der Zeit fest, dass nicht nur mein Schlüssel davon betroffen ist, sondern auch Kugelschreiber, Teetassen, Mobiltelefone, 1-Cent-Stücke, Regentropfen und Äpfel, die zufällig mal auf Newtons Kopf landen.

Worauf ich hinauswill, ist, dass man zur Beurteilung eines naturwissenschaftlichen Sachverhaltes erst einmal alle empirischen Daten zusammenfassen muss, um ihn bewerten zu können. Das haben wir bisher noch gar nicht gemacht.

KDK: Was kommt Ihnen denn da in den Sinn?

AS: Oh, eine Menge. Die Phänomenologie der Einstürze, die forensischen Resultate, die monatelang andauernden Brände, die nicht zu löschen waren, und ganz wichtig dazu: die Zeugenaussagen der Einsatzkräfte.

Das Wichtigste davon ist die elementare Phänomenologie der Einstürze, also das Studium der Videoaufzeichnungen. Ich versuche diesen Dingen in meinen Vorträgen entsprechend viel Raum zu geben.[11] Ich habe das Prinzip vorhin schon mal angedeutet, als es um die Frage ging, ob es empirische Daten gibt, die erkennen lassen, dass der Oberteil des Gebäudes den Unterteil zerschlägt. Um die Phänomenologie zu fassen, muss man sich zunächst mit ganz unscheinbaren Fragen beschäftigen:

Wie, auf welche Art und Weise werden die Gebäude zerstört? Wie sieht das aus? Sieht es so aus, als ob der Turm explodiert oder als ob er durch Gravitation nach unten sackt? Nun, der Einsturz der Zwillingstürme sieht so aus, als ob die Gebäude in einem von oben nach unten verlaufenden Prozess von innen heraus zerrissen werden und sich dabei einfach in Pulver verwandeln. Das ist eine rein qualitative Beschreibung der visuellen Eindrücke. Wie kann man das erklären?

Man kann nun versuchen, diese ersten Eindrücke quantitativ zu fassen: Fallen die tonnenschweren Stahlelemente der Zwillingstürme alle nach unten? – Man beobachtet: Nein, das tun nicht alle. Manche »fallen« mit horizontaler Geschwindigkeit von weit über 100 km/h zur Seite.[12] Sind das nun Einzelfälle, die man vielleicht mit einem Aufprall des herunterfallenden Materials und Wegschleudern erklären könnte? – Nein, das ist eine außerordentlich erhebliche Anzahl und es gibt da welche, die kommen zu einer Zeit weit oben aus der Staubwolke hervorgetreten, wo alles, was von oben kommt, schon vorbeigeflogen ist.[13] Die Gravitation wirkt auch in New York City nach unten, das sollte man im Hinterkopf behalten.

Oder: Was sind das für fokussierte Materialauswürfe, die teilweise über 100 Meter unterhalb der Einsturzfront aus den Zwillingstürmen austreten?[14] In welchem Zusammenhang treten solche Phänomene bei Gebäuden auf? – Nun, man kennt das Phänomen tatsächlich aus der Abrissindustrie, von Sprengungen. Das nennt man dort Knallfrösche, die auftreten, wenn Sprengladungen von einer Seite her stark verdämmt sind und die Druckwelle die Außenwand durchschlägt.

Warum fließt ein gelb glühendes Metall – augenscheinlich flüssiger Stahl, nicht, wie das NIST spekuliert, Aluminium,[15] das bei Tageslicht silbrig-weiß und nicht gelb glühend ist – aus dem 80. Stock des Südturms, kurz bevor er zusammenbricht? Warum berichten die Einsatzkräfte von flüssigem Stahl in den Trümmern?[16] Und so weiter …

Es gibt da eine große Menge an Details, die alle wichtig für das Gesamtbild sind. Um diese Dinge sorgfältig zu beurteilen, muss man die Einstürze aus vielen Kameraperspektiven studieren, in Zeitlupe vergleichen und die Daten sammeln. Das ist mühsame Kleinarbeit.

All diese Beobachtungen lassen sich erklären, wenn man menschliches Handeln annimmt, das zu diesen Dingen geführt hat. Sagen wir mal vorsichtig, dass das eine mögliche Hypothese ist. Die alles entscheidende Frage ist: Gibt es noch andere Hypothesen, die einen ähnlichen Erklärungswert haben? Nun, bisher hat noch niemand eine andere Antwort dazu gefunden. Es gibt im Moment also nur diese einzige Erklärung.

KDK: Inwieweit kann man diese qualitativen Beobachtungen denn noch weiter quantifizieren? Gibt es da wissenschaftliche Ergebnisse außer den Geschwindigkeiten der seitlich wegfliegenden Trümmer?

AS: Ja. Zum Beispiel kam es den Beobachtern der Ereignisse allerhöchst merkwürdig vor, wie stark das Innenleben der Gebäude pulverisiert wurde. Insbesondere der ganze Leichtbeton der Stockwerksböden, der ganz Lower Manhattan mit einer mehrere Zentimeter dicken Staubschicht überzog. Um diesbezügliche Bedenken zu zerstreuen, hat der erwähnte Bažant im Rahmen seiner Untersuchungen dazu Berechnungen angestellt. Nach dieser Rechnung sind für die Pulverisierung des Betons weniger als 10 Prozent der potentiellen Energie, die beim Einsturz der Gebäude frei wurde, nötig. Diese Größenordnung kann man akzeptieren. Das Ergebnis war also als Entwarnung zu verstehen, alles noch im grünen Bereich, aber die Geschichte geht noch weiter.

Denn in die Berechnung gehen zwei unabhängige physikalische Größen ein: Das eine ist die Körnung des Pulvers, das man vor Ort findet, also die Feinheit des WTC-Staubs. Bažants Annahmen zur Körnung des Pulvers sind vertretbar. Es gibt andere Schätzungen, die zu ähnlichen Ergebnissen kommen.[17] Die zweite physikalische Größe ist der sogenannte Arbeitsindex eines Materials. Diese Größe gibt an, wie viel Energie man braucht, um eine Tonne des jeweiligen Materials von einem großen Brocken auf ein Pulver mit Partikelgröße von 0,1 Millimeter zu zerkleinern.

Der Arbeitsindex ist eine Größe, die im Bergbau eine Rolle spielt. Dort will man wissen, wie viel Energie es kostet, eine Menge Quarz- oder Kalkgestein zu zerkleinern. Man interessiert sich im Bergbau allerdings nicht für Beton. Deswegen war der Arbeitsindex für

Leichtbeton im Jahr 2008, als Bažant seine Berechnungen vorlegte, gar nicht bekannt. Bažants Aussage, wie viel Energie es benötigt, um Leichtbeton zu pulverisieren, beruht ausschließlich auf theoretischen Überlegungen.

Dann kam der Schock im Jahr 2012, als die kanadischen Bauingenieure Robert Korol und Ken Sivakumaran den Arbeitsindex für Leichtbeton experimentell bestimmt haben. Dieser ist etwa um das 15-Fache größer als der Wert, der in Bažants Rechnung verwendet wurde.[18] Man sieht hier also ein großes Problem in der Energiebilanz: Hat *»irgendetwas«* mehr Energie zur Zerstörung der Türme zu Verfügung gestellt, als an potenzieller Energie durch die Türme vorhanden war? Wenn ja, was war das?

KDK: Das fragen Sie mich?

AS: Ja, wen denn sonst?

KDK: In Ihrem Buch lese ich dazu, dass 2003 im WTC-Staub eine Entdeckung gemacht wurde: Die untersuchten Staubproben bestanden zu über 5 Prozent aus mikroskopisch kleinen Eisenkügelchen.[19] Und 2009 fand eine internationale Forschergruppe um den dänischen Chemiker Niels Harrit und die amerikanischen Physiker Steven Jones und Jeffrey Farrer eine moderne Form von Sprengstoff.[20] Wie hängen diese Dinge zusammen?

AS: Es gibt eine ganze Reihe von Hochtemperaturrückständen im Staub des WTC. Die Eisenkügelchen, die Sie da ansprechen, sind ein Beispiel. Sie entstehen, wenn flüssige Eisentröpfchen in der Luft abkühlen. Eisen wird erst bei über 1 500 °C flüssig. Es kann also nicht das Feuer in den Zwillingstürmen gewesen sein, das das bewirkt hat. Dies hat laut NIST maximal, und auch nur kurzzeitig, an der 1 000-Grad-Marke gekratzt. Man hat auch nicht nur Eisenkügelchen gefunden, sondern der *United States Geological Survey* hat auch solche aus Molybdän gefunden.[21] Molybdän ist ein Metall mit einem Schmelzpunkt von über 2 600 °C.

Man sollte sich also fragen: Was war denn da so heiß und was hat gerade diese sehr speziellen Hochtemperaturprodukte hervorgebracht? Eine mögliche Antwort kommt aus der Thermitchemie. Klassisches Thermit ist etwas, das jeder Chemiestudent kennt. Es ist ein Pulver aus Eisenoxid und Aluminium, das, wenn es reagiert, elementares Eisen und Aluminiumoxid entstehen lässt. Der gebundene Sauerstoff läuft also vom Eisen zum Aluminium über. Das Wichtige: Es wird dabei sehr, sehr viel Hitze produziert. Deswegen ist das Eisen nach der Reaktion flüssig und hinterlässt nach dem Abkühlen dann solche Eisenkügelchen.

Thermit wird schon seit über hundert Jahren in vielen pyrotechnischen Anwendungen benutzt: zum Verschweißen von Stahlelementen, aber auch zum Durchtrennen und Zerstören von solchen, und auch in Brandbomben ist es beliebt. Thermit ist dementsprechend gut erforscht und besitzt viele technische Anwendungen.[22] Dabei ist man nicht an die beiden Metalle Eisen und Aluminium gebunden, sondern man kann verschiedene Kombinationen von Metalloxiden mit einem Metall verwenden, um solche exothermen (das heißt: hitzeproduzierenden) Reaktionen zu bekommen. Eisenoxid und Aluminium war das historisch erste bekannte Paar. Mit Molybdänoxid und Aluminium geht so was auch. Das heißt, auch die Metallkügelchen im Staub sind solche, die man als Reaktionsprodukt einer Thermitreaktion bekommt.

Das ist die Vorgeschichte. Die Arbeit von Harrit, Jones und Farrer hat nun die naheliegende Vermutung belegt, dass diese Kügelchen tatsächlich von einer Thermitreaktion kommen, denn sie haben in Staubproben, die am 11. September eingesammelt wurden, eine moderne Version von Thermit, sogenanntem Nano-Thermit, gefunden, dessen Rückstände im Staub in Form von winzig kleinen rot-grauen Plättchen vorhanden sind. Das gefundene Material reagiert, wenn man es erhitzt, bei etwa 430 °C stark exotherm, setzt also viel Hitze frei, und produziert dabei mikroskopisch kleine Eisenkügelchen, also das, was man im Staub findet.

KDK: Auch die Molybdänkügelchen?

AS: Nein, das haben Harrit, Jones und Farrer in ihren Proben nicht gefunden. Sie hatten Proben von fünf verschiedenen Stellen, es ist da nicht zu erwarten, dass man mit dieser kleinen Stichprobenzahl gleich ein vollständiges analytisches Bild von hunderttausend Tonnen Staub bekommt.

Um jetzt den Bogen zurück zu dem »*Irgendetwas*« zu finden, was die Struktur geschwächt hat. Ist es möglich, dass zur Zerstörung des Turmes das gefundene Nano-Thermit einen Beitrag geleistet hat?

KDK: Fragen Sie jetzt wieder mich? Ich weiß doch nicht, was das gefundene Nano-Thermit alles kann!?

AS: Gut, was das alles kann, weiß natürlich niemand außer denen, die das Zeug produziert und in großen Mengen zur Verfügung haben. Aber das Vorkommen dieses Stoffes im Staub ist etwas, das dort nicht sein sollte. Es sollte kein Nano-Thermit oder irgendein vergleichbares Material im Staub des WTC vorhanden sein.

KDK: Ein Bekannter wies mich auf eine Kritik des Chemikers Gunnar Ries hin, der meint, das sei gar kein Sprengstoff, sondern Farbe auf Tonmineralbasis.

AS: Den Artikel von Ries kenne ich. Was er schreibt, hat weniger mit den gegebenen empirischen Daten zu tun als mehr mit Ries' Weigerung, diese Daten sachlich einzuordnen. Im größten Teil seines Artikels spekuliert er über die Frage, ob das Elektronenmikroskop, das Harrit, Jones und Farrer benutzt haben, auch das alles kann, was in dem Artikel beschrieben ist. Die einfache Antwort ist Ja. Aber Ries suggeriert mit seinen Spekulationen über das Mikroskop, dass Harrit, Jones und Farrer nicht wüssten, wie sie ihre Gerätschaften zu bedienen hätten. Der Artikel von Ries ist über 20 Seiten lang und auf das zentrale empirische Ergebnis von Harrit, Jones und Farrer geht er in genau vier Sätzen im allerletzten Absatz ein:

> *»Auch zur Differentialkalorimetrie wäre noch einiges zu sagen. Zum einen wurde diese nicht, wie sonst üblich, unter Schutzgas, oder zumindest einmal im Sauerstoff-Anstrom und ein zweites Mal unter Schutzgas, durchgeführt, sondern unter normaler Atmosphäre. Ob die beobachtete heftige Reaktion gegen meine These von den Tonmineralen spricht? Nun, Tonminerale enthalten oft mehr oder weniger lose gebundenes Wasser, was sie bei Erhitzen dann recht spontan abgeben.«*[23]

Die Differentialkalometrie ist das experimentelle Verfahren, um das es geht. Dabei werden Stoffproben langsam erhitzt und währenddessen wird die Wärme gemessen, die gegebenenfalls von der Probe abgegeben wird. Das ergibt im Falle der rot-grauen Plättchen das erwähnte Ergebnis, also eine heftige Reaktion mit starker Hitzeentwicklung, wenn eine Temperatur von etwa 430 °C erreicht ist.

Ries' erster Satz benutzt die Formulierung *»wäre noch einiges zu sagen«*. Das ist aberwitzig, denn das ist der zentrale Punkt, um den es geht. Seine Formulierung macht das aber zu einer Nebensache, der er in einem 20 Seiten langen Artikel gnädigerweise den Schlussabsatz einräumt.

Der zweite Satz von Ries ist eine sinnvolle Bemerkung. Ja, das stimmt, das Experiment wurde nur in normaler Luftatmosphäre durchgeführt und nicht zum Vergleich auch mit einem nicht-reaktiven Edelgas wiederholt. Der Luftsauerstoff könnte also zu der Reaktion beigetragen haben. Aber dieses so durchgeführte Experiment ist nicht wertlos, alleine schon deshalb, weil im World Trade Center auch Luft vorhanden war und nicht ein Argon-Helium-Gemisch.[24]

Die nun von Ries aufgestellte Hypothese, dass die heftige Reaktion von sich ausdehnendem Wasserdampf kommen könne, ist allerdings klar falsch. Denn sich ausdehnender Wasserdampf kühlt sich beim Ausdehnen ab, weil Volumenarbeit verrichtet wird. Im Experiment wird aber Hitze produziert. Abgesehen davon kommt es auch zu Lichtemissionen in Form von kleinen Blitzen bei der Reaktion. Das kommt nicht von sich ausdehnendem Gas. Und seit wann produziert sich ausdehnender Wasserdampf Eisenkügelchen? – Kurz: Ries ignoriert einfach die zentralen empirischen Daten.

Daher ist der Artikel von Ries leider keine ernst zu nehmende sachliche Kritik, sondern lediglich der Versuch, die Arbeit von

Harrit, Jones und Farrer irgendwie in eine faule Ecke zu stellen. Wenn man die Inhalte, um die es geht, kennt, dann wundert man sich, warum Ries so merkwürdig an der Sache vorbei schreibt. Man stellt allerdings irgendwann fest, dass diese Art der Berichterstattung das typische Muster in der öffentlichen Diskussion ist.

KDK: Es geht darum, Dinge in einer solchen Weise darzustellen, dass der Zuhörer oder Leser erst gar nicht auf die Idee kommt, kritisch nachzufragen? Ist das so?

AS: Genau so!

KDK: Wenn bei der Zerstörung tatsächlich Sprengstoffe eingesetzt worden sind, dann sollte man wohl annehmen, dass entsprechende Explosionen beobachtet wurden. Sie listen in Ihrem Buch dazu Zeugenaussagen der Feuerwehrleute und von Reportern auf.

AS: Die Zeugenaussagen sind erdrückend. In vielen Aussagen wird wörtlich von *»Bomben«*, *»Sprengladungen«*, *»Explosionen«* gesprochen und davon, dass die Gebäude *»in die Luft gejagt«* wurden.[25] Das ist auch das, was ich den Videoaufzeichnungen entnehme, wenn ich diese rein beschreibend analysiere. – Ich habe die Phänomenologie bereits angesprochen. Mir ist zum Beispiel keine Filmaufnahme bekannt, auf der man sehen könnte, wie herabstürzende Teile der Gebäude den darunterliegenden Teil zerstören. Im Gegenteil: Der Einsturz der Zwillingstürme sieht so aus, als ob die Gebäude in einem von oben nach unten verlaufenden Prozess von innen heraus zerrissen werden und sich einfach in Pulver verwandeln. Das ist eine qualitative Beschreibung der visuellen Eindrücke und das ist genau das, was zahlreiche Feuerwehrleute in ihren Aussagen kundtun. Am 11. und 12. September wurde das auch teilweise noch offen in den Medien ausgesprochen.[26] Diesen Punkt festzuhalten, ist aus historischer Perspektive wichtig. Eine offizielle, wissenschaftliche Untersuchung, die den Zeugenaussagen nachgeht, hätte der Anfang aller folgenden Schritte sein müssen. Doch das Gegenteil passierte:

Das Beweismaterial wurde bewusst vernichtet. 99,5 Prozent des Stahls der Zwillingstürme wurden vor jeder möglichen Begutachtung eingeschmolzen.[27]

KDK: Als Mediziner interessiert mich, was zu den Todesursachen der Opfer bekannt ist. Ich habe in einem Artikel der *Süddeutschen Zeitung* aus dem Jahre 2011 gelesen, dass von den fast 3 000 Opfern mehr als 21 000 Leichenteile am Ort und in der Umgebung sichergestellt worden sind. Darunter befanden sich nur wenige größere Körperteile, aber sehr viele kleinere und kleinste Knochensplitter und Körperteile bis zur Größe eines Fingernagels. Diese konnten nach jahrelanger gerichtsmedizinischer Puzzle-Arbeit etwa 1 600 Opfern zugeordnet werden. Aber von über 1 000 Menschen wurden keinerlei Überreste gefunden. Die haben sich buchstäblich in Staub aufgelöst![28]

AS: Ja, das ist ein Phänomen, das sich erklären lässt … allerdings nicht durch einen gravitationsbedingten Einsturz, bei dem die Menschen zwischen den Stockwerken eingequetscht und erschlagen werden.

Um auf Ihre ursprüngliche Frage zurückzukommen: Welches *»irgendetwas«* hat diese Beobachtungen und Zeugenaussagen verursacht? Gibt es eine Hypothese, die alle Daten erfasst? Fällt Ihnen da etwas ein?

KDK: Ich würde sagen, wir sollten mal an die frische Luft gehen und uns die Beine vertreten!

»Wenn man gemeinsam musiziert, geht es nicht darum, als erster fertig zu sein.«
– Kristaps Grasis

3 Akademische Naivität?

Nachmittagsspaziergang am rechten Mainufer Richtung Deutschherrnbrücke

AS: Eine fachlich nicht relevante, aber kuriose Anekdote sticht bei Bažants erster Arbeit noch ins Auge: Die Arbeit von Bažant und Zhou wurde schon zwei Tage nach dem 11. September beim *Journal of Engineering Mechanics* eingereicht.

KDK: Entschuldigung, bitte? Meinen Sie dieselben zwei Tage, die normalerweise 48 Stunden haben!? Wir reden hier über eine wissenschaftliche Arbeit …

AS: Tatsächlich, ja. So ist es. Die erwähnte Abschätzung fehlte da zwar noch, die wurde einige Tage später, am 22. September 2001, nachgereicht, aber in jedem Fall ist das Weltrekord in der Schnelligkeit, einen wissenschaftlichen Artikel nach Auftreten eines neuen Phänomens fertigzustellen.

KDK: Der 11. September scheint ja viele Weltrekorde zu bieten!?

AS: Oh ja, und ich denke, in diesem Fall gibt es nur eine einzige Erklärung dafür …

KDK: Und zwar?

AS: Bažant ist einfach sehr schlau und extrem effizient!

KDK (*lacht*): Ja, das ist offensichtlich …

AS: Und er wollte wohl der Erste sein. Denn der Erste, der etwas zu einem neuen wissenschaftlichen Phänomen veröffentlicht, gibt die Marschrichtung vor. Er etabliert die Grundlagen des neuen Forschungsgegenstandes.

Jetzt stellen Sie sich die Situation einmal vor: Jeder normale Wissenschaftler, der nicht so extrem effizient ist wie Bažant, würde mehrere Wochen bis Monate Forschungsarbeit investieren, um ein Papier zu veröffentlichen, das erklären soll, warum die Türme verschwinden konnten: Er würde die Baupläne studieren, empirische Daten des Einsturzes auswerten, Zeugenaussagen anhören und so weiter. Zum Vergleich: Der NIST-Bericht über die Zwillingstürme erschien 2005. Da sind vier Jahre ins Land gegangen und schon zwei Kriege geführt worden.

Aber nun gibt es ein wissenschaftliches Resultat einer angesehenen Person auf diesem Gebiet, die sinngemäß sagt: Leute, darüber braucht ihr nicht weiter nachzudenken, denn der Turm musste einstürzen. Seht, die Mathematik beweist es, und zwar recht eindeutig.

3.1 Die **FAZ** *liefert* **Fake News**

KDK: Meinen Sie, dass Bažants Abschätzung die wissenschaftliche oder öffentliche Meinung beeinflusst hat?

AS: Ja, sehr sogar. Wie eine intellektuelle Schlaftablette, die sofort nach dem Ereignis auf dem Markt erhältlich war. Bažants Abschätzung ist im Laufe der Jahre ziemlich populär geworden; dazu drei prominente Beispiele: 1. Wie schon erwähnt, zitiert das NIST dieses Ergebnis in ihrem 2005 erschienenen Bericht und suggeriert damit offiziell dessen Korrektheit.[29] 2. Die *NZZ* schrieb dann 2016, dass es

> *»inzwischen eine reichhaltige Literatur gibt, in der über die bekanntesten Argumente der Verschwörungstheoretiker diskutiert wird und diese weitgehend entkräftet […]«*[30]

Was das Wort *»Verschwörungstheoretiker«* bedeuten soll, erklärt die *NZZ* hier nicht (siehe dazu Kapitel 5), aber mit *»reichhaltige[r] Lite-*

ratur« meint sie das Buch *»On Debunking 9/11 Debunking«*[31] des amerikanischen Ingenieurs Ryan Mackey, das in zentralen Punkten Bažants Arbeiten nacherzählt, ohne die Fehler zu korrigieren. 3. Schon 2006 – nach Erscheinen des NIST-Berichtes – bezog sich die *Frankfurter Allgemeine Zeitung (FAZ)* auf Bažant, ohne dessen Namen explizit zu nennen. Der Journalist hieß … *(nimmt seinen Klapprechner aus seiner Tasche)*… Klemens Polatschek und schrieb damals:

> *»Erste Abschätzungen von Bauingenieuren beschrieben den Einsturz bereits am Tag nach der Katastrophe weitgehend korrekt. Sobald der schwere Gebäudeteil oberhalb der Einschlagstelle ruckartig auch nur um die Höhe eines Stockwerks abgesackt war, gewann er so viel dynamische Wucht, dass selbst die maximalen Traglasten eines intakten Kerns um das Zehnfache überschritten wurden.«*[32]

KDK: Polatschek zitiert ein wissenschaftliches Ergebnis, von dem Sie mehr als zehn Jahre später bewiesen haben, dass es falsch ist. Das kann man ihm ja nicht vorwerfen.

AS: Meinen Sie? Ich bin nicht der Erste, der das Resultat bemängelt, und das weiß Polatschek vermutlich. Denn der ganze Artikel ist darauf ausgelegt, kritische Gedanken zu pathologisieren. Schauen Sie mal, was er über den NIST-Bericht schreibt:

> *»Die amerikanische Normenbehörde NIST (National Institute of Standards and Technology) gab in zwei Jahren 16 Millionen Dollar aus, um das Zusammenstürzen der Gebäude zu verstehen. […] Im vergangenen Herbst legten sie 10 000 Seiten Gutachten vor. Auch darin suchen Verschwörungstheoretiker nun nach dem, was vermeintlich vergessen oder unterdrückt wurde.«*

Der letzte Satz ist ein Offenbarungseid in doppelter Hinsicht: Erstens scheint Polatschek gar nicht klar zu sein, was in dem Bericht steht, über den er schreibt, denn sonst wüsste er ja, dass der Einsturz des Gebäudes darin gar nicht erklärt wird und dass das auch nicht versucht wurde. Das Zweite ist, er folgert im Umkehrschluss, dass jemand, der auf das tatsächlich Unterdrückte hinweist, ein *»Verschwörungstheoretiker«* sei. Was auch immer Polatschek mit diesem Wort meint, es ist kein Kompliment, denn das Wort *»vermeintlich«* deutet ja an, dass der NIST-Bericht nichts vergessen oder unterdrückt haben kann. Er hätte ja auch schreiben können: *»Darin suchen kritische Leser nun nach dem, was fehlen oder falsch sein könnte, denn das ist die Funktionsweise des demokratischen Diskurses und von Wissenschaft.«* Das tut er aber nicht.

Polatschek vermittelt hier keine sachlichen Informationen, was die Aufgabe eines Journalisten wäre, sondern er predigt ein Glaubensbekenntnis, dessen heilige Schrift der NIST-Bericht ist, und die Abtrünnigen dieses Glaubens bezeichnet er als *»Verschwörungstheoretiker«*.

Aber es kommt noch besser. Mein Lieblingssatz ist:

> *»Die NIST-Analyse fand keine Hinweise auf Raketeneinschläge oder auf Sprengladungen.«*

Das ist nun tatsächlich eine wahre Aussage. Bloß die ebenfalls wahre Aussage, dass das NIST gar keine forensische Untersuchung nach Rückständen von Sprengstoffen durchgeführt hat,[33] die erwähnt er nicht. Falls Polatschek aus Unwissenheit handelt, dann präsentiert er hier sein eigenes Halbwissen. Wenn er aber um diesen Umstand weiß, dann wird aus der Halbwahrheit eine Lüge. In beiden Fällen haben seine Aussagen eine manipulative Wirkung, die das Denken der Leser beeinflusst und diese entgegen der Sachlage von der Güte der NIST-Untersuchung zu überzeugen versucht.

Das Wort Propaganda bezeichnet organisierte, manipulative Kommunikation mit dem Ziel, menschliches Denken, Fühlen oder Handeln zu beeinflussen. Polatscheks Beitrag ist also ein propagandistischer Beitrag, wenn dem Inhalt eine bewusste Organisation dieser Informationsweitergabe zugrunde liegt. Das ist auch der Fall, wenn Polatschek seine Aussage selbst für seriös hält, er selbst also Opfer der Propaganda ist und diese nur weitergibt. Aber anzunehmen, dass diese Information nicht organisiert, sondern zufällig in den Nachrichtenkanälen auftaucht, wäre aufgrund der Absurdität der einzelnen Aussagen selbst absurd: Es handelt sich also um Propaganda.

Mein Punkt ist: Wenn ich die Hintergründe kenne, dann weiß ich sofort, dass hier Schindluder mit der wahrheitsgemäßen Berichterstattung getrieben wird. Aber wenn ich uninformiert bin, dann denke ich an dieser Stelle sicher nicht, ich sollte mal mit kritischem Blick die Dinge kontrollieren, sondern denke: Alles in Ordnung! Das bedeutet: In dem Fall ist die Propaganda erfolgreich und hat ihr Ziel erreicht.

3.2 Das Schweigen der akademischen Gemeinde

KDK: Aber als Wissenschaftler sollte man doch auch oder gerade Zeitungsartikel immer kritisch lesen!?

AS: Ja, aber warum sollte man als Wissenschaftler, der wenig Zeit hat und seine eigenen Forschungsarbeiten voranbringen will, Zeit und Mühe aufwenden, um sich bei einem gefühlt ausreichenden Informationsstand mit dem World Trade Center zu beschäftigen? Man geht davon aus, dass eine staatliche Untersuchung alles genau untersucht hat. Ich schließe hier von mir auf andere.

KDK: Denken Sie denn, dass so eine naive Weltsicht bei Akademikern weit verbreitet ist?

AS: Ja, das scheint leider so zu sein. Warum das so ist, weiß ich natürlich nicht endgültig, aber ich kann vermuten:

Von der Schule bis zur Universität sind Akademiker aufgefordert, Dinge aufzunehmen, die von den Institutionen an sie herangetragen werden. Dabei spielt die in der Regel gut begründete und sachliche Art und Weise der Informationsübermittlung eine große Rolle, die man dann als seriös verinnerlicht. Man entwickelt ein Vertrauen in das, was ich akademische Bürokratie nenne. Vielleicht ist es auch andersherum und diejenigen, die ein solches Vertrauen mitbringen, sind diejenigen, die an den Akademien bleiben. In jedem Fall gibt es so eine Korrelation.

Dann erleben Akademiker durch eigene Bemühungen in der Regel beruflichen Erfolg und gesellschaftliche Anerkennung. Sie neigen daher dazu, das gesellschaftliche System, in dem sie leben, als eher positiv zu beurteilen. Sie reisen in der ganzen Welt auf tolle Konferenzen, reden über schlaue Dinge, lernen weltoffene, gebildete Menschen kennen, beschäftigen sich mit einem Thema, das sie interessant und vielleicht gesellschaftlich oder wissenschaftlich relevant finden, werden als Experten vom Fernsehen eingeladen und so weiter. Man lebt in seiner persönlichen Filterblase: Das System funktioniert ganz gut. Und als Lehrperson gibt man dieses Gefühl an die nächste Generation weiter. Das führt unbewusst zu einer Identifikation mit dem System und zu einem Verlust an kritischer Distanz.

Dann wird man auch noch vom Staat bezahlt, und in die Hand, die einen füttert, reinzubeißen, ist ein eher unnatürliches Verhalten. So mögen manche Akademiker aufgrund ihrer Laufbahn zu mehr Vertrauen und Gehorsam gegenüber Institutionen neigen als Mitglieder anderer Gesellschaftsschichten.

Dieses Vertrauen hat Auswirkungen: Wenn Sie einem Praktiker, zum Beispiel einem Hufschmied – und das habe ich gemacht –, Videoaufnahmen eines 100 Meter breiten und 186 Meter hohen Wolkenkratzers zeigen, der im freien Fall zu Boden geht, und ihm erklären wollen, dass dieser durch ein Feuer in drei Stockwerken in freien Fall geraten sei, lacht er sie aus. In meinem Fall kommentierte er das mit dem Satz: *»Da müssen die Mäuse unten alle gleichzeitig was weggeknabbert haben!«* Wenn Sie aber einem Akademiker sagen, da gibt es eine 10 000 Seiten dicke wissenschaftliche Untersuchung einer staatlichen Forschungseinrichtung, die zeigt, wie es geht, mag er geneigt sein, seinen Widerspruch mit Verweis auf diese Studie zu unterlassen, und ausweichend feststellen, er sei kein Experte und überlasse diese Frage lieber den Fachleuten.

Akademiker mögen manchmal eher dazu neigen, einem »wissenschaftlichen« Bericht, der dem kritischen Denken widerspricht, nicht zu widersprechen. Es könnte schließlich sein, dass man hier etwas nicht versteht – und jeder Wissenschaftler versteht fast nichts von der gesamten Wissenschaft.

Dann kommt das menschliche Umfeld der Wissenschaftler hinzu. Man ist aus seinem Alltag gewöhnt, mit Leuten zu tun zu haben, die

die Wahrheit suchen und alles fünfmal hinterfragen, bis sie sich definitiv äußern – so erlebe ich das zumindest bei Naturwissenschaftlern und Mathematikern. Meinungen sind nicht wichtig, Messergebnisse und mathematisch formale Einsichten schon.

Deswegen kann man sich kaum vorstellen, dass es bei einer so wichtigen Angelegenheit wie der Untersuchung des 11. September weniger wissenschaftlich zugehen könnte, als man es aus seinem Umfeld, bei den eigenen speziellen Sachfragen, gewöhnt ist. Man erwartet nicht, dass Menschen lügen, die eine bedeutende staatliche Untersuchung führen. Man erwartet auch nicht, dass Journalisten wie Herr Polatschek diese Lügen unkritisch weitergeben und sich zu eigen machen.

Ich denke, diese Gründe sind zusammen wichtige Ursachen dafür, dass in der akademischen Schicht das Selbstverständnis, in einer rechtsstaatlichen Demokratie zu leben, besonders stark ausgebildet ist.

KDK: Sie haben aber doch auch irgendwann damit begonnen, diese naive Weltsicht abzulegen und sich kritisch mit der Zerstörung des World Trade Centers zu beschäftigen. Warum reagieren Sie denn anders als andere?

AS: Bei mir hat es zunächst einmal knapp 14 Jahre gedauert, bis ich von der Problematik bei der Zerstörung des World Trade Centers überhaupt zum ersten Mal gehört habe. Ich war gut durch die unterlassene Berichterstattung in den Leitmedien von der Thematik abgeschirmt. Eine Filterblase, wie man das heute nennt.

Die Blase platzte durch den Hinweis eines befreundeten Astronoms. Er schickte mir ein Video, in dem das Thema World Trade Center angesprochen wurde. Nicht jeder hat einen Freund, der einem solche Nachrichten schickt, und nicht jeder traut sich, seine Freunde ernst zu nehmen. Und dann sind wir wieder bei dem Punkt: Nicht jeder hat den Mut, staatliche Autoritäten zu hinterfragen und mit aufklärerischem, ergebnisoffenem Geist solchen Dingen kritisch nachzugehen, bis er das Ergebnis kennt.

Ich habe über diese Thematik mit dem Direktor einer großen deutschen Forschungseinrichtung gesprochen. Seine spontane Einschätzung war, man könne nicht erwarten, dass sich Wissenschaftler dazu äußern, weil sie von Forschungsgeldern abhängen, die sie nicht verlieren wollen.

Wenn Wissenschaftler Angst haben, öffentlich oder auch nur privat über ein Thema zu sprechen oder nur damit in Verbindung gebracht zu werden, dann ist das extrem alarmierend. Nur mal ein Beispiel in diesem Zusammenhang: Ich habe einen Artikel, der einen Fehler in Bažants Überlegungen korrigiert hat, bei einem Journal für Mechanik eingereicht. Der Artikel wurde von einem der zwei Gutachter abgelehnt mit der Begründung, mein Ergebnis sei zwar korrekt, aber von einer Veröffentlichung solle wegen der politischen Brisanz lieber abgesehen werden.

3.3 Die gesellschaftliche Leugnung des Tiefen Staates

KDK: Ist es nicht vielleicht einfach nur Bequemlichkeit, solche Artikel wie den Ihrigen abzulehnen?

AS: Natürlich wollen viele Leute gerne einfach ihre Ruhe haben, und sich für Demokratie und Menschenrechte einzusetzen, ist sowieso nicht jedermanns Sache. Aber in diesem Fall ist Bequemlichkeit höchstens ein Euphemismus.

Es geht hier um die Bequemlichkeit, sich nicht die Mühe machen zu wollen, ein fehlerhaftes Weltbild zu korrigieren und festzustellen, dass in der realen Demokratie, wie wir sie vorfinden, nicht nur die offenkundigen kleineren Ungerechtigkeiten das Problem sind, sondern fundamentaler Machtmissbrauch und tiefgreifende kriminelle Strukturen auf staatlicher Ebene erkennbar werden, also das, was man den Tiefen Staat nennt.

KDK: Das hört sich unsympathisch an. Was meinen Sie mit dem Begriff *»Tiefer Staat«*?

AS: Man spricht manchmal auch von einem *»Tiefenstaat«* oder einem *»Staat im Staate«*.[34] Damit bezeichnet man außerhalb der verfassungsgemäßen Ordnung stehende Machtstrukturen, auf die der Rechtsstaat nicht zugreift: Nehmen Sie es als eine Schnittmenge von organisierter Kriminalität und Elementen aus dem Regierungsapparat, aus geheimdienstlichen oder militärischen Kreisen, die beispielsweise Terroranschläge oder politische Morde veranlassen oder verüben, um Stimmungen in der Bevölkerung oder Wahlen zu beeinflussen, so wie das in Italien oder der Türkei durch NATO-Kräfte geschehen ist, um solche Anschläge der politischen Linken anzulasten und um diese damit zu schwächen.[35] Aber es geht nicht nur um Terror, sondern auch um Propagandaoperationen oder anderes systematisches illegales Wirken von staatlichen Akteuren oder solchen, die von staatlicher Seite gedeckt werden, wobei hier nicht der Korruptionsskandal im Landkreis gemeint ist, sondern Vorgänge, die von nationaler und geostrategischer Bedeutung sind (siehe auch Kapitel 9).

Etwas allgemeiner gesprochen können Sie mit dem Begriff also auch das engere oder weitere kriminelle Umfeld der Personen aus dem staatlichen Sicherheitsapparat bezeichnen. Eine solche allgemeinere Definition ist insbesondere deswegen sinnvoll, weil die Aktivitäten des Tiefen Staates die Interessen von einflussreichen Spielern aus der Wirtschaft (etwa der Rüstungs-, Überwachungs-, IT- oder Bio-Tech-Industrie) bedienen und weil umgekehrt wirtschaftliche Interessen die Aktivitäten des Tiefen Staates mit beeinflussen: Terroranschläge wirken sich auf den Aktienmärkten aus, politische Entscheidungen führen zu immensen Kapitalflüssen in Forschung und Entwicklung in Bereichen von »Sicherheit«, Überwachung, Bio-Technologie und mehr.

Der amerikanische Politikwissenschaftler Lance deHaven-Smith bezeichnet die Fälle von politischen Morden oder von Terroranschlägen durch den Tiefen Staat als *»State Crimes Against Democracy (SCAD)«*, also *»Staatsverbrechen gegen die Demokratie«*.[36] In einer Demokratie gibt es natürlich keinen Tiefen Staat und keine Gewaltakte, die der Staat unterstützt, vertuscht oder inszeniert, um Wahlen zu beeinflussen oder um die Bevölkerung auf den *»Krieg gegen den Terror«* einzustimmen.

Die nicht aufgeklärten Verbrechen des 11. September liefern ein Sichtbar-Werden des Tiefen Staates: 3 000 Menschen wurden ermordet, ohne dass es eine Untersuchung gab, die den selbstverständlichen Ansprüchen von Transparenz, Wissenschaftlichkeit und Rechtsstaatlichkeit genügt. Hunderttausende Tonnen Beweismaterial wurden vernichtet und zusätzlich hat die Regierung diesen Missstand mit betrügerischen Berichten zu vertuschen versucht. Die Täterfrage selbst ist bis heute unbeantwortet und die Justiz weigert sich, sich der Sache anzunehmen (siehe hierzu auch Kapitel 10 und 11).

Wenn Sie also glauben, in einer Demokratie zu leben, dann können Sie sich das nicht eingestehen, ohne aufzubegehren. Wenn Sie sich selbst ernst nehmen, müssen Sie sich bei den hier aufgeworfenen Fragen um Aufklärung bemühen. Sie werden sich jedoch im selben Augenblick auch über Ihre Ohnmacht und über das Ausmaß der Lügen klar, die die gesellschaftliche Debatte prägen.

Sie erkennen den Missbrauch, den die Macht an Ihnen verübt. Sie erkennen sich als Opfer, und Opfer sein ist emotional schwer zu verkraften. Sich ohnmächtig fühlen und sich die eigene Ohnmacht eingestehen möchte man gerne vermeiden und deshalb neigt man dazu, unbequeme Tatsachen herunterzuspielen oder gar zu leugnen. Das ist die Bequemlichkeit, um die es geht, wenn das Wort hier Sinn machen soll.

KDK: Das Thema, das Sie damit ansprechen, ohne es beim Namen zu nennen, ist kognitive Dissonanz …

AS: Genau. Kognitive Dissonanz ist der mentale Zustand eines Individuums, das mit Tatsachen konfrontiert wurde, die seinem Glauben widersprechen. Es kann nicht beides wahr sein: der Glaube und die Tatsachen. Dieser logische Widerspruch ist die Dissonanz, um die es geht und die das Individuum natürlich loswerden will. Es will die Dissonanz reduzieren, um wieder in einen Zustand kognitiver Konsonanz zu kommen.

Die naheliegende Möglichkeit, den Glauben, der sich als falsch erwiesen hat, aufzugeben, ist für den Einzelnen oftmals eine enorme emotionale Hürde, weil das sein persönliches Weltbild erschüttern würde. Daher müssen die Tatsachen irgendwie abgewertet werden. Sie müssen falsch oder nicht so wichtig sein und die Leute, die diese Tatsachen vorbringen, müssen irgendwie anrüchig sein.

Bei den Akademikern kommt noch etwas Weiteres hinzu. Sie nehmen in unserer Gesellschaft ja eine wichtige Rolle ein. Sie sollen der Gesellschaft Erkenntnisse verschaffen und die Welt erklären, sie sollen objektive Informationen zur gesellschaftlichen Gestaltung bereitstellen. Da sie diese Rolle einnehmen, müsste es eigentlich besonders ihre Aufgabe sein zu widersprechen, wenn wichtige Tatsachen verfälscht werden. Zur Ohnmacht kommt also auch noch eine besondere Verantwortung hinzu. Das wird den Drang, nichts von diesen beunruhigenden Tatsachen wissen zu wollen, noch einmal mehr verstärken.

3.4 Noam Chomsky – unkritischer Kritiker

KDK: Auf einen anderen Gesichtspunkt möchte ich in diesem Zusammenhang hinweisen. Der Kieler Kognitionsforscher Rainer Mausfeld spricht davon, dass die Vorstellung von den USA als einem *»benevolenten Imperium«*, dessen Handeln von einem selbstlosen Wohlwollen getragen sei, nach dem Zweiten Weltkrieg in Europa, vor allem in Deutschland, in gezielter und systematischer Weise im öffentlichen Bewusstsein verankert worden sei. Eine solche Idee erweise sich zwar bei einem Blick in die Geschichte als eine Absurdität, doch könne man mit hinreichenden propagandistischen Anstrengungen auch Absurditäten als Selbstverständlichkeiten erscheinen lassen.[37] Diese gelungene *»Tiefenindoktrination«* eines *»wohlwollenden Imperiums«* prägt nach meiner Erfahrung das politische und gesellschaftliche Weltbild bei vielen Menschen. Das beobachte ich bei vielen meiner Bekannten und das scheint mir ein weiterer wesentlicher Faktor zu sein, warum die Aufklärung über die Tatsachen des 11. September auf so große Schwierigkeiten stößt. Was sagen Sie dazu?

AS: Das geht sicher bei vielen Menschen in diese Richtung, aber im Allgemeinen greift es dennoch zu kurz.

Denn es gibt auch Personen, die die imperialistischen Kriege der letzten 70 Jahre als eine kontinuierliche Außenpolitik begreifen und sich öffentlich dagegen positionieren, die aber trotzdem an ihrem Glauben scheitern, wenn es um den 11. September geht. Ein Beispiel dafür ist Noam Chomsky – sicher einer der prominentesten linken Intellektuellen der Welt –, der die USA als *»Schurkenstaat«*[38] oder als *»schlimmsten Terroristen der Welt«*[39] bezeichnet. Solchen Äußerungen ist nicht zu entnehmen, dass er die Vorstellung eines *»benevolenten Imperiums«* teilt, sondern im Gegenteil: Er würde wohl eher von einem ›malevolenten Imperium‹ sprechen, aber mit dem Glaubensvorbehalt, dass gewisse Dinge einfach nicht vorkommen. Er ist ein schönes Studienobjekt für das Auftreten von kognitiver Dissonanz – also ich gehe mal unvoreingenommen davon aus, dass er nicht absichtlich Propaganda verbreitet, sondern wirklich seine persönliche Sichtweise vorbringt.

KDK: Was sagt Chomsky denn konkret zum Thema des 11. September?

AS: Er tut die Sache mit schöner Rhetorik und Unwahrheiten ab, nicht so gehässig, wie es andere tun, aber offenbar mit gleichem Maß an kognitiver Dissonanz. 2013 hat ihn ein junger Mann namens Bob Tuskin auf einer Veranstaltung an der Florida State University auf das World Trade Center, insbesondere auf den freien Fall von WTC 7,[40] angesprochen und auf die amerikanische Nichtregierungsorganisation *Architects & Engineers for 9/11 Truth* (AE911) hingewiesen. AE911 kennen Sie?

KDK: Gewiss, AE911 betreibt wichtige Aufklärungsarbeit über den 11. September und hat eine Petition, die die Neuuntersuchung der Gebäudeeinstürze fordert, gestartet, die mittlerweile von über

3 300 Architekten und Ingenieuren und über 20 000 Personen aus der Zivilgesellschaft – Wissenschaftlern, Künstlern, »normalen« Bürgern – unterzeichnet worden ist.[41]

AS: Ja, Tuskin spricht von 2 000 Architekten, denn die Veranstaltung fand 2013 statt. Chomsky hatte einmal gesagt, er würde gerne einen Konsens unter Wissenschaftlern sehen, was den 11. September angeht, und Tuskin will ihn auf den Konsens innerhalb von AE911 hinweisen. Chomskys Erwiderung ist sehr lehrreich und geeignet, um zwei typische Mechanismen zur Dissonanzreduktion – nämlich Umdrehung und Abwertung von Tatsachen und Herabsetzung der Menschen, die die Tatsachen vorbringen – beispielhaft zu beschreiben.

Ich darf Chomskys Antwort auf Tuskins Frage absatzweise zitieren und kommentieren … *(öffnet wieder seinen Klapprechner und setzt sich auf eine Bank)* … also:[42]

> **Noam Chomsky (NC):** *»Tatsächlich haben Sie recht: Es gibt einen Konsens innerhalb einer winzigen Gruppe von Architekten und Ingenieuren, eine winzige Anzahl, obschon einige davon absolut seriös sind. …*

Bereits die ersten Worte *»Tatsächlich haben Sie recht«* sind manipulativ, denn das folgende manipulative Wort *»winzig«* hat Tuskin nicht benutzt. Chomsky vereinnahmt Tuskins Äußerung, um das folgende Wort *»winzig«* nicht begründen zu müssen. *»Winzig«* suggeriert den Zuhörern, dass wir über etwas sprechen, das in seiner Bedeutung ebenso winzig ist. Dann kommt das väterliche *»einige davon sind seriös«*. Das klingt im ersten Augenblick vielleicht ganz nett, ist aber eine weitere suggestive Verkleinerung der Anzahl der vielen sachkundigen Leute von AE911, weil er mit dieser Betonung suggeriert, dass die meisten wohl eher nicht seriös seien.

Für Chomsky sind 2 000 Sachkundige eine winzige Anzahl. Ich darf aber behaupten, Sie werden nicht mal 20 Leute finden, die öffentlich bereit wären, mit Vertretern von AE911 eine Diskussion zu führen und die Arbeit des NIST zu verteidigen. Denn jeder Architekt oder Bauingenieur, der etwas von der Sache kennt, weiß, dass der NIST-Bericht voller Fehler und Auslassungen ist. Die Tatsache, dass der NIST-Bericht den Einsturz der Zwillingstürme gar nicht erklärt, kann man so schlecht wegdiskutieren, was sollte man also verteidigen? Man würde sich lächerlich machen.

> **NC:** *… Sie machen nicht, was Wissenschaftler und Ingenieure machen, wenn sie denken, etwas entdeckt zu haben. Was man dann macht, ist, Artikel in wissenschaftlichen Zeitschriften schreiben, Vorträge in den Fachgesellschaften halten, in die Fakultäten am MIT oder in Florida, oder wo immer Sie sind, gehen und Ihre Resultate präsentieren, und dann weitermachen und versuchen, die nationalen Akademien, die Fachgesellschaften davon zu überzeugen, dass man etwas entdeckt hat. …*

Was Chomsky hier fordert, ist genau das, was die Leute von AE911 machen. Er unterstellt ganz unverblümt einen Mangel, den es nicht gibt, und Chomsky weiß das auch.

KDK: Meinen Sie? Auch ein Chomsky kann mal uninformiert sein.

AS: In diesem Fall definitiv nicht. Erstens darf man annehmen, dass einem kritischen Geist wie Chomsky eine Diskussion über ein so zentrales Thema nicht entgeht, und zweitens hat zum Beispiel Kevin Ryan in einem längeren E-Mail-Wechsel mit Chomsky über die wissenschaftlichen Ergebnisse des 11. September korrespondiert.[43]

KDK: Entschuldigung, muss ich Herrn Ryan kennen?

AS: Kevin Ryan ist ein Whistleblower, ein Chemiker, der für *Underwriters Laboratories* (UL) gearbeitet hat. Das ist die Firma, die den Stahl für den Bau der Zwillingstürme zertifiziert hat und die für das NIST groß angelegte Feuertests durchgeführt hat, um das Verhalten der Zwischenböden der Zwillingstürme bei hohen Temperaturen zu untersuchen. Ryan wurde 2004, also in der Zeit, als die NIST-Untersuchung lief, von UL gefeuert, nachdem er einen Brief an das NIST geschrieben hatte, in dem er darauf hinwies, dass die Tests, die UL durchgeführt hat, zeigen, dass die Feuer keine signifikanten Einwirkungen auf die Struktur der Türme hatten. Ryan hat die Petition von AE911 unterzeichnet, mehrere wissenschaftliche Artikel zum 11. September (mit-)verfasst und ein Buch geschrieben, das er Chomsky hat zukommen lassen.

NC: … *Nun gibt es eine Menge Leute, die eine Stunde im Internet verbracht haben und denken, sie würden eine Menge von Physik verstehen. Aber so funktioniert das nicht. […] Es gibt einen Grund, warum es Forschung und Doktorandenprogramme an den Fakultäten gibt.* …

Eine schöne Phrase. Tatsächlich mag das auf Journalisten zutreffen, die meinen, sie wüssten, wovon sie reden, wenn sie den NIST-Bericht als Erklärung für den Einsturz der Gebäude präsentieren, so wie man das bei Polatschek beobachtet. Aber das meint Chomsky hier nicht. Chomsky suggeriert, so wie er das hier vorbringt, eine grundsätzliche Inkompetenz von Leuten, die sich mit dem Thema befassen.

NC: … *[…] Es gibt ein oder zwei unbedeutende Artikel. Da ist ein Artikel, der in einem Online-Journal erschienen ist, der behauptet […] Spuren von Nano-Thermit in Gebäude 7 gefunden zu haben. Ich weiß nicht, was das bedeutet, Sie wissen nicht, was das bedeutet, aber wenn es irgendetwas bedeutet, machen Sie die wissenschaftliche Gemeinde darauf aufmerksam.* …

In diesen Zeilen sieht man die Abwertung von Tatsachen. Chomsky weiß alleine durch die Debatte mit Kevin Ryan, dass es mehr als nur *»ein oder zwei«* Artikel gibt, die wesentlich sind. Interessanter ist die Frage: Wenn Chomsky nicht weiß, was es bedeute, dass Nano-Thermit gefunden wurde, wie kann er dann beurteilen, dass das unbedeutend sei? Man kann nicht beides sein: unwissender Beobachter und sachkundiger Richter zugleich! Dass Chomsky nun sagt, dass auch Tuskin nicht wisse, was das bedeutet, ist eine weitere Unterstellung, weil es ihm rhetorisch gerade gut gelegen kommt.

NC: … *[…] Wenn man das [Ausbleiben meines gewünschten wissenschaftlichen Konsenses] jetzt erwähnt, dann begegnet man einer typischen Reaktion: ›Die Wissenschaftler und Ingenieure und die Fachgesellschaften, Physiker sind durch die Regierung so eingeschüchtert, dass sie Angst haben, diese Position einzunehmen.‹ Aber jeder, der irgendeine Erfahrung mit politischem Aktivismus hat, weiß, dass das die sicherste Sache ist, die man machen kann. Es ist fast risikolos. Die Leute nehmen ständig weitaus größere Risiken auf sich. […] Vielleicht wird man ausgelacht, das ist alles. […] Also, das kann nicht der Grund sein, warum niemand überzeugt ist.* …

Zu sagen, *»niemand«* sei überzeugt, ist dieselbe manipulative Methode, die oben das Wort *»winzig«* ausdrückt. Chomsky weiß auch von Kevin Ryan, dass dieser genau deswegen gefeuert wurde.

KDK: Mir fällt dazu der Fall von Daniele Ganser ein, der nach Einmischung der amerikanischen Botschaft seinen Hut an der ETH in Zürich nehmen musste.

AS: Ja, es gibt noch mehr Fälle. Chomsky beschönigt die hetzerische mediale Debatte[44] mit *»ausgelacht«* zu werden. Das ist etwas völlig anderes. Es geht um gesellschaftliche Ächtung, um Ausgrenzung. Dann ist Chomskys Bezug zu politischem Aktivismus hier völlig unangemessen. Denn Naturwissenschaftler sind keine politischen Aktivisten, sondern das Gegenteil: Leute, die froh sind, dass sie sich mit Tunnelblick in ihr wissenschaftliches Spezialgebiet dem politischen Irrsinn entziehen können.

> **NC:** *... Es gibt hier jedoch noch einen viel tiefgehenderen Punkt. [...] Was immer man von Gebäude 7 halten mag – Ehrlich gesagt, ich habe keine Meinung zu Gebäude 7. Ich kenne nicht genug Naturwissenschaft und Ingenieurswesen, so wie die Leute, die glauben, hier eine Antwort zu kennen, deswegen überlasse ich das hier den Fachgesellschaften. Was also auch immer die Tatsachen sind, es gibt eine überwältigende Beweislage dafür, dass die Bush-Regierung nicht involviert war. Ganz elementare Beweisstücke. Man muss kein Physiker sein, um das zu verstehen. Man muss nur eine Minute lang nachdenken. [...] ...*

Die Phrase *»Man muss kein Physiker sein«* ist wieder eine Abwertung von Tatsachen, denn die dürfen offenbar nur dann entscheidend sein, wenn Chomsky sie verstehen will. Chomsky hat keine Meinung zu WTC 7. Das ist für mich zwar schwer vorzustellen, aber mag vielleicht ehrlich sein. Das heißt aber insbesondere, dass er nicht davon überzeugt ist, dass WTC 7 durch Feuer eingestürzt ist. Das ist ein außerordentlich bemerkenswertes Geständnis. Denn wenn an diesem Punkt Zweifel besteht, dann ist natürlich die gesamte offizielle Geschichte zweifelhaft. Man sieht hier genau den emotionalen Konflikt, den die Tatsachen erzeugen.

Offenbar selbst ertappt, relativiert Chomsy sein Geständnis dann sofort mit der anschließenden Formulierung *»Was auch immer die Tatsachen sind«*. Was für eine groteske Formulierung! Natürlich muss ich zuerst die Sachlage klären und kann dann daraus Schlussfolgerungen ziehen. Chomsky meint also, seine folgenden Überlegungen seien unabhängig von den Tatsachen um die Zerstörung des World Trade Centers.

Erstaunlich wieder seine Rhetorik. Eine Minute Nachdenken: gut. Sich eine Stunde im Internet informieren: böse. Ich möchte ihm irgendwie zurufen: »Nun gibt es eine Menge Leute, die eine Minute nachgedacht haben und denken, sie würden eine Menge von der Täterfrage in einem komplexen Kriminalfall verstehen. Aber so funktioniert das nicht. Es gibt einen Grund, warum es Staatsanwälte und forensische Untersuchungen gibt.«

> **NC:** *... Eine unbestrittene Tatsache ist, dass die Bush-Regierung wie verzweifelt den Irak angreifen wollte. Das war ein seit langem bestehendes Ziel. [...] Zweite unbestrittene Tatsache: Sie haben bezüglich des 11. Septembers keinen Iraker beschuldigt. [...] Dritte unbestrittene Tatsache: Wenn sie nicht total verrückt sind, dann hätten sie Iraker beschuldigt. [...] Dann hätten sie keine wilden Geschichten über Massenvernichtungswaffen und Verbindungen von Saddam zu Al-Qaida zusammenbrauen müssen, was ja schnell aufflog und sie diskreditiert hat. Kein Grund, in Afghanistan einzumarschieren, was hauptsächlich eine Zeitverschwendung für sie war.*
>
> *Die Schlussfolgerung ist ziemlich geradeheraus: Entweder sind sie total verrückt oder sie waren nicht involviert, und sie sind nicht total verrückt. Also was auch immer man über Gebäude 7 denkt, es gibt andere Überlegungen, die man beachten sollte.«*

Wenn man an einen Serienmörder denkt, der vielleicht einige Menschen umbringt, bevor er gestoppt wird und in die Psychiatrie eingewiesen wird, dann mag man diesen Menschen ›verdammt verrückt‹ finden. Wie nenne ich dann Menschen, die einen Krieg lostreten, bei dem eine Million Menschen sterben? *»Total verrückt«* ist da recht passend. Deswegen ist Chomskys Schlussfolgerung einfach nur falsch, selbst wenn man seine drei unbestrittenen Tatsachen nicht bestreiten würde. Aber die bestreitet ja sogar er selbst, ohne zu merken, was er sagt: Denn tatsächlich hat die Bush-Regierung ja mit Saddam und der behaupteten Verbindung zu Al-Qaida einen Iraker beschuldigt, und tatsächlich sind sie im Irak einmarschiert. Für Chomsky scheint die Realität einfach weniger relevant zu sein als sein Wunschdenken.

KDK: An dieser Stelle ist es vielleicht angebracht, die Einblicke in die Planungen des Pentagon zu erwähnen, die der ehemalige Oberbefehlshaber der NATO, General Wesley Clark, der Journalistin Amy Goodman in einem viel zitierten Interview gegeben hat.[45] Schon zehn Tage nach dem 11. September ist er im Pentagon informiert worden, dass Afghanistan überfallen wird. Sechs Wochen später erfuhr Clark bei einem weiteren Besuch im Pentagon, dass die Kriegspläne inzwischen erheblich ausgeweitet worden waren. Außer Afghanistan sollten in den folgenden fünf Jahren sieben weitere Staaten von den USA angegriffen und ihre Regierungen zerstört werden: Irak, Libyen, Syrien, Iran, Libanon, Somalia und Sudan. Es lässt sich also kaum bestreiten, dass der 11. September zielgenau in den Irakkrieg führte.

AS: Tatsächlich ist der Weg in den Irakkrieg noch direkter, als diese zehn Tage ›Bedenkzeit‹ erahnen lassen, wie wir etwa aus den Memoiren von Richard Clarke wissen.

Clarke war den Präsidenten Clinton und Bush direkt als Koordinator für Terrorismus-Abwehr unterstellt[46] und er beschreibt, dass er schon in der Nacht vom 11. zum 12. September im Weißen Haus ungläubig in einige Diskussionen über den Irak geraten sei. Am Morgen des 12. September sei dann vom stellvertretenden Verteidigungsminister Paul Wolfowitz festgestellt worden, dass die Anschläge zu kompliziert gewesen seien, als dass eine Terrororganisation sie allein hätte ausüben können und dass der Irak dieser geholfen haben müsse, und Verteidigungsminister Donald Rumsfeld forderte am Nachmittag, sich den *»Irak zu holen«*.[47] Der amerikanische Fernsehsender *CBS* konnte sogar mit einer noch kürzeren Zeit aufwarten: Nach Mitschriften von Mitarbeitern des Pentagons hatte Rumsfeld schon vor 15 Uhr Anweisung gegeben, Pläne zu entwickeln, wie man den Irak angreifen könne.[48] Abschließend darf man sich zur geostrategischen Analyse der beiden Angriffskriege auf den Irak und Afghanistan dann auch einmal fragen, welches Land genau zwischen diesen beiden liegt und ob durch die amerikanische Militärpräsenz politischer Druck auf dieses Land ausgeübt wird und ob die erzeugten Flüchtlingsbewegungen und zerstörten Handelsbeziehungen in den Grenzregionen zur Entspannung oder Verschärfung der innenpolitischen Situation dieses Landes beitragen. Was würden die amerikanischen Militärstrategen sagen, wenn in Mexiko und Kanada russische Truppen die Ordnungsgewalt übernehmen würden? – Mit der militärischen Präsenz in Afghanistan haben die USA ein dauerhaftes militärisches Standbein in Zentralasien etabliert. Chomsky meint, das sei *»Zeitverschwendung«,* was eine ziemlich armselige Analyse der geostrategischen Interessen der USA darstellt.

KDK: Wenn ich unsere eigene geostrategische Position erfasse, würde ich sagen, dass wir unsere Zeit nicht verschwenden, wenn wir uns eine Erfrischung gönnen. In ein paar Minuten öffnet das Restaurant hier am Fuße des Neubaus der Europäischen Zentralbank (EZB).

»Zero.«[49]
– Leroy Hulsey

4 Freier Fall

Vorabendlicher Zwischenstop mit Limonade: Oosten – Realwirtschaft am Main, nahe EZB-Neubau

KDK: Es gab ja im Jahr 2019 neben Ihrer Arbeit noch zwei andere neue wissenschaftliche Arbeiten, die sich mit dem WTC befasst haben: mit der Zerstörung des dritten Wolkenkratzers, WTC 7, der am späten Nachmittag des 11. Septembers einstürzte, ohne dass ein Flugzeug reingeflogen war. Vielleicht können Sie die bisherige Debatte über WTC 7 einmal kurz zusammenfassen und dann erläutern, was diese neuen Arbeiten berichten.

AS: Um über WTC 7 angemessen zu sprechen, sollte man sich zunächst kurz ins Gedächtnis rufen, was das für ein riesiges Gebäude war (siehe Abb. 1 und 2). Wir schauen hier gerade auf den EZB-Neubau, der eine Höhe von 185 Metern hat. WTC 7 war 186 Meter hoch, plus noch das Penthouse auf dem Dach. Ein Stahlskelettbau, errichtet in den Achtzigern. Die Nordseite des Gebäudes war 100 Meter breit, das ist monströs. Die Zwillingstürme hatten bloß eine Breite von 64 Metern. Es gibt hier in der Bankenmetropole Frankfurt am Main zwar eine Handvoll Gebäude, die höher sind, aber sonst in ganz Deutschland nicht ein einziges. WTC 7 war wahrhaftig ein Riese.

Um 17:20 Uhr klappt jetzt zuerst der östliche Teil des Penthouses weg, dann ist das Gebäude für etwa sieben Sekunden noch stabil, dann sackt der Rest des Penthouses ab und einen Wimpernschlag später geht das gesamte Gebäude uniform, völlig gerade nach unten.[50] Die benachbarten Gebäude werden nur minimal durch den Einsturz in Mitleidenschaft gezogen (siehe Abb. 3). Das besonders Markante daran: Das Gebäude befindet sich über zwei Sekunden im freien Fall, das heißt, nur die Gravitationskraft wirkt auf das

Gebäude.[51] Das ist sagenhaft, denn das Gebäude hat 82 tragende Stützen, die der Gravitationskraft entgegenwirken. Diese sind schrecklich stabil gebaut, so stabil, dass sie die Gravitationskraft eines ganzen Wolkenkratzers tragen können. Deswegen ist das Gebäude normalerweise in Ruhe, weil die Kraft der Stützen genau so groß ist wie die Gravitationskraft, ein Kräftegleichgewicht.

Diese gewaltige stützende Kraft ist nun plötzlich nicht mehr da. Und das im gesamten Gebäudequerschnitt. Das muss man sich deutlich machen: Wie kann es sein, dass die Stützen am östlichen Ende des Gebäudes zeitgleich mit den Stützen am westlichen Ende des Gebäudes versagen? Die Stützen stehen 100 Meter weit auseinander.

KDK: Aber dieser Einsturz wurde 2008 vom NIST untersucht. Die Trümmer des einstürzenden Nordturmes haben das Haus beschädigt und es in Brand gesetzt. Die Feuer seien dann der Einsturzgrund gewesen, sagt die staatliche Behörde.[52] Ist das richtig?

AS: Das sagt das NIST, aber die Untersuchung, die dazu gemacht wurde, ist an zentralen Stellen falsch bis betrügerisch. Die Behauptung, dass das Gebäude durch Feuer eingestürzt sei, ist mit den vorgelegten Computersimulationen nicht im Geringsten zu rechtfertigen. Das Computermodell stellt den Kollaps nicht korrekt dar und es basiert auf falschen Annahmen über die Feuer in den Gebäuden. Es gibt darin so viele Fehler, dass man ganze Bücher damit füllen kann.[53]

KDK: Und die beiden neuen Arbeiten beleuchten einige dieser Fehler neu?

AS: Genau. Die eine Arbeit ist von Tim Schall, der im Rahmen seiner Bachelor-Arbeit an der Hochschule für Technik in Stuttgart ein Modell erstellte, das den vom NIST behaupteten Einsturzbeginn nachstellt.[54] Das NIST sagt, an der Stütze mit Nummer 79 sei in der Decke des 12. Stockwerkes beziehungsweise dem Boden des 13. Stockwerkes der Träger mit der Nummer A2001 von seinem Auflager gerutscht, weil er von anderen Trägern aufgrund der Wärmeausdehnung durch die Feuer zur Seite gedrückt worden sei. Diese Feuereinwirkung ist die von NIST vermutete Einsturzursache, denn dann sei der Träger A2001 mitsamt Fußboden nach unten gefallen, habe die Verbindungen von Stütze 79 zu den Trägern in den Stockwerken darunter losgeschlagen, so dass die Stütze seitlich ausknicken konnte (siehe Abb. 4). Diese eine versagende Stütze habe dann im Kollaps des gesamten Gebäudes geendet.

Schall hat das Szenario des ersten abrutschenden Trägers nachgestellt. Dazu hat er anhand der Baupläne die Konstruktion im Rechner simuliert und dann die Temperaturangaben des NIST übernommen, um zu sehen, welche Effekte dabei auftreten. Sein Resultat widerspricht der Aussage des NIST, dass der Träger von seinem Auflager abrutschen würde. Er stellt zwar fest, dass die Schraubverbindung unter den angenommenen Belastungen nicht standhält, aber der Träger bleibt an den Seitenplatten an der Stütze hängen und kann nicht von seinem Auflager abrutschen (siehe Abb. 5). Das NIST hat die Überstände der Seitenplatten in seinen Simulationen nicht korrekt berücksichtigt.[55]

KDK: Ist es dann richtig zu sagen, dass die hypothetische Kettenreaktion, die das NIST vorschlägt, schon am ersten Schritt scheitert?

AS: Das kann man so sagen. Man darf aber hinzufügen, dass Schall die Temperaturdaten der Träger aus den Feuersimulationen des NIST übernommen hat. Er kommt den Aussagen des NIST damit maximal entgegen, denn dieser nullte Schritt der hypothetischen Kettenreaktion ist schon nicht zu rechtfertigen.

KDK: Und sagt die zweite neue Untersuchung auch etwas zu diesem Problemkreis?

AS: Das ist eine langjährige Studie der Universität Alaska von drei Bauingenieuren, Leroy Hulsey, Zhili Quan und Feng Xiao.[56] Die Erkenntnis, dass die Seitenplatte ein Abrutschen des Trägers A2001 von seinem Auflager verhindert, ist auch hier in gleicher Weise gefunden worden (siehe Abb. 6). Die Studie ist auch der Frage nachgegangen, was passiert, wenn man die Überstände der Seitenplatte verkürzt. Das Ergebnis ist: nichts. Denn der Träger bleibt auf dem Auflager liegen. Er fällt nicht herunter (siehe Abb. 7).

Die Studie ist aber insgesamt wesentlich umfangreicher, denn es wurde nicht nur versucht, das vom NIST behauptete, lokale erste Versagen von Träger A2001 zu verstehen, sondern es wurde auch ein globales Einsturzmodell erstellt, um den gesamten Zusammenbruch zu verstehen und um die weiteren Zwischenschritte in der Kettenreaktion, die das NIST behauptet, nachvollziehen zu können.

Das NIST sagt, nach Versagen von Stütze 79 sollen die Stützen 80 und 81 versagt haben, was dann dazu geführt habe, dass die Stützen im Kern nacheinander versagt haben, also 76, 77 und 78 zuerst (vgl. Abb. 4), dann die weiter westlich stehenden, ohne dass das in Deformationen der Außenwand sichtbar geworden sei: Also in der Computersimulation werden Deformationen sichtbar, nur nicht in der Realität.

KDK: Wir reden über die sieben Sekunden zwischen dem Absacken des östlichen Teils des Penthouses und dem Rest des Penthouses?

AS: Ja. Das östliche Penthouse lag über den Stützen 79, 80 und 81. Jetzt sind Hulsey, Quan und Xiao hergegangen und haben das Versagen dieser drei Stützen in verschiedenen Szenarien simuliert.

KDK: Und was ist passiert?

AS: Nichts. Selbst nach Entfernen von Stützen 79, 80, und 81 haben die Stützen 76, 77 und 78 nicht versagt. Das ist auch nicht überraschend, denn Gebäude werden mit redundanten Strukturen versehen, damit lokale Schäden nicht zu globalem Einsturz führen.

Also haben Hulsey, Quan und Xiao das Versagen der sechs Stützen 76 bis 81 im Kern angenommen. Nachdem nun diese sechs Stützen erledigt wurden, kam es endlich zum lang ersehnten Einsturz. Allerdings nicht wie in der Realität: Der Einsturz erfolgt nicht nach unten, sondern zur Seite. Die anderen Stützen im Kern bleiben zunächst stehen und die äußeren Stützen im Südosten, also 27 bis

30 und 21 bis 25, versagen zuerst, dann wird das Gebäude in diese Richtung herumgerissen.

Als Nächstes haben sie das Versagen aller Stützen im Kern von 58 bis 81 angenommen. Auch in diesem Fall stürzte das Gebäude nicht nach unten, sondern diesmal nach Südwesten. Denn an dieser Ecke waren in verschiedenen Stockwerken einzelne Stützen durch den Trümmereinschlag des Nordturmes zerstört (vgl. Abb. 4), deswegen versagte die verbliebene Struktur in dieser Ecke zuerst.

KDK: Und haben sie es auch geschafft, das Gebäude so abstürzen zu lassen wie in der Realität?

AS: Ja, das geht selbstverständlich! Sie mussten nur alle Stützen im Kern, dann 1,3 Sekunden später alle äußeren Stützen auf acht Stockwerken gleichzeitig entfernen. Dann war keine Struktur mehr da, die der Gravitation entgegenwirkte, und das Gebäude konnte wie in der Realität in den freien Fall übergehen. Das ist natürlich keine Überraschung.

Man sollte hier der Vollständigkeit halber noch bemerken, dass die reale Zerstörung noch etwas mehr zu bieten hat als die beschriebene Simulation, denn in dieser tritt ein Phänomen des realen Einsturzes nicht auf, und zwar der Knick in der Nordseite.

Die Nordseite des Gebäudes bekommt beim realen Einsturz des Penthouses einen Knick,[57] was in den Kameraperspektiven von unten so aussieht, als würde die Dachlinie in der Mitte nach unten knicken. Das lässt sich anschaulich nachvollziehen, wenn die Ursache dieses Knickes das zusätzliche Gewicht ist, das nach Zerstören der Kernstützen auf den Außenwänden lastet. Die beobachtete Deformation ist eine Bewegung in der Horizontalen, weil die Außenstützen das Gewicht ablenken; so wie man mit dem Stuhl nach hinten umfallen kann, aber nicht nach unten. Dieser Knick tritt nun in der Simulation der Zerstörung nicht auf. Es ist vermutlich so, dass man, um den Knick zu erzeugen, die Struktur noch etwas stärker beziehungsweise gezielter schwächen muss. Was die Feineinstellungen angeht, gibt es also noch Klärungsbedarf.

KDK: Was ist denn dann die letztendliche Schlussfolgerung von Hulsey, Quan und Xiao?

AS: Feuer hat WTC 7 nicht zum Einsturz gebracht.

KDK: Was dann?

AS: Nun, es gibt genau eine wissenschaftliche Antwort auf diese Frage: absichtliches menschliches Handeln.

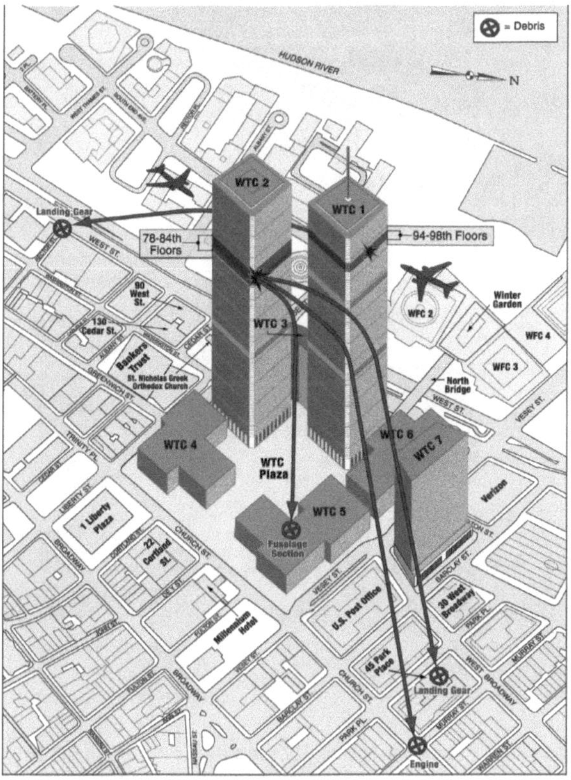

Abbildung 1: Schematische Darstellung des World-Trade-Center-Komplexes und der Flugzeugeinschläge am 11. September 2001. Der Nordturm (WTC 1) hat 110 Stockwerke und eine Höhe von 417 m, die Antenne eine Länge von 110 m. Der Südturm (WTC 2) hat eine Höhe von 415 m. Der quadratische Grundriss der Zwillingstürme hat eine Seitenlänge von 64 m. Der Wolkenkratzer WTC 7 hat 47 Stockwerke und eine Höhe von 186 m, seine Nordseite eine Breite von 100 m. *Quelle: Seite 6, Kapitel 1 in [FEMA02].*

Abbildung 2: WTC 7 fotografiert vom Südturm des World Trade Centers. Der Größenvergleich mit den Autos und Bussen lässt die gigantischen Ausmaße dieses Wolkenkratzers erahnen.«

Quelle: Fanghong, August 1992, (CC BY-SA 3.0).

Abbildung 3: WTC 7 nach der Zerstörung (Mitte). Man beachte die saubere chirurgische Entfernung des Wolkenkratzers. Die massiven Schäden an WTC 6 (links unten) und WTC 5 (rechts unten) sind bei der Zerstörung der Zwillingstürme entstanden. Die Fassade des Verizon Buildings (links neben den Trümmern von WTC 7) wurde nur lokal beeinträchtigt (siehe dazu Seite 8ff, Kapitel 7 in [FEMA02]). Das US Post Office (rechts) erlitt nur geringe Schäden. Beide Gebäude wurden renoviert und stehen noch heute. Das siebzehnstöckige Hochhaus Filterman Hall (30 West Broadway, oben in der Mitte) wurde etwas stärker beeinträchtigt und 2009 abgerissen (das Gebäude war asbestverseucht).

Quelle : NOAA, Luftaufnahme aus etwa 1 km Höhe, 23. September 2001.

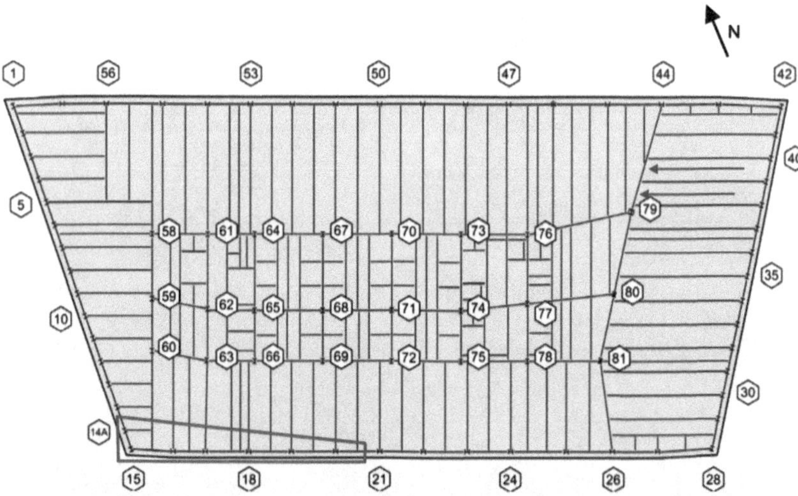

Abbildung 4: Querschnitt durch WTC 7. Träger A2001 liegt zwischen Stütze 79 und 44. Die Pfeile und der Rahmen links unten sind sind ergänzt. Die Pfeile deuten die Wärmeausdehnung der Sekundärträger an, die A2001 vom Auflager gedrückt haben sollen. Der Rahmen deutet den Bereich an, in dem einzelne Stützen auf verschiedenen Stockwerken vom Trümmereinschlag des Nordturmes beschädigt waren.

Quelle: Abb. 1–5, Seite 6, NCSTAR 1A [NIST08].

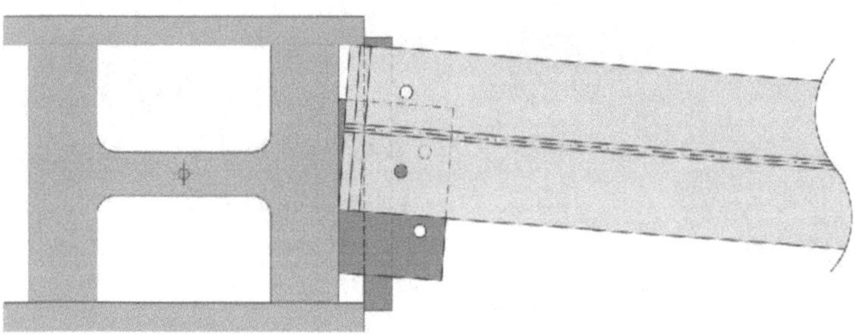

Abbildung 5: Mögliche horizontale Verschiebung des Trägers A2001 auf dem Konsolauflager an Stütze 79.

Quelle: Abb. 62, Seite 80, [Scha19].

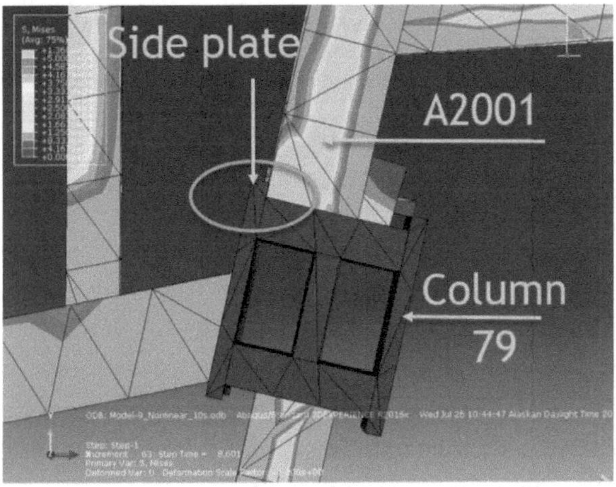

Abbildung 6: Träger A2001 wird durch die Seitenplatte vom Abrutschen vom Auflager an Stütze 79 gehindert.

Quelle: Abb. 3.4, Seite 78, [HQX20].

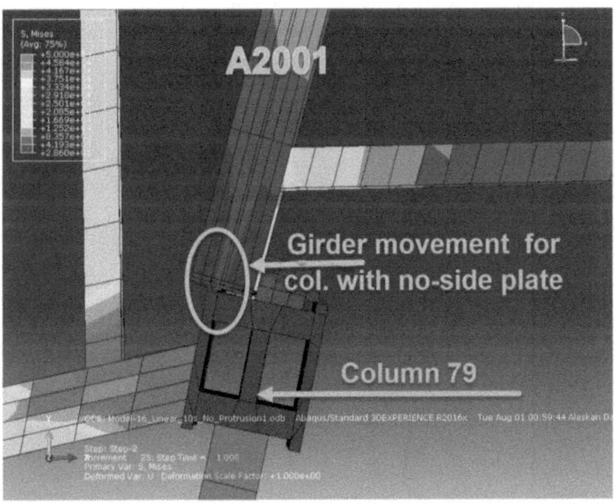

Abbildung 7: Träger A2001 rutscht auch bei gekürzter Seitenplatte nicht vom Auflager an Stütze 79 ab.

Quelle: Abb. 3.7, Seite 81, [HQX20].

»Die Achtung vor der Wahrheit, die Wahrung der Menschenwürde und die wahrhaftige Unterrichtung der Öffentlichkeit sind oberste Gebote der Presse.«[58]
– Deutscher Presserat

5 Propaganda in den Leitmedien

Mehr Limonade bei Sommergewitter: Oosten – Realwirtschaft am Main, nahe EZB-Neubau

KDK: Das Wort *»Verschwörungstheorie«* fiel in unserem Gespräch schon einmal bei der kurzen Besprechung des Artikels aus der *FAZ*. Dieses Wort begegnet einem heute oft in den Medien.

AS: Das Wort ist das, was man eine intellektuelle Nebelkerze nennen könnte. Man zündet sie und Zusammenhänge, Fragen, Antworten und kritische Gedanken verschwinden hinter einer undurchsichtigen Suppe aus ankonditionierten Assoziationen und reflexhafter Entrüstung.

KDK: Was bedeutet das Wort *»Verschwörungstheorie«* denn genau? Oder wie verstehen oder interpretieren Sie es?

AS: Eine inhaltlich sinnvolle, erkenntnistheoretische Bedeutung hat es nicht, aber ich kann die Frage deskriptiv beantworten: Man kann rein beschreibend auflisten, was für Aussagen in den Leitmedien mit dem Wort bezeichnet werden, und daran analysieren, welche Botschaft darin codiert liegt.

Fangen wir mal mit einem Beispiel der *Süddeutschen Zeitung* an. Sie benennt im Jahr 2011 unter dem Titel *»9/11, Aliens und Elvis – Unsterblich verschworen«* zehn *»Verschwörungstheorien, die sich hartnäckig halten«*:[59]

- *»Die wahren Drahtzieher des 11. September«* seien *»die Bush-Regierung«*, *»die CIA«* oder *»die Juden«*.
- *»›Barack Obama ist kein Bürger der USA‹«*

- *»›Die jüdische Weltverschwörung‹«*
- *»JFKs wahre Mörder«*
- *»›Die gefälschte Mondlandung‹«*
- *»Illuminaten, Freimaurer und die neue Weltordnung«*
- *»›Das HI-Virus wurde in US-Biowaffenlabors entwickelt‹«*
- *»Außerirdische [sind in] Area 51«*
- *»Bill Gates ist der Teufel«*
- *»Lady Di wurde ermordet, Elvis [Presley] lebt, Paul [McCartney] ist tot.«*

Ein anderes Beispiel gibt die Bundeszentrale für politische Bildung. Sie definiert 2015 folgende Aussagen als *»Verschwörungstheorien«*:[60]

- *»Der Holocaust hat nie stattgefunden.«*
- *»Rudolf Heß [hat] sich nicht selbst umgebracht. Er wurde ermordet.«*
- *»Die Elite der Nazis lebt am Südpol und bereist von dort aus mit Flugscheiben die Welt und andere Planeten.«*
- *»[D]er Nationalsozialistische Untergrund (NSU) ist eine Erfindung der Geheimdienste.«*
- *»9/11 [wurde] von der amerikanischen Regierung inszeniert.«*
- *»An allem, jedenfalls, sind die Juden schuld [sic].«*

Die Welt weist 2016 in *»Der gefährliche Glaube an die große Verschwörung«* folgende Aussagen als *»Verschwörungstheorien«* aus:[61]

- Zur Frage der Täterschaft der Anschläge des 11. Septembers: *»Die Juden waren's. [...] Die amerikanischen Neokonservativen waren's. [...] Die Saudis waren's, und die Amerikaner haben's vorher gewusst. [...] Die Reptilienwesen waren's.«*
- *»Mal waren die Freimaurer an allem schuld, mal die Katholiken. Kennedy wurde nicht von Lee Harvey Oswald erschossen, sondern von einem Consortium aus Mafia, CIA und FBI (und wahrscheinlich steckte eigentlich der Papst dahinter).«*
- *»Präsident Obama [...] ha[t] seine Geburtsurkunde gefälscht.«*

Weitere Beispiele für *»Verschwörungstheorien«* liefert *Der Spiegel* in dem 2019 erschienenen Werk mit Titel *»Weltmacht Paranoia«*:[62]

- *»Merkel ist […] von einem dieser außerirdischen Reptilien besessen.«*
- *»[D]ie Weißen im Lande [USA] sollen ›ersetzt‹ werden«.*
- *»Eine globale ›Finanzoligarchie‹ […] [will] die angestammte Bevölkerung [in Europa] ersetzen.«*
- *»Flugzeuge verteilen im Auftrag der Regierung giftige Chemikalien in der Luft«.*
- *»›Big Pharma‹« zerrüttet aus Profitgier die Volksgesundheit, gedeckt von den höchsten Kreisen!«*
- *»Der geheime Illuminatenorden bereitet den dritten Weltkrieg vor, um die gesamte Menschheit in die Sklaverei zu führen!«*
- Unter dem Stichwort *»Reichsbürger«*: *»[D]er deutsch[e] Staat […] [ist] das Konstrukt einer Nachkriegsverschwörung.«*
- *»Die US-Regierung hat das World Trade Center gesprengt, weil sie einen Vorwand für den Irakkrieg brauchte.«*
- *»Der Mord an dem Kasseler Regierungspräsidenten Walter Lübcke […] [war] vermutlich ein vertuschter Selbstmord.«*
- *»Die Seerettungsaktion der Kapitänin Rackete […] [war] eine Inszenierung für's Fernsehen, eingefädelt von den höchsten Kreisen.«*
- *»Der Suizid des Finanzberaters Jeffrey Epstein in seiner New Yorker Gefängniszelle […] [war ein Mord im Auftrag der] Clintons.«*
- *»[D]ie Nationalhymne [ist] eine akustische Waffe gegen Echsenmenschen […] unsere ›Eliten‹ [dienen] außerirdischen Reptilien […]«*
- *»All die Toten und Verletzten [nach dem Massaker von El Paso] […] [sind] doch nur Schauspieler gewesen.«*
- Unter dem Stichwort *»QAnon«*: *»Jüdische Banker [haben] die Medien und Staat unter Kontrolle, […] Liberale und Linke […] [werden] bald hingerichtet […] [es gibt eine] Weltverschwörung des Kindesmissbrauchs«*
- *»[In einer Chemotherapie] w[e]rden den Patienten heimlich Chips mit Giftkammern eingepflanzt […] ein Komplott zionistischer Onkologen.«*
- *»[Bei einer Impfung] werden uns […] winzige Nanokapseln mit Funkchips unter die Haut gespritzt.«*
- *»SS-Leute [konnten sich] mittels überschallschneller ›Reichsflugscheiben‹ in die antarktische Region Neuschwabenland retten«.*

- *»Lady Di ha[t] ihren Tod nur vorgetäuscht [...] [oder wurde] ermordet«.*
- *»Flugzeuge [...] [sprühen] Gift in die Atmosphäre«.*
- *»Hinter alldem steck[t] [...] die globale Bankwirtschaft, gesteuert von der Familie Rothschild.«*

Es wird in diesen Artikeln, die repräsentativ für die leitmediale Debatte sind, sehr genau klar, welche Art Aussagen mit dem Wort *»Verschwörungstheorie«* bezeichnet werden und welche nicht. Anhand dieser Aussagen lassen sich drei Kategorien identifizieren:

(P) Pseudowissenschaftliche oder boulevardeske Aussagen – zum Beispiel: *»Bill Gates ist der Teufel«*, *»die Außerirdischen sind da«* oder *»Elvis lebt«*.

(G) Gruppenbezogene Vorwürfe oder Unterstellungen, die sich gegen weltanschauliche oder ethnische Gruppen richten – zum Beispiel: *»die Freimaurer kontrollieren die Welt«* –, dazu gehören insbesondere und in dominierender Weise antisemitische Aussagen – zum Beispiel: *»Die Juden sind an allem schuld«* oder *»der Holocaust hat nicht stattgefunden«*.

(K) Kriminalistische Aussagen über (mögliche) Verbrechen, die eine Beteiligung von Personen aus westlichen Regierungen (oder Institutionen) beinhalten oder implizieren (oft die US-Regierung) oder die einer gegebenen Erklärung einer westlichen Regierung zu einem Verbrechen/politisch bedeutsamen Ereignis widersprechen – zum Beispiel: *»Herr Oswald hat Herrn Kennedy nicht erschossen«*, *»die drei Wolkenkratzer des WTC wurden gesprengt«* oder *»Herr Epstein hat sich nicht selbst umgebracht«*.

Natürlich sind diese Bereiche überlappend: Zum Beispiel kann man jede Aussage aus der Kategorie der kriminalistischen Aussagen (K) entsachlichen, indem man diese mit grotesken Übertreibungen oder einem antisemitischen Zusatz versieht oder in einem Kontext diskutiert, der solche Zusätze beinhaltet, was in den Leitmedien, wie oben dokumentiert, typischerweise der Fall ist. Die Leser solcher Zeitungsartikel werden dann also genötigt, nicht die Sachaussagen, sondern verschiedene Varianten von grotesken, pauschalisierten oder rassistischen Formen zu bewerten. Das ist natürlich eine Irreführung. Irreführungen, die auf einer übertriebenen Darstellung der eigentlichen Sachfrage beruhen, nennt man auch Strohmann-Argumente: Der Strohmann ist ohne große Mühe k.o. zu schlagen, während die eigentliche Sachfrage verdeckt bleibt.

Wichtig festzustellen ist jedenfalls, dass Aussagen der Kategorie (K) natürlich wahr oder falsch sein können, denn es gibt dazu kein übergeordnetes Prinzip, das eine solche Bewertung prinzipiell leistet. Das muss die fachliche Untersuchung der jeweiligen Einzelfälle zeigen.

KDK: Kann man sagen, dass der kriminalistische Bereich (K) insbesondere auch Aussagen über die Existenz oder das mögliche Wirken des Tiefen Staats beinhaltet, die SCAD, also die schon genannten Staatsverbrechen gegen die Demokratie?

AS: Ja, das ist – mit dem wichtigen Zusatz, dass es um den Tiefen Staat in den sogenannten westlichen Demokratien geht – im Wesentlichen richtig.

Denn wenn solche Anschuldigungen zum Beispiel gegenüber Russland erhoben werden, dann nennen die Leitmedien das nicht *»Verschwörungstheorien«*, sondern sie sprechen von *»Verdächtigungen«*, *»Hinweisen auf Verstrickungen«* oder gebrauchen ähnliche Formulierungen.

Es gibt einige Beispiele, an denen man diese sprachliche Ungleichbehandlung sehr schön studieren kann, etwa die Terroranschläge, die sich in Russland am 31. August und am 8., 13. und 16. September 1999 ereignet haben. Dort starben bei Bombenanschlägen auf Wohnhäuser in Moskau und zwei weiteren russischen Städten fast 300 Menschen. Nach Angaben der russischen Regierung waren tschetschenisch-islamistische Terroristen die Verantwortlichen und für Russland waren unter anderem diese Anschläge daraufhin ein Anlass, den zweiten Tschetschenienkrieg zu führen.

Das heißt, die Situation ist bis zu einem gewissen Grad vergleichbar mit dem 11. September: Terroranschläge in der größten Metropole des Landes, eine große Anzahl von Toten, die Bevölkerung schockiert, beschuldigt werden islamistische Terroristen und die Regierung reagiert mit einem jahrelangen Krieg.

Die Frage ist nun: Wie ordnen die Leitmedien in Deutschland die jeweiligen offiziellen Geschichten dieser Ereignisse ein? Berichten sie neutral über Kritik an den offiziellen Geschichten?

KDK: Für den amerikanischen Fall haben wir die Antwort gerade kennengelernt, da heißt Kritik dann *»Verschwörungstheorie«*.

AS: Doch ganz anders im russischen Fall. Die *Frankfurter Rundschau* schrieb im Frühjahr 2000 dazu:

> *»Die Hinweise verdichten sich, dass der russische Geheimdienst hinter mehreren Bombenanschlägen steckte«*[63]

Der Spiegel dann fünf Jahre nach den Anschlägen:

> *»Im Dezember 1999 wurden acht Verdächtige festgenommen, von denen man aber nie mehr etwas hörte. Sicherheitsmann Sergej Iwanow, heute Verteidigungsminister, meldete für eine Vorbereitung der Sprengsätze ›handfeste Beweise‹, die aber nie vorgelegt wurden.*
>
> *Doch dann kam ein Verdacht auf, den Jelene Bonner, die Witwe des Friedensnobelpreisträgers Andrej Sacharow, ebenso wie der Oligarch Boris Beresowski hegten – und der durch Recherchen der Moskauer Tageszeitung ›Nowaja Gazeta‹ gestützt wurde: Putins Hausmacht, die Geheimpolizei FSB (vormals KGB), habe die Bomben werbewirksam für ihren Kandidaten selbst gelegt.«*[64]

Und die *Süddeutsche Zeitung* nach 18 Jahren:

> *»Besonderes Aufsehen erregten aber die mysteriösen Anschläge auf zwei Wohnhäuser in Moskau 1999: In den Trümmern starben 150 Menschen, verantwortlich gemacht wurden Tschetschenen. Regimekritiker wie der einige Jahre später durch einen merkwürdigen Selbstmord ums Leben gekommene Oligarch Boris Beresowski wiesen auf Unstimmigkeiten hin und versuchten nachzuweisen, dass Putin seine Hand im Spiel gehabt hatte. Der habe einen Vorwand gesucht, einen zweiten Kaukasuskrieg zu beginnen und mit der Rückeroberung die De-facto-Unabhängigkeit Tschetscheniens zu beenden. Mit den Attentaten habe er die Bevölkerung gegen die Kaukasier aufbringen wollen.«*[65]

KDK: Ja, ich sehe, dass hier eine grundsätzlich andere Darstellung erfolgt. Die Wörter *»Hinweise«*, *»Verdacht«*, *»Unstimmigkeiten«* sind noch ganz neutral gewählte Wörter. Die Formulierung *»mysteriöse Anschläge«* lässt aber keinen Zweifel daran, dass der Verfasser hier die offizielle Geschichte für zweifelhaft hält.

AS: Und bemerkenswert: Die Signalwörter *»Holocaust«*, *»Antisemitismus«*, *»Außerirdische«* oder eben *»Verschwörungstheorie«* sucht man vergeblich, während das – wie wir gesehen haben – bei der Debatte zum 11. September quasi zwanghaft zum guten Ton gehört. Bei Verdächtigungen gegen Russland wird also nicht versucht, diesen Aussagen eine anrüchige Konnotation zu geben.

KDK: Das ist ein lehrreiches Beispiel, aber kann das nicht ein Zufall sein? Die Anschläge in Russland sind schon lange her und waren insgesamt ein geringeres Medienereignis als der 11. September.

AS: Nein. Es gibt noch mehr Beispiele, die diese drastische Ungleichbehandlung amerikanischer und russischer Fälle zeigen. Etwa die in den oben genannten Zeitungsartikeln erwähnten Todesfälle des Amerikaners Jeffrey Epstein und des Russen Boris Beresowski.

KDK: Der Name des Multimillionärs Epstein war im Sommer 2019 viel in den Medien, aber ich habe die Einzelheiten nicht mehr so genau in Erinnerung.

AS: Epstein war Tatverdächtiger und damit insbesondere wichtigster Zeuge in einem politisch hochbrisanten Fall von organisierter Kriminalität, in dem es um sexuellen Missbrauch und Menschenhandel in großem Maßstab geht. Eine der amerikanischen Jungferninseln, St. Little James, war in Epsteins Besitz. Die Insel wurde von der amerikanischen Presse *»Orgy Island«* getauft, weil dies der Ort war, an den junge Frauen mutmaßlich verschleppt und dort missbraucht wurden. All die Verflechtungen und Bekanntschaften von Epstein mit der amerikanischen und internationalen Politik und dem Sicherheitsapparat aufzuzeigen, würde sicher ein ganzes Buch füllen.

Dieser Mann jedenfalls stirbt nun heimlich in seiner Gefängniszelle, obwohl er unter besonderer Sicherheitsbeaufsichtigung stand: Kurz vor seinem Tod stand er wegen eines möglicherweise bereits begangenen Selbstmordversuches am 23. Juli 2019 unter Beobachtung. Das Wachpersonal musste alle 15 Minuten nach ihm sehen, was nach ein paar Tagen auf 30 Minuten herabgestuft wurde. Zudem wurde die Zelle von außen von zwei Kameras überwacht und er hätte einen Zellengenossen haben sollen, der jedoch zufällig verlegt wurde, was später von offizieller Seite als Verstoß gegen die Abläufe im Gefängnis eingestanden wurde.[66] Geschickt wählt Epstein dann am 10. August 2019 den Zeitpunkt seines Selbstmordes so, dass er gerade in dem Moment stirbt, in dem die Kameras aus- und die zuständigen zwei Wachmänner in den Schlaf fallen.[67] Später wurde dann berichtet, dass auch Aufnahmen seines ersten Selbstmordversuches am 23. Juli nicht mehr vorhanden sind, weil sie aus Versehen gelöscht wurden.[68]

KDK: Und was hat das zu bedeuten?

AS: Das kann ich Ihnen nicht sagen.

Fest steht nur, dass Epsteins zukünftiges Schweigen für eine ganze Reihe mächtiger Amerikaner ein ausgesprochener Glücksfall ist. Der Grund, warum *Der Spiegel* die Clintons erwähnt, liegt darin begründet, dass Bill Clinton laut dem Bordbuch von Epsteins Boeing – von der amerikanischen Presse *»Lolita Express«* getauft – wohl sechsundzwanzigmal mit dem Flugzeug unterwegs war.[69] Clinton ist sicher nicht der Einzige, der kaum traurig darüber ist, dass Epstein nun nicht mehr über die karibischen oder andere Attraktionen berichten wird, zu denen ihn Epsteins Flugzeug transportiert hat. Die *New York Times* etwa kommentierte Epsteins Tod damit, dass *»zahlreiche Prominente Männer und wenigstens ein paar Frauen erleichtert aufgeatmet haben«*.[70] Wie dem aber auch immer sei, die deutschen Leitmedien sehen jedenfalls in der Vermutung, dass bei

Epsteins Tod noch jemand anderes außer ihm selbst mitgeredet hat, eine *»Verschwörungstheorie«*: Die *FAZ* meinte:

> *»Nun ruft der ›offensichtliche Suizid‹ des im Juli inhaftierten Jeffrey Epstein Verschwörungstheoretiker auf den Plan.«*[71]

Besonders die Verbindung Clinton-Epstein war nicht nur dem *Spiegel* eine emotionale Einordnung wert, sondern auch die *Süddeutsche Zeitung* entdeckte eine *»große Empörung«*:

> *»Vor allem in den sozialen Medien kursieren seitdem diverse Verschwörungstheorien darüber, ob Epstein wirklich Suizid begangen habe oder nicht. Für große Empörung sorgte dabei US-Präsident Donald Trump, der einen Tweet des Trump-nahen Comedians Terrence Williams retweetete. Williams legte nahe, dass Bill Clinton etwas mit dem Tod zu tun gehabt haben soll. Epstein habe ›Informationen‹ über den Ex-Präsidenten gehabt – und nun sei er tot.«*[72]

Und eine Woche später, nach der Obduktion Epstein unterstrich die *Süddeutsche* noch einmal den gewünschten Sprachgebrauch:

> *»Nach Epsteins Tod hatten einige Verschwörungstheoretiker behauptet, der Multi-Millionär sei ermordet worden.«*[73]

KDK: Und wer war Boris Beresowski?

AS: Wie Epstein eine schwerreiche und vorbestrafte Person, aber eine russische, die die *Süddeutsche* als russischen *»Staatsfeind Nummer 1«* bezeichnete.[74] So wie Epstein Kontakte zur politischen Spitze in Amerika hatte, war Beresowski in russischen *»höchsten Kreisen«* zu Hause.

Dann stirbt er am 23. März 2013 plötzlich im britischen Exil – offiziell ein Selbstmord. Wie Epstein soll er sich selbst erhängt haben. Interessant ist nun, dass die *Süddeutsche* gleich am Tag nach seinem Tod ganz frei darüber spekuliert:

> *»Der Multimilliardär finanzierte aus dem Exil die Opposition – und war Putin ein Dorn im Auge. War es Suizid, eine Herzattacke – oder doch ein Anschlag?«*[75]

KDK: Darf man vermuten, auch in diesem Artikel wird weder ein Bezug zum Holocaust noch zu *»reptiloiden Außerirdischen«* gemacht und das Wort *»Verschwörungstheorie«* wird nicht erwähnt!?

AS: Sie liegen goldrichtig damit. Man sieht an diesen Beispielen die klaren propagandistischen Tendenzen der deutschen Leitmedien. Über mögliche Verbrechen, die der Russe begangen haben mag, darf man freimütig spekulieren, wenn's aber der Amerikaner gewesen sein könnte, dann überschreitet man eine rote Linie.

KDK: Und wenn sich 19 Araber ganz heimlich verabreden, um mit Teppichmessern bewaffnet vier Flugzeuge zu entführen, dann will *Der Spiegel* anscheinend auch keine *»Verschwörungstheorie«* darin sehen, obwohl das ja im wahrsten Sinne des Wortes eine ›Theorie‹ über eine ›Verschwörung‹ wäre!?

AS: Ja, auch das ist ein wichtiges Nicht-Beispiel, um den orwellschen Charakter des Wortes *»Verschwörungstheorie«* zu verstehen. Ein solches wörtliches Verständnis wird suggeriert – sinngemäß: *»Verschwörungstheoretiker sind Leute, die eine Verschwörung als Ursache eines Ereignisses sehen«* –, aber das Wort wird nicht so gebraucht! Das zeigen die Beispiele mit russischen Beteiligten und auch dieses äußerst wichtige Beispiel mit den 19 beschuldigten Arabern.

In dem von Ihnen gerade angesprochenen Sinn wäre das Wort *»Verschwörungstheoretiker«* nur ein anderes Wort für ›Mensch‹, weil niemand bestritten würde, dass der 11. September das Ergebnis eines kriminellen Aktes mit mehr als einer beteiligten Person, also Resultat einer *»Verschwörung«* ist, wenn Sie das Wort benutzen wollen.

Es ist jedoch nicht passend: Das deutsche Wort *»Verschwörung«* gehört eher in die klassische Tragödie, als dass es im Strafrecht zu Hause ist. In der amerikanischen Sprache beziehungsweise dem amerikanischen Strafrecht hingegen gibt es den Tatbestand einer *»conspiracy«*, dem im Deutschen am ehesten die *»Verbrechensabrede«* nach § 30 Absatz 2 StGB entspricht.[76] Deswegen ist der zusammengesetzte Begriff *»conspiracy theory«* im Amerikanischen etwas natürlicher als die in diesem Zusammenhang falsche, deutsche Übersetzung *»Verschwörungstheorie«*, die man hier besser eine *»Theorie über eine Verbrechensabrede«* nennen sollte, wobei man dabei im Hinterkopf haben sollte, dass der Begriff *»Theorie«* an dieser Stelle abwertend, im Sinne von abstruser Spekulation, gemeint ist.

Ein Grund dafür, dass dieser Begriff mit der Kennedy-Ermordung in Mode kam, war, dass er in der amerikanischen Sprache so suggestiv und eingängig ist: Die Vermutung einer Verbrechensabrede, also einer *»conspiracy«,* war damals das diskutierte Gegenstück zur offiziellen Hypothese eines Einzeltäters, des *»lone gun man«.* Beim 11. September ist die sachliche Lage jedoch anders, wie Sie eben betonten: Auch die offizielle Darstellung beinhaltet eine Verbrechensabrede und nicht nur einen *»lone gun man«.*

Das Wort *»conspiracy theory«*, würde man es erst heute erfinden, würde also nicht so suggestiv greifen wie beim Kennedy-Mord, aber weil es über die Jahre auch die Bedeutung von »Widerspruch zu einer in den Leitmedien verbreiteten ›Wahrheit‹« bekommen hat, reden wir jetzt darüber.

KDK: Wie fassen Sie also die Antwort auf meine eingangs formulierte Frage *»Was bedeutet das Wort ›Verschwörungstheorie‹?«* zusammen?

AS: Ich denke, hier sind drei Aspekte zu nennen:

1. Der Begriff *»Verschwörungstheorie«* wird in den Leitmedien als ein erkenntnistheoretisch sinnloser Oberbegriff für Aussagen aus den drei oben genannten unabhängigen Kategorien (P), (G) und (K) verwendet und ist daher irreführend und diffamierend.

2. Der Begriff tabuisiert eine spezielle Form der Herrschaftskritik am System der *»westlichen Wertegemeinschaft«*, bei der es um die Aufklärung potentieller Verbrechen oder illegitimer Einflussnahmen durch staatliche Akteure geht.

3. Die Verwendung des Begriffs ist Kennzeichen einer speziellen Form von anti-emanzipatorischer und anti-rechtsstaatlicher Propaganda.

Dazu sollte man noch bemerken: Der Begriff *»Verschwörungstheorie«* wird in den Leitmedien nicht abstrakt definiert, sondern lediglich durch eine Liste von Beispielen mit Inhalt gefüllt. Diese Art von Begriffsbildung beinhaltet aber eine implizite Definition, die ich Definition per Akklamation nenne. Das heißt, ein Oberbegriff wird einfach durch Ausrufen einer Liste von (repräsentativen) Beispielen definiert.

Die Definition per Akklamation ist auf formal-logischer und sprachlogischer Ebene eine präzise Herangehensweise und vom Prinzip her ein möglicher Zugang für Begriffsbildungen.

Zu beanstanden ist aber, wenn die zugrunde liegende Liste falsche Sinnzusammenhänge erzeugt. Das passiert in den Medien, weil die Kategorien (P), (G) und (K) mit einem Oberbegriff zusammengefasst werden, obwohl sie inhaltlich völlig verschieden sind.

Um ein anderes Beispiel für eine in diesem Sinne schlechte Definition zu geben, können Sie Folgendes definieren: Ein ›P-Phi‹ ist eine Person, die in Philadelphia geboren oder wegen einer pädophilen Straftat verurteilt wurde. Sie können dann zahlreiche wahre Aussagen über P-Phis vortragen, was den falschen Eindruck erweckt, dass hier ein sinnvoller Begriff definiert wurde: *»Viele P-Phis haben Verbrechen innerhalb der eigenen Familie begangen«, »P-Phis tragen Hosen«* und so weiter. Der Begriff P-Phi ist jedoch einzig und allein ein Begriff, um Menschen aus Philadelphia in ein schäbiges Licht zu stellen, und erkenntnistheoretisch kein sinnvoller Oberbegriff für die beiden enthaltenen Teilbereiche.

»Most serious line of speculation is that British Agents may have been responsible for Dublin bombings of last December, which have never been solved.«[77]
– Amerikanische Botschaft, Dublin, 1973

6 Hofstadters *»paranoider Stil«* und Poppers *»Verschwörungstheorie der Gesellschaft«*

Spaziergang über die Deutschherrnbrücke und am linken Mainufer Richtung Eiserner Steg

KDK: Wenn Sie die Ermordung des amerikanischen Präsidenten John F. Kennedy im November 1963 ansprechen – ergeben sich nicht noch weitere lehrreiche Einsichten aus der Genese des Wortes *»Verschwörungstheorie«*? Ist der Kennedy-Mord nicht die Geburtsstunde des Begriffs?

AS: Der Begriff *»Verschwörungstheorie«* wurde auch schon vorher vereinzelt benutzt, doch beim Kennedy-Mord wurde er erstmals genutzt, um unliebsame Kritik an der mangelhaften Untersuchung eines ganz konkreten und politisch bedeutsamen Kriminalfalles mit diffusen Assoziationen abzutun, gut zu studieren bei dem amerikanischen Historiker Richard Hofstadter und seinen zwei gleichnamigen, bis heute einflussreichen Artikeln *»The Paranoid Style in American Politics«*.

6.1 Der *»paranoide Stil«*

AS: In dem ersten Artikel beschreibt Hofstadter eine gewisse Art von vagen oder pauschalisierenden Vorwürfen gegen gewisse weltanschaulich gekennzeichnete oder durch Interessensähnlichkeit ausgezeichnete Menschengruppen. Es geht um derartige Vorwürfe gegen Kommunisten, Illuminaten, Freimaurer, Jesuiten, Goldgräber, Katholiken, Juden oder Mormonen. Die Vorwürfe entsprechen in etwa der Kategorie (G) der gruppenbezogenen Unterstellungen, wie wir sie noch heute in den Medien vorfinden, allerdings ohne dabei den Fokus auf Antisemitismus zu legen. Um eines der vielen Beispiele, die Hofstadter anführt, zu nennen, sei die Aussage von John Rousselot, einem Vertreter der stramm anti-kommunistischen Birch Society wiedergegeben, der vom *San Francisco Chronicle* im Juli 1964 zitiert wurde:

> *»Wir hassen es mitanzusehen, wie ein Unternehmen dieses Landes die Vereinten Nationen unterstützt, wenn wir wissen, dass es ein Instrument der sowjetisch-kommunistischen Verschwörung ist.«*[78]

Diese Art von pauschalisierenden Vorwürfen bezeichnet Hofstadter nun als *»paranoiden Stil«*, den er wie folgt charakterisiert:

> *»Der Feind zeichnet sich klar ab: Er ist ein perfektes Modell des Bösen, eine Art von amoralischem Supermann [...]. Die paranoide Interpretation der Geschichte ist ausgesprochen personifiziert: entscheidende Momente werden nicht als Teil des Stromes der Geschichte verstanden, sondern als Konsequenzen von jemands Wille. Sehr oft wird dem Feind nachgesagt, eine besonders wirksame Form der Macht zu besitzen: Er kontrolliert die Presse; er hat unbegrenzte Gelder; er hat eine neues Geheimnis zur Beeinflussung des Denkens (Gehirnwäsche); er hat eine spezielle Technik zu Verführung (die katholische Beichte).«*[79]

Hofstadter macht hier einen erstaunlichen, geradezu dümmlichen Fehler: Richtig ist zwar die Feststellung, dass vereinfachtes Gut-Böse-Denken, wie es sich in pauschalisierenden Aussagen über *die* Kommunisten, *die* Katholiken et cetera niederschlägt, entweder im wörtlichen Sinne falsch oder eine manipulative und unredliche Verallgemeinerung darstellt. Aber davon gänzlich unabhängig ist die allgemeine Frage, ob *»entscheidende Momente« »Konsequenzen von jemands Wille«* sind oder sich zufällig aus dem *»Strom der Geschichte«* ergeben. Diese Frage ist im Einzelfall einzig und allein anhand der individuellen Sachlage zu beantworten, was Aufgabe von Historikern, investigativen Journalisten oder Kriminalbeamten ist. Es gibt kein allgemeines Prinzip, anhand dessen man diese Entscheidung grundsätzlich zugunsten der allgemeinen Umstände treffen könnte, so wie er das suggeriert.

Dieser erste Artikel von Hofstadter macht nun keinen Bezug zu Kennedys Ermordung und auch das zusammengesetzte Wort *»conspiracy theory«* verwendet er in dem Artikel nicht, obschon das Wort *»conspiracy«* allein zwanzigmal vorkommt.

Der zweite Artikel aus dem Jahr 1965 ist nun dreißig Seiten länger und hat inhaltlich zwei bemerkenswerte Zusätze: Zuerst wird die Formulierung *»theories of conspiracies«* verwendet:

> *»Dem paranoiden Stil, wie ich ihn verstehe, liegt ein Gefühl von Verfolgung zugrunde, das sich zu grandiosen Theorien von Verschwörungen systematisiert.«*[80]

Und dann passiert es drei Seiten später – der Kennedy-Mord findet Erwähnung:

> *»Vorstellungen einer allumfassenden Verschwörung von Seiten der Jesuiten oder Freimaurer, internationalen Kapitalisten, internationalen Juden oder Kommunisten sind bekannte Phänomene in vielen Ländern in der ganzen modernen Geschichte. Man braucht bloß an die Reaktionen auf die Ermordung von Präsident Kennedy in Europa zu denken, um daran erinnert zu werden, dass Amerikaner kein Monopol auf die Gabe der paranoiden Improvisation haben.*
>
> *[Fußnote 5:] Verschwörerische [sic] Erklärungen von Kennedys Ermordung sind in Europa viel mehr in Umlauf als in den Vereinigten Staaten, aber kein Europäer hat meines Wissens den Einfallsreichtum von Professor Revilo P. Oliver übertroffen, der meint, dass Kennedy der kommunistischen Verschwörung zwar bereits mehrfach seinen Dienst erwiesen habe, dass er aber hinter den Zeitplan zur ›effektiven Übernahme der Vereinigten Staaten im Jahr 1963‹ gefallen sei und ›zusehends zu einer politischen Instabilität‹ geworden sei. The New York Times, 11. Februar 1964 [Ende Fußnote 5].*
>
> *Wichtiger noch: der einzige Fall der modernen Geschichte, von dem man sagen könnte, dass der paranoide Stil einen vollendeten Triumph hatte, passierte nicht in den Vereinigten Staaten, sondern in Deutschland.«*[81]

Mit der von Hofstadter vorgetragenen irrelevanten, da absurden Vorstellung, dass Kennedy von einer kommunistischen Verschwörung umgebracht wurde, weil er hinter deren Zeitplan zurückfiel, wird die relevante Frage – wer Kennedy erschossen hat, wer davon wusste und wer den Mord in Auftrag gegeben hat – überblendet, versteckt, unsichtbar gemacht.

Eine ähnliche Wirkung hat die vorgenommene Einbettung in die Sätze davor und danach: Er beginnt mit einem Satz über das internationale Judentum, bringt dann die groteske Vorstellung über Kennedys kommunistische Verwicklung und schließt mit dem Verweis auf Nazi-Deutschland. Die rechtsstaatlich relevante Frage nach einer mutmaßlichen Verbrechensabrede im Mordfall Kennedy wird also von zwei rassismusbezogenen Aussagen umklammert.

KDK: Diese Methode ist also offenbar nicht nur im *Spiegel* und den zitierten Leitmedien recht populär, sondern auch in Abhandlungen, die einen akademischen Anspruch erheben.

AS: Da gibt es noch mehr Gemeinsamkeiten. Ein weiterer interessanter Aspekt, der dem Artikel innewohnt, ist Hofstadters Bemühen, der politischen Linken und der politischen Rechten eine wesenshafte Nähe oder Ähnlichkeit anzudichten:

> *»[Der paranoide Stil] ist eine gemeinsame Zutat von Faschismus und von frustriertem Nationalismus, obwohl er vielen zusagt, die kaum Faschisten sind, und man ihn regelmäßig in der linken Presse beobachten kann.«*[82]

Und später:

> *»Ein besonders wichtiger Teil der gegenwärtigen rechten Bewegungen wird von Ex-Kommunisten gespielt, die rasch, wenn auch mit Zähneknirschen, von der paranoiden Linken zur paranoiden Rechten gewechselt sind, während sie stets an der grundsätzlich manichäischen Psychologie festhalten, die beiden zugrunde liegt.«*[83]

Was Hofstadter also suggeriert, ist eine Nähe von verschiedenen Formen von Herrschafts- beziehungsweise Systemkritik, weil er eine gemeinsame psychologische Ursache gefunden haben will. Solch freie Assoziationen pathologisieren jedwede (Herrschafts-)Kritik: *»Du willst etwas verändern? Diese psychologische Haltung liegt auch bei Räubern und Dieben vor!«*

6.2 Die »Verschwörungstheorie der Gesellschaft«

AS: Hofstadters Ausführungen sind in zentralen Aspekten nahezu deckungsgleich mit dem, was der österreichische Philosoph Karl Raimund Popper schon 1945 im neuseeländischen Exil in seinem

Buch *»Die offene Gesellschaft und ihre Feinde«* über das schrieb, was er die *»Verschwörungstheorie der Gesellschaft«* nennt:

> *»Diese Theorie behauptet, dass die Erklärung eines sozialen Phänomens in dem Aufweis der Menschen und Gruppen besteht, die am Eintreten dieses Phänomens ein Interesse haben (dieses Interesse ist manchmal verborgen und muss erst enthüllt werden) und die zum Zwecke seiner Herbeiführung Pläne gemacht und konspiriert haben.*
>
> *Diese Auffassung von der Aufgabe der Sozialwissenschaften entspringt natürlich der irrtümlichen Theorie, dass alle Vorgänge innerhalb einer Gesellschaft – insbesondere Kriege, Arbeitslosigkeit, Armut, Mangelerscheinungen, also Vorgänge, die die Menschen in der Regel unangenehm finden – das Ergebnis eines direkten Plans von Seiten gewisser mächtiger Individuen oder Gruppen sind.«*[84]

Das entspricht dem, was Hofstadter zwanzig Jahre später die *»paranoide Interpretation der Geschichte«* genannt hat. Es ist deswegen allerdings nicht weniger kurzsichtig: Es ist eine völlig nebensächliche Frage, ob *»alle«* Vorgänge innerhalb einer Gesellschaft das Ergebnis eines direkten Plans sind – das ist offensichtlich nicht der Fall. Entscheidend ist, *welche* Vorgänge das Ergebnis von bewusster Beeinflussung sind, was man im Einzelfall anhand der Sachlage prüfen muss. Popper eröffnet mit seiner Definition eine Scheindebatte (ein Strohmann-Argument) über etwas, das keinerlei Relevanz hat.[85]

KDK: Ich finde es verwunderlich, dass Popper in seiner Aufzählung der als *»unangenehm«* empfundenen Dinge wie *»Arbeitslosigkeit«* und *»Armut«*, die man zu Recht als sehr komplexe gesellschaftliche Erscheinungsformen verstehen kann, auch das Beispiel *»Krieg«* anführt. Gibt es einen Krieg, der nicht das Resultat davon ist, dass sich eine Gruppe Menschen abgesprochen hat, um eine andere Gruppe von Menschen anzugreifen? Der Volksmund sagt: *»Jeder Krieg beginnt mit einer Lüge.«* Berichtigen Sie mich, aber ist in diesem Sinne nicht jeder moderne Krieg *immer* das Resultat einer *»Verschwörung«* – einer mal mehr oder weniger expliziten und nicht-öffentlichen Absprache der agierenden Politiker und deren Berater, die darin besteht, der Welt zu erzählen, man müsse den Krieg aufgrund der äußeren Umstände führen? Die gesellschaftlichen Umstände mögen sehr komplex sein, aber die Entscheidung zum Krieg ist immer bewusst und immer demagogisch. Nur ein

Ideologe kann sagen, ein Krieg sei alternativlos oder ergebe sich aus den Umständen.

AS: Das ist prinzipiell wohl richtig, ich denke aber, man sieht hier, wie fehlleitend das Wort *»Verschwörung«* an sich schon ist, weil in der Realität die Grenze zwischen expliziter Absprache, vorauseilendem Gehorsam und unreflektiertem Mitläufertum verschwimmt. Die Militärs und Sicherheitsstrategen mögen intern ungeschönt über den Sinn und ihre Absichten hinter einer militärischen Operation sprechen, aber die Politiker werden, auch um ihr Gewissen zu beruhigen, ein ganz anderes Vokabular von *»Verantwortung«* oder *»humanitärer Notwendigkeit«* von sich geben. Die Absprache zum Krieg beginnt bereits mit einer Selbsttäuschung.

KDK: Dann darf ich das sprachlich besser fassen: Man sollte von gemeinsamen erkenntnisleitenden Interessen sprechen. Wenn mein Interesse Krieg ist oder um einem strategischen Partner, der Krieg will, Folgsamkeit zu beweisen, kann die Erkenntnis nach Analyse der Situation nur sein, dass der Gegner abgrundtief böse und meine Absichten ehrenhaft gut sind. Die Interessen geben also vor, was die Erkenntnis meiner Analyse ist.

Gemeinsame erkenntnisleitende Interessen können ein koordiniertes, gemeinsames Handeln hervorbringen, ohne dass sich alle beteiligten Spieler gemeinsam im dunklen Hinterzimmer getroffen haben. Die, die zur Macht streben, wissen genau, wie sie sich andienen können, sie benötigen keine explizite Absprache.

AS: Wir können Popper nun leider nicht mehr fragen, aber vielleicht würde er Ihnen hier sogar zustimmen, denn tatsächlich schreibt er seine Worte ja unter dem Eindruck des deutschen Vernichtungskrieges in Europa.

Zu möglichen *»Verschwörungen«* attestiert Popper jedenfalls:

> *»Es muss also zugegeben werden, dass Verschwörungen vorkommen. Aber die überraschende Tatsache, die die Verschwörungstheorie trotz der Existenz von Verschwörungen widerlegt, ist, dass letzten Endes nur wenige Verschwörungen erfolgreich sind. Verschwörer vollenden ihre Verschwörung nur selten.«*[86]

Der erste Satz ist eine wahre Aussage. Der zweite Satz beinhaltet eine korrekte Schlussfolgerung mit einer merkwürdigen Begründung: Die *»Verschwörungstheorie der Gesellschaft«,* wie er sie definiert hat, ist eine Aussage über *»alle«* Vorgänge in der Gesellschaft. Die Falschheit dieser Aussage damit zu begründen, dass *»nur wenige«* Verschwörungen erfolgreich sind, ist Quatsch, denn selbst wenn alle *»Verschwörungen«* erfolgreich wären, wäre die *»Verschwörungstheorie der Gesellschaft«* immer noch falsch, weil manche Vorgänge in der Gesellschaft geschehen, die niemand beabsichtigt hat.

Darüber hinaus ist seine Aussage, dass Verschwörer ihren Plan *»nur selten«* vollenden, recht beliebig, weil er nicht angibt, woran er *»selten«* misst. Eine empirisch belastbare Zahl zu aufgedeckten Verschwörungen und Abschätzungen zur Dunkelziffer der nicht aufgedeckten Verschwörungen – ob erfolgreich oder nicht – bleibt er schuldig und ein Staatsanwalt, der sich sein Leben lang mit der Aufdeckung organisierter Kriminalität beschäftigt hat, würde Popper auslachen.

Popper versucht also mit Hilfe von schöner Rhetorik ein prinzipielles Argument zu formulieren, wo jedoch nur die sachbezogene Untersuchung des Einzelfalls eine Antwort geben kann.

Auch Hofstadter bringt ein ähnlich gelagertes Argument vor, zu dem er keine empirisch belastbaren Daten vorlegt:

> *»Die besondere Sache des paranoiden Stiles ist nicht, dass seine Vertreter hier und da eine Verschwörung oder einen Plan in der Geschichte sehen, sondern dass sie eine ›riesige‹ oder ›gigantische‹ Verschwörung als die treibende Kraft hinter historischen Ereignissen sehen.«*[87]

Hofstadter verrät dem Leser nicht, ab welcher Anzahl von *»Verschwörern«* eine *»Verschwörung«* als *»›riesig‹ oder ›gigantisch‹«* anzusehen ist und welche empirischen Daten seine Aussage untermauern könnten. Es ist an dieser Stelle wichtig, die Inhaltslosigkeit seiner Aussage zu beleuchten. Denn will man Hofstadters Worte als berechtigten Einwand gegen Pauschalvorwürfe, die sich gegen *die* (also *alle*) Katholiken, *die* Kommunisten et cetera richten, verstehen, so hat er in diesem widerspruchsgebenden Sinne auf eine banale Art und Weise recht, aber da er auch über konkrete Straftaten, nämlich Kennedys Ermordung spricht, hat seine Aussage einen allgemeingültigen Anspruch mit strafrechtlichem Bezug, dem sie nicht im Geringsten gerecht wird.

6.3 Fehlerhafte Gedanken – bis heute aktuell

AS: Diese Fehler finden sich in den Leitmedien und bei manchen Akademikern in der Diskussion über *»Verschwörungstheorien«* bis heute. Der aktuell in den Leitmedien viel präsente Tübinger Literaturwissenschaftler Michael Butter bezieht sich sogar explizit auf Poppers Ansicht der *»nur selten vollendeten Verschwörungen«* und meint dazu:

> *»Die Geschichte bestätigt Poppers Ausführungen. In den Fällen, wo eine Verschwörung zunächst erfolgreich war, ergaben sich zumindest mittelfristig Folgen, welche die Verschwörer in dieser Form sicher nicht beabsichtigt hatten. […] [D]ie CIA und der […] MI6 [stürzten] 1953 den iranischen Ministerpräsidenten Mohammed Mossadegh […]. Die Iranische Revolution, die 1979 indirekt aus diesem Umsturz folgte, hatten die westlichen Verschwörer aber bestimmt nicht im Sinn gehabt. Die Erfahrung realer Verschwörungen zeigt also, dass Geschichte oft nicht einmal kurzfristig, geschweige denn auf Jahre oder Jahrzehnte hinaus planbar ist.«*[88]

Butter gibt ein Beispiel einer Geheimdienstoperation, die über zweieinhalb Jahrzehnte genau das eingebracht hat, was sie sollte, und dann schließt er mit den Worten, dass *»Geschichte«* nicht über Jahre planbar sei.

Butter scheitert hier daran, drei unterschiedliche Dinge zu differenzieren. Das ist erstens die Aussage, dass man *»Geschichte«* als Ganzes nicht planen kann, dann zweitens die Aussage, dass man kleine Teile der *»Geschichte«* sehr genau beeinflussen kann, und drittens, dass es unabhängig von konkreten Erfolgsaussichten immer Leute gibt, die die Umsetzung solcher Beeinflussungen versuchen. Tatsächlich ist jedes politische Handeln der Versuch, *»Geschichte«* im engeren Sinne zu beeinflussen oder im weiteren Sinne zu *»planen«*. Man stelle sich mal vergleichsweise vor, die Bundesregierung würde auf alle Maßnahmen zur Stabilisierung in einer Wirtschaftskrise verzichten und das mit der Aussage begründen, man könne Geschichte nicht planen …

»Ganz anders ist es aber, und in hohem Maße ärgerlich, wenn wir nach langem Abmühen die Entdeckung machen, dass das Problem gar keiner Lösung fähig ist, weil es entweder keine einwandfreie Methode zu seiner Bearbeitung gibt, oder weil es, bei Lichte besehen, überhaupt keinen Sinn hat [...]«[89]
– Max Planck

7 Akademische Pseudowissenschaft

Abendessen: Bootshaus am Eisernen Steg

KDK: Sie haben gerade Michael Butter angesprochen und das ist kein Zufall. Sie haben dessen Äußerungen ja schon mehrfach kommentiert.[90] Messen Sie ihm nicht viel zu viel Bedeutsamkeit zu?

AS: Michael Butter ist deswegen wert, kommentiert zu werden, weil er von den großen Medienhäusern, den Tageszeitungen, den Wochenzeitungen, im Radio und Fernsehen eine Bühne geboten bekommt wie sonst keine zweite Person, die von sich selbst sagt, sie würde über *»Verschwörungstheorien« »forschen«*. Die Medien haben ihn ausgewählt, nicht ich.

KDK: Und warum ist diese Wahl der Medien so wichtig für Sie?

AS: Es geht um die Analyse der propagandistischen Debatte in den Medien, in der Butter eine wichtige Rolle spielt. Es ist ja nicht der Inhalt von Butters Mitteilungen, den ich mit der Wahl akzeptiere, sondern seine ihm zugewiesene Funktion: Die Medien präsentieren ihn als einen »Experten«, der die Debatte wissenschaftlich fundieren soll.

KDK: Dann ist ja zu erwarten, dass die Debatte versachlicht wird!?

AS: Nein, das ist leider nicht der Fall. Butters Argumentation fehlt in guten Teilen der Realitätsbezug, bezeugt einen erstaunlichen

Informationsmangel und ist in seinen zentralen Punkten nichts weiter als pseudowissenschaftlich.

Ich würde das nicht so drastisch formulieren, wenn es nicht notwendig wäre, um eine ehrliche Analyse der gesellschaftlichen Debatte zu erstellen.

7.1 Wissenschaft und Pseudowissenschaft

KDK: Wenn Sie Michael Butter *»pseudowissenschaftliche Argumentation«* vorwerfen, was meinen Sie damit?

AS: Um diese Frage zu beantworten, sollten wir zunächst rekapitulieren, was das Wort ›Wissenschaft‹ bedeutet. Das möchte ich mit Christian Wolffen, einem der frühen Aufklärer, beantworten, der 1720 dazu festhielt:

> *»Was aus ungezweifelten Gründen durch richtige Schlüsse herausgebracht wird, davon pflegen wir zu sagen, dass wir es wissen. Und die Fertigkeit dasjenige, was man behauptet, aus ungezweifelten Gründen durch richtige Schlüsse herauszubringen, nennet man Wissenschaft.«*[91]

Wolffens Antwort spiegelt also die wörtliche Bedeutung des Worts wieder: ›Wissenschaft‹ ist das, was ›Wissen‹ ›schafft‹, und das heißt, *»richtige Schlüsse«* aus *»ungezweifelten Gründen«* ziehen.

KDK: Diese Definition ist eingängig, aber es bleibt dann die Frage, wie man sicherstellt, dass die Schlüsse richtig und die Gründe ungezweifelt sind.

AS: Da muss man zunächst einmal zugeben, dass man in der Wissenschaft nie zu wirklich 100 Prozent sicher sein kann, weil es immer sein kann, dass sich alle Beobachter ausgerechnet an derselben Stelle irren und keiner den Fehler sieht. Die als ungezweifelt angenommenen Gründe können sich (zum Beispiel durch neue Experimente, neue Dokumente) im Laufe der Zeit als nur eingeschränkt gültig oder bisweilen sogar als falsch erweisen.

Deswegen sollte man besser sagen, wir müssen versuchen, maximal kritisch, selbstkritisch und transparent zu sein, wenn wir beurteilen sollen, ob etwas richtig oder ungezweifelt ist. Das heißt, *»ungezweifelt«* und *»richtig«* sind immer mit einem grundsätzlichen Vorbehalt versehen, auch wenn das nicht immer extra betont wird.

Wie setzt man dieses edle Vorhaben nun konkret um? Dazu möchte ich sieben grundlegende Punkte betonen:

(W1) Der Ausgangspunkt jeder Beschreibung oder Analyse eines Sachverhaltes müssen *»ungezweifelte Gründe«* sein, also nachvollziehbar beobachtete oder festgestellte Daten. Wenn Sie mit einer Überlegung beginnen und diesbezügliche Experimente, entsprechende historische Dokumente, archäologische Befunde oder erfahrungsbasierte Daten stimmen nicht mit Ihrer Überlegung überein, dann ist sie falsch.

(W2) Sie müssen um Redlichkeit bemüht sein. Verwendete Begriffe müssen zur Beschreibung eines Sachverhalts geeignet und angemessen sein. Mit schlecht gewählten oder unangemessenen Begriffen geht Verständnis über einen Sachverhalt verloren oder es werden falsche Sinnzusammenhänge suggeriert, wie wir an den Beispielen *»P-Phi«* oder *»Verschwörungstheorie«* bereits gesehen haben (siehe dazu die Diskussion am Ende von Kapitel 5).

(W3) Begriffe zur Beschreibung von Sachverhalten der realen Welt sind immer unscharf. Die Unschärfe des Begriffes gibt deswegen vor, welche Aussagen mit dem Begriff sinnvollerweise möglich sind.

Beispiel – Körpergröße: Die Körpergröße eines Menschen ist eine zeitlich veränderliche Größe, deren Wert im Laufe eines Tages im Zentimeterbereich schwankt. Sie haben also eine prinzipielle Ungenauigkeit im Zentimeterbereich, obwohl Sie schon mit einem einfachen Zollstock Ihre aktuelle Körpergröße bis auf wenige Millimeter genau messen können.

Definition 1: Ein Mensch ist ›kurz‹, wenn er an seinem 18. Geburtstag kleiner ist als 165 cm, andernfalls ist ein Mensch ›nicht-kurz‹. Diese

Definition bringt offenbar eine Gruppe Menschen hervor, nämlich die, die ungefähr 165 cm groß sind, deren Einteilung in kurz oder nicht-kurz davon abhängt, um wie viel Uhr sie vermessen wurden (oder ob die zu vermessende Person die Nacht durchgetanzt oder durchgeschlafen hat). Für die übergroße Mehrheit der Menschen ist die Einteilung jedoch unabhängig von dieser Wahl. Kurz und nicht-kurz sind damit Begriffe, die außerhalb eines kleinen Graubereiches ›wohldefiniert‹ sind, das heißt, sie hängen dort nicht von Wahlen ab.

Definition 2: Ein Mensch ist ›gerade‹, wenn an seinem 18. Geburtstag die kleinste ganze Zahl, die echt größer ist als seine Körpergröße in Zentimetern gemessen, eine gerade Zahl ist, andernfalls ist er ›ungerade‹.[92] Auch diese Definition teilt die Menschen in zwei Klassen ein, allerdings ist bei allen (!) Menschen das Ergebnis von der Wahl der Umstände abhängig, mit denen die Messung vorgenommen wird. Der Graubereich dieser Definition umfaßt also die Gesamtheit aller Menschen und nicht nur einen kleinen Teil. Der Begriff *»gerade«*, ist daher ›nicht-wohldefiniert‹, das heißt, die Wahlen, die notwendigerweise bei der Anwendung des Begriffs auftreten, verändern das Ergebnis in einem so erheblichen Ausmaß, dass getroffene Aussagen völlig beliebig werden.

(W4) Es muss bei der Beschreibung eines Sachverhalts ersichtlich sein, was Ihre Voraussetzungen (Definitionen und Annahmen) und was Ihre Schlussfolgerungen sind.

(W5) Es besteht ein Transparenzgebot. Wenn Sie eine Behauptung aufstellen, dann müssen Sie eine Begründung (den Beweis) für diese Behauptung angeben oder Sie geben, wenn der Sachverhalt bereits bekannt ist, eine Quelle an, wo man Entsprechendes nachlesen kann. Vermutungen und Spekulationen sind wichtig, sollten aber als solche gekennzeichnet sein.

Beispiel – NIST-Bericht: Der NIST-Bericht ist nicht wissenschaftlich, weil die Eingangsdaten der Computersimulationen als geheim erklärt und die Veröffentlichung verweigert wird.[93]

(W6) Eine Behauptung ist nur dann sinnvoll, wenn sie angibt, unter welchen empirischen Befunden oder festgestellten Daten (durch neue Experimente, Messungen, Dokumente …) sie sich als falsch erweisen würde. Man nennt das die prinzipielle Widerlegbarkeit oder die ›Falsifizierbarkeit‹ einer wissenschaftlichen Aussage.

Beispiel – Gravitationsgesetz: Wenn sie einen Stein finden, der nicht nach unten fällt, sondern nach oben, ist das Gravitationsgesetz widerlegt, und zwar sofort und für alle Zeit, ohne jede weitere Diskussion. Sie brauchen dazu nicht 1 000 Steine, auch nicht 100 oder 10. Es reicht ein einziger Stein dazu. Es ist also prinzipiell ganz einfach, wissenschaftliche Aussagen zu widerlegen. Die Schwierigkeit besteht nur darin, einen solchen Stein zu finden.

(W7) Um die Richtigkeit einer Behauptung festzustellen, reicht es nicht aus, sie an Beispielen zu überprüfen (›verifizieren‹), Sie müssen gezielt versuchen, sie zu widerlegen (›versuchen zu falsifizieren‹). Als ›Verifizierungsfehlschluss‹ bezeichne ich eine Schlussfolgerung, die durch Verifizieren entsteht, ohne dass versucht wird, die Schlussfolgerung zu falsifizieren.

Beispiel 1 – Regentanz: Wenn es lange nicht geregnet hat, können Sie anfangen zu tanzen, in der Hoffnung, dass Sie durch das Tanzen Regen erzeugen. Sie werden dann feststellen, dass es – wenn Sie nur lange genug tanzen – tatsächlich irgendwann anfängt zu regnen. Der Verifizierungsfehlschluss ist dann die Schlussfolgerung, dass es regnet, weil Sie getanzt haben. Denn wenn Sie das Tanzexperiment einige Male wiederholt haben und dies mit denjenigen Malen vergleichen, wo Sie nicht getanzt haben, werden Sie feststellen, dass die Zeit, bis es anfängt zu regnen, im statistischen Mittel gar nicht vom Tanzen abhängt. Diese Statistik falsifiziert also die Vermutung, dass tanzen Regen verursacht.

Beispiel 2 – Politikerreden: Betrachten Sie die folgende Behauptung: *»Politiker erkennen Sie daran, dass sie in jeder Rede das Wort ›und‹ benutzen.«* Diese Behauptung lässt sich sehr gut anhand der dokumentierten Reden von Politikern verifizieren, trotzdem ist sie falsch. Denn wenn Sie die Reden von Schreinermeistern untersuchen, werden Sie feststellen, dass auch Schreinermeister das Wort *»und«* benutzen. Das heißt: Die Reden von Schreinermeistern falsifizieren die Behauptung, dass es sich bei dem Wort *»und«* um ein Erkennungsmerkmal von Politikern handelt.

KDK: In Ordnung. Und was versteht man dann unter Pseudowissenschaft?

AS: Pseudowissenschaft ist die Gesamtheit aller Aussagen und Handlungen, mit denen versucht wird, einen Eindruck von Wissenschaftlichkeit zu erzeugen, aber aufgrund systematischer Mängel in der Herangehens- und Untersuchungsweise an den zu untersuchenden Sachverhalt einem wissenschaftlichen Anspruch nicht gerecht werden.

Es geht bei diesen Mängeln nicht um einzelne Fehler in der Sache, die jedem Wissenschaftler unterlaufen können. Auch nicht um systematische Fehler in der Datenerhebung, weil zum Beispiel ein Messgerät falsch eingestellt ist. Es geht um systematische Mängel in der Herangehens- und Untersuchungsweise. Typischerweise werden gleich mehrere der unter (W1) bis (W7) aufgeführten Punkte systematisch ignoriert. Es gibt aber auch noch ganz andere Dinge, die in den Bereich Pseudowissenschaft fallen, wie ein unangemessenes Hantieren mit Autoritätsargumenten oder ein systematisches Verstecken von fehlenden Argumenten hinter manipulativer Rhetorik.

KDK: Und Sie meinen, in der Arbeit von Butter sind solche systematischen Mängel zu finden?

AS: Ja. Sein Buch mit dem Titel *»›Nichts ist, wie es scheint‹«* und seine zahlreichen Stellungnahmen in den Medien zeigen solche Mängel in ganz außergewöhnlichem Ausmaß.

7.2 Einführende Bemerkungen zur Bewertung von Butters Buch

AS: Wer mal ein Interview mit Butter gehört oder sein Buch gelesen hat, stellt rasch fest, dass er sich bemüht, das Wort *»Verschwörungstheorie«* so darzustellen, als könnte dieses eine erkenntnistheoretische Einsicht vermitteln. Doch so, wie es in der medialen Debatte verwendet wird, hat es keinen erkenntnistheoretischen Wert und stellt für schlecht informierte Personen – insbesondere in Bezug auf den 11. September 2001 – eine künstlich erzeugte und schwer zu überwindende psychologische Hürde dar, um sich für die Aufklärung dieses wichtigen Kriminalfalls einzusetzen. Eine redliche Herangehensweise müsste dieser Einsicht gerecht werden. Wir werden jedoch sehen, dass Butter etwas Gegenteiliges tut.

Dazu sei angemerkt, dass man das Wort *»Verschwörungstheorie«* natürlich in einem wissenschaftlichen Rahmen verwenden kann oder sogar verwenden muss, wenn man die gesellschaftliche Debatte, in der dieses Wort gebraucht wird, beschreiben und analysieren will, um zu klären, von welchen wirtschaftlichen, beruflichen oder ethnischen Schichten er mit welcher Absicht, mit welchem Hintergrundwissen und mit welchen Auswirkungen benutzt wird.

Butter aber beschränkt sich nicht darauf zu untersuchen, welche Aussagen von Dritten als *»Verschwörungstheorien«* bezeichnet werden und was diejenigen damit beabsichtigen – was wichtige soziologische Fragestellungen wären –, sondern er versucht, den Begriff *»Verschwörungstheorie«* als analytischen Begriff zu gebrauchen – das heißt, er selbst weist gewissen Aussagen den Status einer *»Verschwörungstheorie«* zu. Die zentrale Frage (ZF), die wir dabei klären müssen und auf die man alles Besprochene beziehen muss, lautet:

> *(ZF) Gibt es ein erkenntnistheoretisch sinnvolles Kriterium, das Butter vorträgt, so dass es gerechtfertigt ist, die offizielle Geschichte des 11. Septembers nicht als »Verschwörungstheorie« zu bezeichnen, hingegen die Aussage »Alle drei Wolkenkratzer des WTC wurden absichtlich zerstört« schon?*

Ist die Antwort auf diese Frage »Ja«, so sind die Bemühungen von Butter und sein Gebrauch des Wortes *»Verschwörungstheorie«* gerechtfertigt, andernfalls nicht.

Um diese zentrale Frage zu beantworten, müssen wir im Grunde nur wissen, wie Butter den Begriff *»Verschwörungstheorie«* definiert. Allerdings beginnt hier schon die Schwierigkeit, weil Butter sehr unsauber darin ist, zwischen seinen Definitionen und seinen Schlussfolgerungen zu unterscheiden.

Wir müssen deshalb zuerst etwas Arbeit investieren, um festzustellen, was Butter unter dem Wort *»Verschwörungstheorie«* versteht. Dazu müssen wir zunächst einmal rein formal klären, welche Aussagen in seinem Buch als Definition zu verstehen sind und welche nicht. Anschließend müssen wir dann inhaltlich klären, was diese Definition hervorbringt.

7.3 Feststellen von Butters Definition

AS: In der Einführung seines oben genannten Buches versucht Butter, den Begriff *»Verschwörungstheorie«* dem Leser schmackhaft zu machen, indem er den gesellschaftlichen Diskurs aufgreift und eine Liste von Aussagen anführt, die er mit Blick auf die Medien, aber ohne weitere Begründung als *»Verschwörungstheorien«* bezeichnet:

> *»Die USA haben die Anschläge des 11. September selbst durchgeführt; wir werden heimlich von einer Neuen Weltordnung kontrolliert, die uns über Chemtrails und Impfungen gefügig hält; die Ukrainekrise wurde von der Nato orchestriert; Barack Obama wurde wahlweise nicht in den USA geboren[,] oder er ist – wie Angela Merkel und George W. Bush – Teil einer Elite außerirdischer Reptilien, die sich von unserer negativen Energie ernährt; die Mondlandung hat natürlich nie stattgefunden, und John F. Kennedy wurde von der CIA ermordet.«*[94]

Dazu bemerkt er, dass das Wort *»Verschwörungstheorie«* fester Bestandteil des alltäglichen gesellschaftlichen Diskurses geworden sei, und stellt dazu fest:

> *»Eine Erklärung, warum eine bestimmte Idee als ›Verschwörungstheorie‹ bezeichnet wird, gibt es in solchen Fällen allerdings nicht. Offensichtlich haben wir alle ein intuitives Verständnis davon, was eine Verschwörungstheorie ist. ›Ich erkenne sie, wenn ich sie sehe‹ hat ein amerikanischer Richter einmal über Pornografie gesagt, und genauso geht es den meisten von uns mit Verschwörungstheorien.«*[95]

Derlei knackige Suggestivformulierungen ohne erkenntnistheoretischen Gehalt lassen erahnen, dass auch Butter den Begriff *»Verschwörungstheorie«*, wie wir das aus den Leitmedien gewöhnt sind, nach persönlicher Vorliebe verwendet. Diese Vorahnung wird sich als wahr erweisen.

Im ersten Kapitel seines Buches mit dem Titel *»›Alles ist geplant‹ oder Was ist eine Verschwörungstheorie?«* erwartet man nun endlich eine Definition. Das Kapitel beginnt mit den Worten:

> *»Verschwörungstheorien behaupten, dass eine im Geheimen operierende Gruppe, nämlich die Verschwörer, aus niederen Beweggründen versucht, eine Institution, ein Land oder gar die ganze Welt zu kontrollieren oder zu zerstören. [...] Doch Verschwörungstheorien besitzen noch weitere typische Charakteristika, die ich im ersten Teil des Kapitels vorstelle.«*[96]

Sprachlich handelt es sich hier um zwei Schlussfolgerungen, die aussagen, dass Dinge, die den Namen *»Verschwörungstheorie«* tragen, etwas Bestimmtes *»behaupten«* und zudem noch gewisse *»typische Charakteristika«* haben.

KDK: Der Kontext des Kapitels mit dem Namen »... *Was ist eine Verschwörungstheorie?«* lässt aber doch vermuten, dass diese Sätze als Definition gemeint sind.

AS: Ja, zumindest für den ersten Satz spricht er dies – 15 Seiten später – explizit aus, wo er von seiner *»eingangs formulierte[n] Definition«* spricht, *»der zufolge Verschwörungstheorien etwas ›behaupten‹«*.[97] Die Formulierung *»[...] typische Charakteristika [...]«* ist allerdings sprachlich recht weit von einer Definition entfernt: In der deutschen Sprache ist ein *»Charakteristikum«* einer Sache etwas, das man bei der Untersuchung der Sache feststellen kann und das dann benutzt werden kann, um die Sache von anderen Sachen zu unterscheiden. Die Sache muss allerdings zuerst vorhanden (definiert) sein, bevor man ein *»Charakteristikum«* feststellen kann. Das Adjektiv *»typisch«* ist dann tautologisch, also doppelt gemoppelt, denn wenn etwas nicht *»typisch«* ist, ist es auch kein *»Charakteristikum«*.

Diese sprachliche Unklarheit – nicht zwischen einem *»Charakteristikum«* (Schlussfolgerung) und einer *definierenden Eigenschaft* (Definition) zu unterscheiden –, erscheint hier zunächst nur als eine Nebensache, doch es ist ein erstes Auftreten eines systematischen Mangels, der uns noch einige Mühe bereiten wird.

Tatsächlich beginnt das folgende Unterkapitel *»Die typischen Charakteristika«* dann mit den Worten:

> *»Folgt man dem amerikanischen Politikwissenschaftler Michael Barkun, sind über das Vorhandensein einer Gruppe [von Verschwörern] hinaus drei Grundannahmen konstitutiv für Verschwörungstheorien: 1.) Nichts geschieht durch Zufall. 2.) Nichts ist, wie es scheint. 3.) Alles ist miteinander verbunden. Der englische Historiker Geoffrey Cubitt, der ebenfalls eine einflussreiche Verschwörungstheorie-Definition formuliert hat, sieht dies ganz ähnlich. Für ihn bestimmen Intentionalismus, Heimlichkeit und der [sic] Dualismus von Gut und Böse das Wesen der [sic] Verschwörungstheorie. Intentionalismus und Heimlichkeit entsprechen recht genau Barkuns ersten beiden Komponenten: Die Verschwörer agieren im Geheimen und verfolgen einen Plan; der Dualismus wird von Barkun an anderer Stelle ebenfalls betont. Die Verschwörer werden unweigerlich als böse imaginiert. Ihre Taten schaden unschuldigen Menschen.«*[98]

Was soll jetzt also eine *»Verschwörungstheorie«* in Butters Sinne sein? Butter hat uns hier darüber aufgeklärt, was passieren würde, wenn wir Barkun *»folgen«* würden, und dass Cubitt das nach Butters Empfinden *»ganz ähnlich sieht«*. Es ist zwar nett, über die Ansichten dieser beiden Herren aufgeklärt zu werden, aber die Frage, wie das Wort *»Verschwörungstheorie«* in Butters Buch *definiert* ist, wird auch hier nicht beantwortet.

Was meinen Sie: Welche Bedingungen muss eine Aussage erfüllen, damit sie im Sinne Butters eine *»Verschwörungstheorie«* ist?

KDK: Ich würde aus dem Kontext vermuten, dass er Barkuns Kriterien 1.), 2.) und 3.) fordert und zudem noch 4.) das Vorhandensein eines Dualismus von Gut und Böse. Diese vier Kriterien sind nach Butter *»konstitutiv für Verschwörungstheorien«*, so verstehe ich es.

AS: Gut, nehmen wir das jetzt also als vorläufige Arbeitshypothese.

Das Spiel bei Butter geht allerdings noch weiter: 14 Seiten später, im dritten Unterkapitel des ersten Kapitels, teilt uns Butter nämlich mit, dass er es *»wie die große Mehrheit der Wissenschaftler, für ein wichtiges Charakteristikum von Verschwörungstheorien h[ält], dass diese falsch sind«.*[99] Die Formulierung *»eine Sache für ›etwas‹ halten«* bedeutet, aus persönlicher Sicht die Sache so zu beurteilen, dass *›etwas‹* der Fall ist. Die Formulierung drückt also eine Vermutung aus. Das wäre hier also die Vermutung, dass eine Aussage über eine im Geheimen operierende Gruppe, die 1.), 2.), 3.) und 4.) erfüllt, automatisch eine falsche Aussage ist.

Meint er das? Oder meint er mit *»wichtiges Charakteristikum«* ein zusätzliches *»typisches Charakteristikum«* in der Liste seiner Definition, dass er also eine zusätzliche Forderung stellt, die man überprüfen muss, bevor man in seinem Sinne eine Aussage als *»Verschwörungstheorie«* bezeichnet? Letzteres würde also einen weiteren Punkt zu Butters Definition hinzufügen:

> *5.) Eine Aussage ist zudem nur dann als Verschwörungstheorie zu bezeichnen, wenn sie falsch ist.*

KDK: Ich bin überfragt. Wird das nicht aus dem Kontext klar?

AS: Nein, es bleibt nebulös. In den folgenden Absätzen dieses Unterkapitels versucht er zu suggerieren, dass es in der organisierten Kriminalität (er spricht von *»realen Verschwörungen«*) eine Art Obergrenze in der Anzahl der Mitwirkenden und Mitwisser bei einem Verbrechen geben würde – eine völlig groteske und der wissenschaftlichen Kriminalistik und Rechtstheorie völlig fremde Vorstellung. Stellen Sie sich vor, ein Richter sagt: *»Aufgrund der neuesten Erkenntnisse von Michael Butter sind alle Angeklagten unschuldig, weil die Anzahl der Mitwisser das zulässige Maß um siebzehn überschreitet.«*

Diese groteske Vorstellung setzt Butter dann mit einer weiteren Aussage über *»Verschwörungstheorien«* in Beziehung:

> *6.) »Verschwörungstheorien dagegen entwerfen Szenarien, an denen zumindest Dutzende, meist aber deutlich mehr Menschen beteiligt hätten sein müssen.«*[100]

Wieder ist hier nicht klar, ob dies eine Schlussfolgerung oder Teil seiner Definition sein soll. Da er hier nicht das Wort *»typisches/wich-*

tiges Charakteristikum« verwendet, soll es diesmal vielleicht eher eine Schlussfolgerung sein. Es ist aber offensichtlich eine falsche Schlussfolgerung, weil aus einer Aussage über eine im Geheimen operierende Gruppe, die 1.), 2.), 3.), 4.) und möglicherweise 5.) erfüllt – also einer *»Verschwörungstheorie«* im Sinne Butters –, nicht zwingend folgt, dass die postulierte im Geheimen operierende Gruppe mehr als zwei Personen umfassen muss.

Butters nächster, sich daran anschließender Satz widmet sich der Mondlandung und dem 11. September:

> *»Eine gigantische Täuschung wie die Inszenierung der Mondlandung oder der Anschläge von 9/11 vor den Augen der live zusehenden Weltöffentlichkeit würde Hunderte, wenn nicht Tausende von Mitwissern und Helfern erfordern.«*[101]

Und Butter schließt dann mit Blick auf diese Aussage das Unterkapitel damit, dass er den Leser erwartungsvoll fragt, wie es gelingen solle, solche Verbrechen über *»Jahre oder Jahrzehnte hinweg geheim zu halten«,* allerdings nicht, um darauf eine Antwort zu geben, sondern nur, um sich selbst zu versichern:

> *»Insofern ist es tatsächlich ein weiteres Charakteristikum von Verschwörungstheorien, dass sie nicht stimmen.«*[102]

Ungeachtet der sachlichen Bewertung dieser Aussagen – dass nämlich jeder bessere international agierende Drogenring schon aus mehreren Hundert Personen besteht und dass sich große kriminelle Strukturen wie etwa die kalabrische 'Ndrangheta auf ein *»Heer von 60 000 Getreuen verlassen«* können, wie *Der Spiegel* es formulierte[103] –, wird die pseudowissenschaftliche Logik von Butter hier deutlich: Er setzt voraus, die *»Inszenierung der Mondlandung oder der Anschläge von 9/11«* seien *»Verschwörungstheorien«*, ohne dass er irgendwo in seinem Buch die Kriterien 1.) bis 4.) oder 5.) für diese Aussagen nachprüft.

Dann verifiziert er eine allgemeingültige Aussage, nämlich seine Behauptung 6.), über *»Verschwörungstheorien«* an zwei Beispielen, er unterlässt aber den Versuch, diese allgemeingültige Aussage zu falsifizieren, was leicht möglich wäre.[104] Daraus schließt er auf die

Richtigkeit von Behauptung 6.), was ihn dann, aufgrund seiner grotesken Vorstellung von einer Personenobergrenze in der organisierten Kriminalität, schlussfolgern lässt, dass *»Verschwörungstheorien«* falsch sind.

Wir lernen im dritten Unterkapitel noch eine weitere Aussage über *»Verschwörungstheorien«* kennen, die die Diskussion aufgreift, die wir schon bei Hofstadter und Popper als eine Scheindiskussion erkannt haben:

> *7.) »Verschwörungstheorien basieren auf der Annahme, dass Menschen den Verlauf der Geschichte ihren Intentionen entsprechend lenken können, dass Geschichte also planbar ist.«*[105]

Auch hier lässt Butter den Leser im Unklaren darüber, wo diese Erkenntnis herkommen soll oder ob dies ein weiterer Teil seiner Definition ist.

Wissen Sie jetzt also, wie Herr Butter den Begriff *»Verschwörungstheorie«* definieren möchte?

KDK: Nein, ich bin eher verwirrt, aber ich könnte vorsichtig vermuten, dass er im Sinn hat, eine Aussage eine *»Verschwörungstheorie«* zu nennen, wenn sie alle Kriterien 1.), 2.), 3.), 4.), 5.), 6.) und 7.) erfüllt. So würden sich die fehlerhaften Verallgemeinerungen auch auflösen, weil sie per Definition erfüllt sein müssen, ansonsten wäre nach Butter das Wort nicht angebracht. Damit können wir doch arbeiten, wenn das alles ist!?

AS: Es ist zwar nicht alles, aber es macht kaum Sinn, sich noch weiter den Kopf darüber zu zerbrechen, was Butter nicht verständlich formuliert oder definiert. Dieser erste systematische Mangel in Butters Arbeit ist damit deutlich genug geworden, denke ich.

7.4 Diskussion von Butters Definition

KDK: Wir sollten uns jetzt damit beschäftigen, was diese sieben Bedingungen inhaltlich hergeben, und dann im Hinblick auf die zentrale Frage (ZF) klären, welche Beispiele sie zulassen. Ich sehe eine Menge Klärungsbedarf. Ich schlage vor, wir beginnen mit dem Herzstück seiner Definition, den *»typischen Charakteristika«:* 1.) *»Nichts geschieht durch Zufall.«* 2.) *»Nichts ist, wie es scheint.«* 3.) *»Alles ist miteinander verbunden.«*

AS: Was meint Butter mit *»Nichts«* und *»Alles«*? Offensichtlich bedeutet *»Nichts«* nicht im wörtlichen Sinne nichts und *»Alles«* nicht im wörtlichen Sinne alles, sondern es ist implizit klar, dass es sich nur auf bestimmte Begebenheiten eines Sachverhaltes bezieht, die hier nicht näher bestimmt werden. Darin allerdings liegt genau das erkenntnistheoretische Problem dieser Definition. Es gibt keine Regel, die angibt, welche Begebenheiten eines Sachverhaltes als *»Nichts«* oder als *»Alles«* bewertet werden sollen, so dass die individuelle und damit willkürliche Betrachtungsweise entscheidet, ob eine Aussage, die Bedingungen 1.), 2.) und 3.) erfüllt.

Der Punkt, den ich hier herausarbeiten möchte, ist, dass diese drei Punkte erstens nicht wohldefiniert sind, also, wie im Abschnitt 7.1 unter Punkt (W3) erklärt, so stark von persönlichen Wahlen abhängen, dass sie bedeutungslos sind, und deswegen zweitens etwas formen, das ich eine ›Verifizierungsmaschine‹ nenne: Mit ihrer Hilfe kann der Anwender ein favorisiertes Ergebnis stets verifizieren, weil die Kriterien von ihrem Aufbau her einen eingebauten Verifizierungsfehlschluss besitzen.

KDK: Das müssen Sie etwas erläutern.

AS: Betrachten Sie ein größeres Verbrechen, das stattgefunden hat (etwa die Terroranschläge des 11. September). Jetzt nehmen Sie einmal an, es würden zwei verschiedene Erklärungen für dieses Verbrechen diskutiert.

Da gibt es eine Erklärung, die sagt, dass es die Verbrechergruppe X war, die das Verbrechen beging. Begründet wird dies mit gewissen Begebenheiten, Umständen, Indizien oder Tatsachen, die der Fall mit sich bringt; nennen wir sie zusammenfassend ›Gründe für X‹. Eine andere Erklärung besagt hingegen, dass es eine andere Verbrechergruppe Y war, die das Verbrechen beging. Begründet wird dies mit ebensolchen ›Gründen für Y‹.

Sie können jetzt frei wählen: Sobald Sie sich durch die Gründe für X oder durch die Gründe für Y überzeugen lassen, werde ich ihnen erklären, dass Sie durch die Bedingungen 1.), 2.) und 3.) automatisch zum *»Verschwörungstheoretiker«* werden. Was wählen Sie?

KDK: Ich sage, es war Gruppe Y.

AS: Also, die Gründe für X zeigen, dass X das Verbrechen begangen hat oder dies zumindest sehr plausibel ist.

Sie, werter Herr Kolenda, behaupten hingegen, diese vielen, vielen guten Gründe für X wären nicht stichhaltig, das heißt, Sie behaupten, dass 2.) *»nichts«* so ist, wie es scheint, denn es scheint ja aufgrund der Gründe für X so zu sein, dass Gruppe X verantwortlich ist.

Außerdem meinen Sie, die Gründe für Y würden für die Täterschaft von Y sprechen, doch die Gründe für Y sind unter Anbetracht der Täterschaft von Gruppe X nur zufällige Begebenheiten. Sie behaupten also, dass 1.) *»nichts«* durch Zufall geschieht und dass diese angeblichen Nicht-Zufälle durch die Einwirkung von Gruppe Y zustande gekommen wären.

Zudem meinen Sie, die Gründe für Y würden alle zusammengenommen ein Erklärungsmuster für das Verbrechen ergeben, Sie meinen also auch, dass 3.) *»alles«* miteinander verbunden ist.

Ihre Ansicht über die Täterschaft von Gruppe Y erfüllt also alle drei Bedingungen.

KDK: Sie haben mich überführt. Können Sie das jetzt mal am Beispiel der offiziellen Geschichte des 11. September explizit machen und aufzeigen, wo hier eine *»Verschwörungstheorie«* nach Barkun oder Butter steckt?

AS: Natürlich. Die offizielle Geschichte des 11. September erfüllt diese drei Kriterien:

Jemand hat einen Pass auf den Namen Satam Al-Suqami am Fuße des World Trade Center gefunden.[106] Die offizielle Geschichte behauptet nun tatsächlich, dass dieser zufällige Passfund etwas mit den Anschlägen zu tun habe, dass er nämlich aus dem Flugzeug stamme, das von Satam Al-Suqami und vier weiteren Männern entführt worden sein soll. Es ist also 3.) *»alles«* miteinander verbunden.

Die offizielle Geschichte sagt auch, dass Osama bin Laden hinter den Anschlägen stecke, obwohl es, wie das FBI bestätigte, keinerlei Beweise dafür gibt.[107] Da es keine Beweise gibt, scheint Bin Laden also offensichtlich unschuldig zu sein und daher sagt die offizielle Geschichte also, dass 2.) *»nichts«* so ist, wie es scheint.

Natürlich geschieht gemäß der offiziellen Geschichte auch 1.) *»nichts«* durch Zufall, denn die zahlreichen Berichte über die mutmaßlichen Attentäter in der Zeit vor dem 11. September 2001 (siehe dazu Kapitel 10.3) sollen ja angeblich bezeugen, dass die Attentäter sich auf die Anschläge vorbereitet haben. Hier soll es also keine Zufälligkeiten geben.

Sie erkennen also das allgemeine Prinzip: Ich kann jeden Punkt, den Sie zur Begründung der offiziellen Geschichte anführen, als *»nichts geschieht durch Zufall«* oder *»alles ist miteinander verbunden«* einstufen und jeden Punkt, den Sie vorbringen, um meine Gegenposition zu hinterfragen, kann ich damit abstempeln, dass Sie meinen, dass *»nichts ist, wie es scheint«*.

Das Einzige, was von meiner Seite dazu nötig ist, ist, einen Standpunkt – also das, von dem ich dann sagen kann, *»wie es scheint«* – zu wählen. Eine Definition, die auf den drei Kriterien 1.), 2.), 3.) beruht, ist also nicht wohldefiniert, weil die sich ergebenden Ergebnisse in einem so großen Maß von Wahlen abhängen, dass die Ergebnisse beliebig sind.

Die drei Kriterien 1.), 2.) und 3.) bilden also tatsächlich eine Verifikationsmaschine, die durch einen eingebauten Verifizierungsfehlschluss einzig das bestätigt, was man vorher hereinsteckt. Es ist ein Beispiel für Pseudowissenschaft par excellence.

KDK: Ich fürchte, Sie haben recht.

Sprechen wir über das *»typische Charakteristikum«* Nummer 4.), das Vorhandensein eines Dualismus von Gut und Böse. Ich denke bei *»Gut und Böse«* immer an die martialische Rhetorik des ehemaligen amerikanischen Präsidenten George W. Bush.

AS: Ja, ob ein Textinhalt oder ein Redebeitrag einen Dualismus von Gut und Böse aufweist, ist etwas, das man auf sachlicher Ebene beurteilen kann.

Und ja, bei George W. Bush findet man das. Am 11. September 2001 sagte er: *»Heute sah unsere Nation Böses, das Schlimmste der menschlichen Natur«*, später dämonisierte er die von ihm genannte Tätergruppe Al-Qaida als *»Parasiten«* und *»gesichtslose Feinde der Menschenwürde«*, sprach vom *»Fluch des Terrorismus auf dem Antlitz der Erde«*[108] und in seiner berühmten Rede am 20. September 2001, in der er den *»Krieg gegen Terror«* ausrief, stellte er die Nationen der Erde vor die Wahl, *»entweder seid Ihr mit uns oder mit den Terroristen«*.[109] Es gibt bei Bush also nur ein Entweder-böse-oder-gut, keinen Raum für eine differenzierte Position, die sagt, es wäre besser, zunächst zu klären, was genau passiert ist, anstatt Menschen voreilig in sinnlosen Kriegen zu töten.

Der amerikanische Kommunikationswissenschaftler John Murphy beschrieb 2003 Bushs Aussagen mit den Worten:

> *»Präsident Bush füllt diese Welt mit Helden und Bösewichten [...]. Für Präsident Bush ist die Welt, und sie war es immer, aufgeteilt zwischen Gut und Böse.«*[110]

Dem muss man nichts hinzufügen, die offizielle Geschichte über den 11. September, die George W. Bush erzählt, beinhaltet einen Dualismus von Gut und Böse.

KDK: Und wie ist es denn mit der Aussage, dass die WTC-Gebäude gesprengt wurden?

AS: Da dies eine reine Sachaussage ist, ist darin kein Dualismus von Gut und Böse enthalten: keine Dämonen, keine Parasiten, die in einem Krieg vernichtet werden müssen, oder Ähnliches.

KDK: Was ist mit der Aussage *»Die USA haben die Anschläge des 11. September selbst durchgeführt«*? Das nennt Butter ja eine *»Verschwörungstheorie«*.

AS: Diese Aussage enthält in dieser Form auch keinen Dualismus von Gut und Böse. Die Formulierung *»Die USA haben …«* ist zunächst nur eine verkürzte Form dafür, dass die Täter aus den USA kommen und dem amerikanischen Tiefen Staat zuzuordnen sind. *»Totum pro parte«* nennt der Lateiner solche Formulierungen, das Ganze steht für einen Teil, so wie man auch sagt: Frankreich hat die Fußball-WM gewonnen, die Rainbow Warrior versenkt und den besten Rotwein.

Natürlich kommt es auch auf den Kontext an. Wenn jemand die Aussage *»Die USA haben …«* mit einer sachbezogenen Begründung äußert, um den Täterkreis einzuschränken – etwa weil die Tat gewisse Kompetenzen benötigt, die ein Bäckermeister aus Berkeley oder ein Rentner aus Regensburg nicht hat –, so hat das nichts mit einem Dualismus von Gut und Böse zu tun.

Etwas anderes wäre eine Aussage wie: *»Die USA sind und waren schon immer das Übel der Welt, ein Dämon der Finsternis, der die unschuldige Menschheit bedroht, und deswegen haben die USA die Anschläge des 11. September selbst durchgeführt.«* Darin findet man einen Dualismus von Gut und Böse, allerdings ist eine Beschäftigung mit solchen völlig irrelevanten Positionen ein Strohmann-Argument, also das Diskutieren von überzeichneten Positionen, die man dem argumentativen Gegner andichtet und sie als repräsentativ für die Gegenseite darstellt.

KDK: Wie bewerten Sie also abschließend das *»Charakteristikum«* 4.), den Dualismus von Gut und Böse?

AS: Es ist ein sinnvolles Kriterium für eine allgemeine Diskursanalyse, mit dessen Hilfe man gegebenenfalls sprachliche Manipulationen greifbar beschreiben kann.

Mehr allerdings liefert es nicht: Es ist insbesondere kein Kriterium, das den Gebrauch des Begriffes *»Verschwörungstheorie«* in irgendeiner Form rechtfertigen würde. Wir sehen ja, dass Butter sich auch gar nicht darum kümmert, ob oder bei wem ein Dualismus von Gut und Böse zu finden ist. Eine Analyse von Bushs Rhetorik bei der Erklärung für den 11. September taucht in Butters Buch an keiner Stelle auf. Dies ist ein pseudowissenschaftliches Unterlassen der Falsifikation.

KDK: Was ist mit Punkt 5.), der Falschheit einer *»Verschwörungstheorie«*?

AS: Die offizielle Geschichte des 11. September ist falsch,[111] sie erfüllt also diese Bedingung. Hingegen erfüllt die weltweit einzige bekannte wissenschaftliche Erklärung der Zerstörung des WTC, dass die drei Wolkenkratzer gesprengt wurden, diese Bedingung nicht.

Auch dies kommt bei Butter nicht vor, im Gegenteil: Er geht an mehreren Stellen[112] stillschweigend davon aus, dass Al-Qaida die Anschläge verübt habe. Was auch immer er unter Al-Qaida versteht, eine wissenschaftlich haltbare Quelle, die seine Behauptung belegen würde, gibt er nicht an und das ist an einer so zentralen Stelle natürlich unverzeihlich. Es ist allerdings wenig überraschend, denn wie sollte er eine Quelle angeben, die es nicht gibt!

KDK: Was meinen Sie zu Punkt 6.), den Dutzenden Beteiligten?

AS: Die offizielle Geschichte geht von einer ordentlichen Bande mit deutlich mehr als Dutzenden Beteiligten aus. Tatsächlich überstieg alleine die Anzahl der Länder, in denen Al-Qaida von den amerikanischen Sicherheitsbehörden verortet wurde, die *»mehreren Dutzend«*. So hielt schon der im Mai 2002 erschienene Terrorismusbericht *»Patterns of Global Terrorism 2001«* des US-Außenministeriums fest, dass alleine in den Monaten nach dem 11. September fast 1 000 Al-Qaida-Kräfte in über 60 Ländern verhaftet wurden.[113] Und, oje, das sind ja nur die Verhafteten. Wie viele laufen noch frei rum? Zum Beispiel berichtete die *FAZ* am 20. September 2001, dass die Behörden allein in Deutschland über 100 Al-Qaida zugerechnete *»Schläfer«* vermuten:

> *»Die Sicherheitsdienste vermuten nach Angaben des nordrhein-westfälischen Innenministers Fritz Behrens (SPD) in Deutschland etwa 100 so genannte ›Schläfer‹, die in Afghanistan für Anschläge ausgebildet wurden. Dem Verfassungsschutz lägen Hinweise auf solche Einzelpersonen aus dem Umfeld des in Afghanistan lebenden Extremisten Osama bin Laden vor. [...] Die ›Schläfer‹ gelten als besonders gefährlich, weil sie jahrelang unauffällig in einem Land leben und jederzeit für Anschläge aktiviert werden können.«*[114]

Die Sprengung der Gebäude bedarf natürlich auch Personal, wie viele Personen, ist für mich schwer zu beurteilen. Sicher ist aber, dass man dazu kein weltweit operierendes Terrornetzwerk benötigt.

Die vermutete Anzahl der Beteiligten hilft also auch nicht dabei, einen erkenntnistheoretischen Unterschied zwischen offizieller Geschichte und der einzigen wissenschaftlichen Erklärung für den Einsturz der Türme zu ermitteln.

KDK: Und 7.), das Planen von Geschichte?

AS: Das ist weder in der offiziellen Geschichte noch in der Aussage, dass die Wolkenkratzer gesprengt wurden, enthalten. Beides sind Aussage über ein Verbrechen. Dass sich darin die Idee einer Planbarkeit von Geschichte wiederfindet, wäre unsinnig zu behaupten. Butter bereitet hier also ein Strohmann-Argument vor, wie wir es in Abschnitt 6.3 diskutiert haben.

Dieses Prinzip des durch die Wortwahl gestalteten Strohmann-Argumentes findet man bei Butter an mehreren Stellen: Butters Definition spricht von einer im *»Geheimen operierenden Gruppe«*, die *»versucht, eine Institution, ein Land oder gar die ganze Welt zu kontrollieren oder zu zerstören«*. Das Wort *»kontrollieren«* bezieht sich gar auf die *»ganze«* Welt. In 1.), 2.) und 3.) verwendet er die Wörter *»alles«* und *»nichts«*, in Punkt 7.) das *»Planen«* von Geschichte.

Diese Wortwahlen drücken extrem rigide Forderungen aus. Butter könnte seine Bedingungen ja auch mit milderen Formulierungen ausdrücken:

»einzelne Entscheidungen in einer Institution/einem Land/der Welt« statt *»Institution/Land/Welt«*,
»beeinflussen« statt *»kontrollieren«*,
»manches/manches nicht« statt *»alles/nichts«*,
»versuchen zu beeinflussen« statt *»planen«*.

Das fällt besonders in dem Moment auf, als Butter seine eigenen Verdächtigungen nämlich genau dementsprechend formuliert. So sagt er:

> *»Von der Verschwörung des Catilina bis hin zum sehr wahrscheinlichen Versuch des Kremls, die letzten amerikanischen Präsidentschaftswahlen zu beeinflussen, hat es im Verlauf der Geschichte zahlreiche Komplotte gegeben, und das wird sich auch in Zukunft nicht ändern.«*[115]

Butter sagt an dieser Stelle nicht etwa, dass der Kreml die Wahlen *»kontrollieren«* oder die Geschichte Amerikas *»planen«* wolle. Denn damit würde er seine eigene Vermutung sprachlich so verzerren, wie er es mit den Aussagen tut, die er *»Verschwörungstheorie«* nennt. Der weniger rigide Tonfall, der in den Worten *»sehr wahrscheinlich«* und *»beeinflussen«* steckt, grenzt seine eigene Vermutung also sprachlich ab.

KDK: Die Antwort auf die zentrale Frage (ZF) ist damit recht eindeutig: Nein, Butter nennt kein Kriterium, das das Wort *»Verschwörungstheorie«* als analytischen Begriff rechtfertigen würde.

AS: Das ist richtig.

7.5 Beispiel eines weiteren Verifikationsfehlschlusses

AS: Ein weiteres einfaches Beispiel, um Butters pseudowissenschaftliche Arbeitsweise überaus deutlich zu machen, findet man in Kapitel 2 *»›Nichts ist, wie es scheint‹ oder Wie argumentieren Verschwörungstheorien?«* Dort teilt er mit:

> *»Wenn sie mit ihrer Untersuchung beginnen, wissen Verschwörungstheoretiker immer bereits, wer die Schuldigen sind. Entsprechend ist ihre gesamte Beweisführung darauf ausgerichtet, ihren Verdacht zu bestätigen.«*[116]

Butter klärt uns hier also über ein Erkennungsmerkmal von *»Verschwörungstheoretikern«* auf. Was Butter aber unterlässt, ist zu versuchen, seinen Gedanken zu falsifizieren, obwohl dies leicht möglich ist, wenn man sich etwas mit den tatsächlichen Begebenheiten am 11. September 2001 auseinandersetzt:

Am 11. September 2001, um 9:02 Uhr, direkt nachdem das zweite Flugzeug in den Südturm des WTC gestürzt ist, sagt der Reporter Jon Scott live im amerikanischen Fernsehsender *Fox News*:

> *»Wir haben gerade noch ein weiteres … Ein weiteres Flugzeug flog gerade in den zweiten Turm. Das muss Absicht sein, Leute … Unter Betracht von dem, was so in der Welt kursiert, kommen einige Verdächtige ins Bewusstsein,* Osama bin Laden … *was weiß ich!?«*[117]

Um 9:32 Uhr wird die Korrespondentin Rita Cosby per Telefon zugeschaltet und berichtet:

> *»Jon, ich wurde gerade von einem US-Sicherheitsbeamten unterrichtet, dass sie sagen, es sei offensichtlich, dass dies eine terroristische Attacke ist, und unter den Hauptverdächtigen, die sie im Auge haben, ist Osama bin Laden.«*[118]

Bin Laden wurde also sowohl von medialer Seite als auch von offizieller Seite schon als Verdächtiger genannt, bevor die Zwillingstürme überhaupt zerstört wurden. Butter äußert dazu in seinem Buch jedoch keine Bemerkung, auch nicht dazu, dass der spätere Untersuchungsbericht der 9/11-Kommission die offizielle Behauptung von 19 arabischen Flugzeugentführern unter der Führung von Bin Laden als gegeben voraussetzt.

Einen ganz analogen und ebenso fehlerhaften Gedanken zum 11. September findet man auch bei dem von Butter zitierten

Michael Barkun. Dieser schreibt in seinem Buch *»A Culture of Conspiracy«*:

> *»Verschwörungstheoretiker antworteten schnell auf die Angriffe. Sie wiesen die konventionelle Erklärung, dass Al-Qaida verantwortlich war, zurück, weil sie bereits ein reichhaltiges Reservoir von Bösewichten hatten, denen man die Schuld in die Schuhe schieben konnte.«*[119]

Barkun unterlässt die Feststellung, dass die offiziellen Anschuldigungen noch schneller waren, sondern er verdeckt diese Einsicht mit dem sympathischen Begriff *»konventionelle Erklärung«*.

KDK: Die Rhetorik ersetzt das Argument.

AS: Obige Äußerung von Butter ist in einen Abschnitt eingebettet, in dem es um die Frage *»Cui bono?«* geht:

> *»Verschwörungstheoretiker erzählen Geschichte immer vom Ende her. Sie fragen, wem ein Ereignis nützt, und identifizieren so diejenigen, die dafür verantwortlich sein müssen. Sie glauben an ein mechanistisches Weltbild, in dem kein Platz für Zufall [...] ist. [...] ›Cui bono?‹ (›Wem zum Vorteil?‹) ist daher auch das implizite Motto der Onlinedokumentation Loose Change (2005–2009), die zu belegen versucht, dass die Regierung von George W. Bush hinter den Anschlägen steckt.«*[120]

In Butters Darstellung ist es bereits anstößig, die Frage *»Cui bono?«* überhaupt zu stellen. Was Butter jedoch in seinem ganzen Buch unterschlägt, ist, dass die Beantwortung dieser Frage in der wissenschaftlichen Kriminalistik eine zentrale Methode zur Rekonstruktion einer Tat ist.[121] Die Beantwortung dieser Frage liefert ein mögliches Tatmotiv und eröffnet dem Kriminalisten den Blick auf einen potenziellen Täterkreis, der sonst möglicherweise übersehen bleibt. Damit ist natürlich nicht gesagt, dass jeder Profiteur eines Verbrechens automatisch ein Verdächtiger oder gar Täter sein muss. Es handelt sich *nur* um eine systematische Methodik, um sich der Aufklärung eines Verbrechens zu nähern, was aber auch heißt, dass es eine systematische Methodik *ist*. Der ehemalige Ausbildungsleiter der nordrhein-westfälischen Polizei, Robert Weihmann, der zahlreiche Beiträge für die deutsche Polizeiliteratur geschaffen hat, bezeichnet die Frage *»Cui bono?«* sogar als die *»Kernfrage der Kri-*

minalistik«.[122] Will man sich also der Frage nach den Tätern des 11. September mit einem wissenschaftlichen Ansatz stellen, so ist man also angehalten, auch die Frage *»Cui bono?«* zu beantworten. Butters anstößige Darstellung der Frage selbst ist hingegen nichts weniger als ein Angriff auf die wissenschaftliche Methode.

7.6 Butters Frontalangriff auf die wissenschaftliche Methode

KDK: Es bleibt die Frage, ob Butter inhaltlich etwas vorzubringen hat, was zeigen würde, dass die Wolkenkratzer des WTC nicht gesprengt wurden?

AS: Nein, aber tatsächlich versucht er in seinem Buch zu begründen, dass WTC 7 nicht gesprengt wurde.

Die empirische Lage bezüglich der Zerstörung von WTC 7 ist allerdings eindeutig, es gibt letzten Endes also nur einen Ausweg, wie man argumentieren kann, dass die Gebäude nicht gesprengt wurden: Man muss die empirischen Tatsachen wegdiskutieren, was natürlich ein intellektueller Angriff auf die Wissenschaft selbst ist.

Butter macht diesen Angriff in drei Schritten: Im ersten Schritt bereitet er den Leser mit einem fehlerhaften Gedanken auf das Ignorieren von Tatsachen vor. Im zweiten Schritt greift er diesen vorbereiteten Gedanken auf und führt einen wohlklingenden Begriff dafür ein. Damit erweckt er den Eindruck, es handele sich um einen analytisch sinnvollen Begriff, der einen wichtigen Sinnzusammenhang vermitteln würde. Im dritten Schritt klassifiziert er dann den Einsturz von WTC 7 mit diesem schönen neuen Begriff.

Die drei Schritte im Einzelnen:

> *»Da es eine Prämisse des konspirationistischen Denkens ist, dass nichts durch Zufall geschieht, ist für Verschwörungstheoretiker potentiell jedes Detail bedeutsam, auch – oder gerade – weil es für Nichtverschwörungstheoretiker nichts mit den Ereignissen zu tun hat, um die sich die Verschwörungstheorie dreht.«*[123]

Butter unterlässt es hierbei konsequent zu erwähnen, dass bei einer wissenschaftlichen Untersuchung selbstverständlich jedes Detail *potenziell* von Bedeutung ist. Ob es *tatsächlich* von Bedeutung ist, muss auf Sachebene entschieden werden. Denken Sie nur an die Hautreste unter den Fingernägeln eines Mordopfers. Speziell auf die wissenschaftliche Kriminalistik und deutsche Rechtsprechung bezogen stellt der Bundesgerichtshof in genau diesem Sinne explizit fest:

> *»Der Tatrichter darf seine Überzeugung von der Täterschaft auch allein auf ein einziges nach Lage des Falles aussagekräftigen Beweisanzeichen wie einen Fingerabdruck oder eine DNA-Spur stützen.«*[124]

Butters Ausblenden der potenziellen Bedeutsamkeit von Details führt ihn dann drei Seiten später zur folgenden – aus erkenntnistheoretischer Sicht – katastrophalen Bemerkung:

> *»Naturwissenschaftler wissen, dass selbst bei Experimenten im Labor immer wieder Dinge geschehen, die nicht geschehen sollten, die man aber getrost ignorieren kann, wenn genug andere Faktoren in eine bestimmte Richtung weisen. Für Verschwörungstheoretiker werden aber gerade diese ›errant data‹ zum Ausgangspunkt ihrer Argumentation.«*[125]

Messdaten im Labor zu *»ignorieren«*, ist wissenschaftlicher Betrug, sonst gar nichts. Deswegen klingt dieser Passus in meinen Ohren so, als würden empirisch arbeitende Menschen, die ihre Experimente, Messungen oder Datenerhebungen sorgfältig durchführen, geradezu verspottet.

Nachdem Butter nun also wissenschaftlichen Betrug mit dem schönen Fremdwort *»errant data«* für seine Leserschaft salonfähig gemacht hat, kommt dann das große Finale, in dem er über den Einsturz von WTC 7 sagt:

> *»Da es außer dem Muster des Einsturzes keinerlei Anzeichen dafür gibt, dass das Gebäude gesprengt wurde, handelt es sich um einen klassischen Fall von errant data.«*[126]

Dies beinhaltet also nicht nur den Aufruf zum wissenschaftlichen Betrug, sondern es ist auch sprachlich manipulativ: Indem er nämlich die Phänomenologie des Einsturzes mit all seinen wichtigen Einzelheiten – instantanes Einsetzen der Abwärtsbewegung im gesamten Gebäudequerschnitt, freier Fall über zwei Sekunden, Symmetrie der Bewegung, keine großen Scherkräfte in der Fassade et cetera – zu einem sprachlichen Singular zusammenfasst, macht er aus einer Mehrzahl von Beobachtungen nur eine einzige Beobachtung: das *»Muster«*.

Inhaltlich zeigt Butter hier ein Unverständnis der klassischen Mechanik, denn die Bewegung eines Körpers entspricht genau der resultierenden Gesamtkraft, die auf den Körper wirkt. Es ist also genau das *»Muster«*, das Auskunft darüber gibt, was vor sich geht, aber genau das klammert Butter mit dem sprachlichen Singular und einem sinnlosen Fremdwort aus. Hinzu kommt dann noch die aberwitzige Formulierung *»klassischer Fall von …«*, die ausdrückt, dass Butter hier aus reichhaltiger Erfahrung genau erkennt, was man zu ignorieren habe, wozu der einfache wissenschaftliche Geist nicht ausreicht.

KDK: Das ist ein weiteres Beispiel dafür, dass die Rhetorik das Argument ersetzt.

7.7 Butters Stichwortgeber Brian Keeley

KDK: Ist es nicht so, dass Butter mit der genannten Aussage über WTC 7 – *»Da es außer dem Muster des Einsturzes keinerlei Anzeichen dafür gibt, dass das Gebäude gesprengt wurde […]«* – inhaltlich anerkennt, dass es so *»scheint«*, dass das Gebäude gesprengt wurde? Denn sein Satz beinhaltet ja die Aussage, dass das *»Muster«* des Einsturzes ein *»Anzeichen dafür«* ist, *»dass das Gebäude gesprengt wurde«*.

Herrn Butters Behauptung, dass das Gebäude nicht gesprengt wurde, erfüllt also, was er in seinem 2.) Charakteristikum ausdrückt, dass *»nichts so ist, wie es scheint«*. Damit er sich aber nicht selbst verdächtigt, hier auf unlautere Gedanken zu kommen, spielt er dann das Fremdwort *»errant data«* als höchsten Trumpf aus, der noch über seinen *»Charakteristika«* angesiedelt ist … Das erinnert mich etwas an meine Enkelkinder, die während eines Spiels noch gerne Regeln hinzufügen.

Wie kommt Butter also überhaupt darauf, einen Begriff wie *»errant data«* zu benutzen? Es wirkt sehr unbeholfen. Hat Butter sich das selbst ausgedacht?

AS: Nein, der Philosoph Brian Keeley hat den Begriff 1999 in einem Artikel mit dem Titel *»Of Conspiracy Theories«*[127] eingeführt. Keeley stellt zwei Klassen von Daten – unerklärte Daten und widersprechende Daten – vor, die er gemeinsam mit dem Überbegriff irritierende Daten (mein Übersetzungsvorschlag für *»errant data«*) zusammenfasst.

Unerklärte Daten sind zusätzliche Daten, die (noch) nicht erklärt sind. Ein Beispiel für ein unerklärtes Datum wäre etwa die Tatsache, dass am Morgen des 11. September die Feuermelder in WTC 7 wegen Wartungsarbeiten ausgestellt waren.[128] Ob dies mit kriminellen Aktivitäten zusammenhängt oder nicht, kann nur die Staatsanwaltschaft ermitteln. Solange das nicht passiert ist, ist dieses Datum unerklärt, was aber keine zwingende Einsicht beinhaltet.

Im Unterschied zu unerklärten Daten sind widersprechende Daten solche Daten, die einen Widerspruch enthalten, der gegebenenfalls eine (offizielle) Aussage falsifiziert. Zum Beispiel ist das *»Muster«* des Einsturzes von WTC 7 ein widersprechendes Datum, das widerlegt, dass das Gebäude durch Feuer eingestürzt ist.

Die beiden Datenklassen – widersprechende Daten und unerklärte Daten – sind für sich genommen sinnvolle Begriffe, die man sowohl in der Kriminalistik wie auch in der Naturwissenschaft oder auch in den Geschichts- und Gesellschaftswissenschaften sinnvoll gebrauchen könnte. Einen gemeinsamen Oberbegriff – irritierende Daten – für diese beiden verschiedenen Klassen von Daten einzuführen, ist jedoch nicht sinnvoll, denn damit wird ein falscher Sinnzusammenhang erzeugt. Tatsächlich fällt Keeley selbst auf diesen, von ihm erzeugten, falschen Sinnzusammenhang herein, als er über wissenschaftliche Theoriebildung spricht und dabei Aussagen für unerklärte Daten auf alle irritierenden Daten, also auch auf widersprechende Daten, überträgt:

> *»Was Verschwörungstheorien falsch interpretieren ist jedoch, dass die Existenz von irritierenden Daten alleine kein signifikantes Problem bei einer Theorie darstellt. Wenn man die unvollkommene Natur menschlichen Verstehens der Welt bedenkt, dann sollten wir erwarten, dass selbst die beste Theorie nicht alle irritierenden Daten erklären kann.«*[129]

Die zweite Aussage wäre richtig, wenn er sie nur für unerklärte Daten formuliert hätte: Gewisse Dinge bleiben unerklärt – ja, das ist in der Regel der Fall. Für widersprechende Daten ist dieser Satz jedoch katastrophal falsch, denn eine Theorie ist widerlegt, wenn es nur ein einziges ihr widersprechendes Datum gibt. Zum Beispiel: Ein einziger Vogel mit Facettenaugen widerlegt die Evolutionstheorie sofort und für alle Zeiten und ohne jede weitere Diskussion. Ich erwähnte es bereits: Wissenschaftliche Behauptungen sind prinzipiell sehr leicht zu widerlegen.

In Keeleys Sichtweise jedoch können zwei sich widersprechende Aussagen gleichzeitig wahr sein. Das ist eine völlig unredliche Darstellung, die auch Keeley spätestens dann nicht mehr annehmen wird, wenn er sich mal den Finger abschneidet und ihm die herbeigerufene Notärztin erzählt, dass sie die Theorie habe, Keeleys Finger sei noch dran und seine Beobachtungen seien nur irritierende Daten.

KDK: Das Beispiel ist aber sehr makaber.

AS: Aber es heilt jeden, der meint, Widersprüche wären erkenntnistheoretisch hinnehmbar.

KDK: In dem angeführten Zitat spricht Keeley von »*Verschwörungstheorien*«. Was meint er denn damit überhaupt?

AS: Keeley benutzt das Wort »*Verschwörungstheorie*« in dem Sinn, der in etwa Butters »*im Geheimen operierende[r] Gruppe*« entspricht, ohne aber weitere Bedingungen (»*Charakteristika*«) zu stellen. Insbesondere ist also die offizielle Geschichte des 11. September für Keeley eine »*Verschwörungstheorie*«.

Keeleys weiteres Vorgehen besteht dann darin, eine Unterscheidung zwischen »*Verschwörungstheorien*« und »*ungerechtfertigten Verschwörungstheorien*«[130] vorzunehmen. Damit meint er Vorstellungen, die er aus Höflichkeit nicht »*kooky*«, »*weirdo*« oder »*hare-brained*«, also einfach hirnrissig, nennen möchte.[131] Mit der Wortwahl »*ungerechtfertigt*« deutet er an, dass er etwas vorsichtig sein möchte zu entscheiden, ob eine *»ungerechtfertigte Verschwörungstheorie«* wahr oder falsch ist. Was so bedacht und unvoreingenommen anfängt, endet allerdings an dem Punkt, an dem Keeley zeigt, dass er offenbar große Schwierigkeiten hat zu entscheiden, auf welchem Planeten er lebt:

> *»Ich sollte betonen, dass der Leser an keiner Stelle schlussfolgern soll, dass ich Argumente für oder gegen die Wahrheit einer gegebenen Erklärung gebe. Der Punkt ist hier nicht, ob die Außerirdischen tatsächlich unseren Planeten besuchen oder ob Oswald alleine handelte.«*[132]

Wer die Schuldfrage in einem Kapitalverbrechen in den Kontext von kleinen grünen Männchen stellt, äußert seine totale Verachtung gegenüber dem selbstverständlichen Anspruch, eine rechtsstaatliche Justiz aufrechtzuerhalten.

Keeley offenbart hier also ein tiefes anti-demokratisches Grundverständnis, was er mit einer Relativierung von naturwissenschaftlich-kriminalistischer Erkenntnis – der Grundlage jeder Sachverständigenbefragung in einem Gerichtsverfahren – zum Ausdruck bringt. Er begründet seine Sichtweise im Folgenden dann damit, dass *»wir«* in der gleichen Lage seien wie David Hume, der nicht mit Sicherheit habe feststellen können, ob Jesus Steine in Brot verwandeln konnte oder nicht. – Um von solchen anti-wissenschaftlichen Gedanken geheilt zu werden, ist es auch hier heilsam, sich einmal ganz unbekümmert den Finger abzuschneiden und hinterher darüber nachzudenken, ob *»wir«* wirklich feststellen können, dass er ab ist.

7.8 Weitere anti-empirische Anflüge bei Butter

AS: Die beobachtete Herangehensweise von Butter wie auch von Keeley, die darauf abzielt, empirische Daten oder andere *»unbezweifelte Gründe«* nach seinem eigenen Gutdünken zu ignorieren, ist bei Butter kein Einzelfall:

In einem Radiointerview im Januar 2019 beim Schweizer Sender *Argovia* fragte ihn der Reporter, warum er abgelehnt habe, mit dem Schweizer Historiker Daniele Ganser öffentlich zu diskutieren. Seine Antwort:

»Ich hab gesagt ›nein‹, weil ich glaube, dass das zu wenig führen würde. Das würde letztendlich so ausgehen, dass diejenigen Leute, die vorher schon dachten, dass ich recht habe, auch danach denken würden, dass ich recht habe, und diejenigen, die denken, dass er recht hat, würden auch danach denken, dass er recht hat. Und es wäre, glaube ich, ganz, ganz schwierig, auch ein Level zu finden, wo man darüber diskutieren würde.

Was er dann so sagen würde: Er würde dann sagen, wir müssen irgendwie sprechen über World Trade Center 7. Warum fällt dieses Gebäude da im freien Fall zusammen? Dann würde ich sagen: Das Gebäude fällt überhaupt nicht im freien Fall zusammen. Man müsste eine andere Kameraperspektive nehmen, dann würde man die ganze Wahrheit sehen.

Was ich viel spannender finde ist, wie funktioniert das Narrativ, das er aufmacht. Und man würde da, glaube ich, keine gemeinsame Ebene finden, auf der man zusammen kommen würde.«[133]

Butter widerspricht diesem empirischen Datum, dem freien Fall von WTC 7, ganz explizit. Weiß er überhaupt, was seine Worte bedeuten? Weiß er, dass er damit dem offiziellen NIST-Bericht – der den über zweisekündigen freien Fall einräumt,[134] auch wenn er ihn nicht erklärt – widerspricht?

Butter hat vielleicht recht damit, dass es schwierig wäre, eine gemeinsame Ebene für eine Diskussion mit Ganser zu finden, denn die Basis einer wissenschaftlichen Debatte setzt *»ungezweifelte Gründe«* voraus. Wie könnte Butter daran teilnehmen, wenn er versucht, den erkenntnistheoretischen Stellenwert von empirischen Daten mit einer kecken Antwort abzutun?

KDK: Die technischen Details sind wichtig, aber ich finde es hier viel bedenklicher, dass jemand nicht dazu bereit ist, seine Thesen öffentlich mit seinen Kritikern zu diskutieren. Es markiert doch das Ende eines wissenschaftlichen oder demokratischen Diskurses, wenn überhaupt die Bereitschaft fehlt, in Rede und Gegenrede seine Einsichten zu verteidigen. Wissenschaftler müssen den kritischen Diskurs fördern. Die *»Leitlinien zur Sicherung guter wissenschaftlicher Praxis«* der Deutschen Forschungsgemeinschaft sagen das auch ausdrücklich:

»Zu den Prinzipien [guter wissenschaftlicher Praxis] gehört es insbesondere, lege artis zu arbeiten, strikte Ehrlichkeit im Hinblick auf die eigenen und die Beiträge Dritter zu wahren, alle Ergebnisse konsequent selbst anzuzweifeln sowie einen kritischen Diskurs in der wissenschaftlichen Gemeinschaft zuzulassen und zu fördern.«[135]

AS: Ein weiteres Beispiel von Butters Hang zum Anti-Empirischen findet sich in einem Interview, das der *SWR* im Juli 2017 mit ihm führte. Auf die Frage, inwiefern er selbst den 11. September untersucht habe, gab er folgende entblößende Antwort:

> *»Also bei 9/11 habe ich mich mit mehreren Aspekten beschäftigt: Zum einen, wie das Internet zur Verbreitung [von ›Verschwörungstheorien‹] beigetragen hat […]. Was ich natürlich nicht im Detail gemacht habe, ist, dass ich mir die Staubspuren und die Stahlträger angeschaut habe, das, was eben die Verschwörungstheoretiker machen, die beweisen wollen, dass diese Gebäude gesprengt worden sind, und nicht aufgrund der Einschläge der Flugzeuge zusammengestürzt sind, weil [sic] da glaube ich einfach der überwältigenden Mehrheit der Experten, die sagt, natürlich sind die deshalb zusammengestürzt, die wurden nicht gesprengt.«*[136]

Butter bezeichnet einen zentralen wissenschaftlichen Punkt zur Analyse eines Strukturversagens – nämlich dessen forensische Untersuchung – als etwas, das *»Verschwörungstheoretiker«* machen würden, er selbst aber *»natürlich [!] nicht im Detail gemacht«* hat. Ich kann mir kaum vorstellen, wie jemand seine buchstäbliche Ignoranz gegenüber wissenschaftlicher Erkenntnis expliziter machen könnte.

7.9 Butter als Gläubiger und Prediger von Autoritätsargumenten

AS: Das gerade genannte Zitat offenbart noch ein weiteres pseudowissenschaftliches und von Butter mehrfach benutztes Argumentationsmuster: das Autoritätsargument. In obigem Zitat gibt es zwei Stück, ein offenes und ein verdecktes.

Das Autoritätsargument, das hier offen ins Auge springt, liegt in der *»überwältigende[n] Mehrheit der Experten«*. Dazu sind drei Dinge zu sagen:

Erstens ist es kein wissenschaftlicher Beweis für irgendeinen Sachverhalt, wenn uns jemand mitteilt, dass die *»überwältigende Mehrheit der Experten«* irgendetwas sagt, egal ob sie behaupten, der Mond sei aus Käse oder die Erde eine Kugel. Entweder gibt es ein Argument, das jedermann (mit genügend Zeit und Muße) unabhängig nachvollziehen kann, oder nicht. Wissenschaftliche Erkenntnis ist arg undemokratisch: Nicht die Mehrheitsmeinung entscheidet, auch nicht eine Minderheitenmeinung, sondern das Sachargument des Einzelnen.

Zweitens: Butter begründet seine Ignoranz gegenüber empirischen Ergebnissen mit seinem Glauben an *»Experten«*. Die damit zur Schau gestellte kindliche Sorglosigkeit suggeriert, dass die technischen Fragen doch von den *»Experten«* ganz gewiss wissenschaftlich beantwortet sind und dass der Zuhörer sich auch nicht zu schämen braucht, wenn er einfach mal was glaubt, ohne nachzufragen. Gerade so, als ginge es um eine gewöhnliche Sachfrage, bei der alle Beteiligten ehrliche Mitspieler sind und bei der die Antwort frei von politische Interessen und politischer Macht diskutiert würde.

Drittens ist dieses Autoritätsargument frei erfunden.

KDK: Sie meinen, diese *»überwältigende Mehrheit der Experten«* gibt es nicht?

AS: Richtig, es gibt sogar nicht nur keine *»überwältigende Mehrheit«*, sondern noch nicht mal eine nennenswerte Minderheit.

KDK: Wie kommen Sie darauf?

AS: Tatsächlich wird die überwältigende Mehrheit der Baustatiker oder Physiker sich nicht öffentlich zu dem Thema äußern, weil sie gar nichts von dem Thema kennt, das können also nicht die Experten sein, von denen Butter redet. Diese Leute könnten sich durch ein Studium des Sachverhaltes zu Experten machen, aber im Moment sind sie es nicht. Ein Experte kennt den Inhalt der wichtigen Arbeiten in dem jeweiligen Sachgebiet, das heißt, in diesem Fall kennt er insbesondere den NIST-Bericht und Bažants Arbeiten als offizielle Erklärung für die Zerstörung des WTC und natürlich auch die Fehler und Auslassungen darin. Ein Experte weiß also, dass die offizielle Erklärung nichts hergibt, was man zur wissenschaftlichen Erklärung der Zerstörungen anführen könnte.

Seit mehreren Jahren suche ich einen Fachkundigen, der die offizielle Erklärung für die Zerstörung des WTC verteidigen würde, ich habe noch keinen einzigen gefunden und ich gehe jede Wette ein, dass Sie an keiner einzigen deutschen Universität einen Physiker oder Baustatiker finden, der bereit wäre, in einem öffentlichen und videoaufgezeichneten fachlichen Gespräch mit mir die offizielle Erklärung als gültig zu verteidigen.

Vielleicht finden Sie jemanden, der keine Ahnung hat und der einer großen Zeitung ein Interview gibt, in dem er die offizielle Geschichte unreflektiert wiedergibt, aber er wird das nicht in Gegenwart von mir oder einem anderen gleichsam Sachkundigen tun.

KDK: Die Wette nehme ich formhalber an, aber den Wettpreis lege ich erst später fest.

Was meinen Sie damit, dass ein zweites Autoritätsargument verdeckt sei?

AS: Das verdeckte, etwas raffinierte Autoritätsargument in obigem Zitat liegt darin, dass jemand, sobald er den zugewiesenen Titel *»Verschwörungstheoretiker«* trägt, seine Glaubwürdigkeit verloren hat und seine Aussagen wertlos sind. Er ist also kein *»Experte«*. Deswegen braucht Butter (und damit auch der bevormundete Zuhörer) dessen Aussagen *»natürlich«* (!) nicht weiter zu beachten. Diese Methode funktioniert, weil Butter sich selbst als Autorität inszeniert, die zu einer solchen Einteilung von Menschen berechtigt ist. Diese Form des Autoritätsargumentes nenne ich deshalb die ›Buttersche Deautorisierung‹.

Es gibt auch eine ›Buttersche Autorisierung‹, die darin besteht, dass Butter mit seiner selbstgegebenen Autorität entscheiden kann, dass nur der, der von Butter autorisiert wurde, *»Experte«* genannt werden darf. Butter teilt also ein, wer *»Experte«* und *»Verschwörungstheoretiker«* ist.

Die Buttersche Deautorisierung kommt auch in Butters Buch reichlich zum Einsatz, zum Beispiel in diesem Passus:

> *»Etwas anders geartet ist der Fall des Kieler Psychologieprofessors* Rainer Mausfeld, *dessen Medien- und Kapitalismuskritik stark populistische und mitunter auch verschwörungstheoretische Züge aufweist. Mausfeld besitzt als Wahrnehmungspsychologe, der sich vor allem mit der Farbverarbeitung im Gehirn beschäftigt, keine besondere Kompetenz auf den Gebieten, zu denen er sich in den letzten Jahren immer wieder medienwirksam geäußert hat. Als Professor wird er von Teilen seines Publikums aber auch für diese als Autorität akzeptiert.«*[137]

Nach Butters Geschmack haben Mausfelds Äußerungen *»verschwörungstheoretische Züge«*, damit wird Mausfeld im ersten Satz höchst richterlich deautorisiert und damit erledigt sich eine inhaltliche Auseinandersetzung.

Butter greift folgerichtig auch keine These von Mausfeld auf, mit der er sich auseinandersetzt, sondern schreitet weiter voran, indem er erklärt, als Wahrnehmungspsychologe habe Mausfeld keine Kompetenz auf dem Gebiet, zu dem er sich äußere. Es scheint für Butter unbegreifbar, dass jemand unabhängig von seiner Ausbildung einen brauchbaren Gedanken hervorbringt. Das zeichnet ein sehr peinliches Bild von Butters Vorstellung von Wissenschaft.

Mit der Zugabe im dritten Satz, dass Mausfeld als Autorität akzeptiert würde, weil er Professor ist, schiebt er den Makel der Autoritätsgläubigkeit den Zuhörern von Mausfeld zu. Damit deautorisiert er nicht nur Mausfeld, sondern auch dessen Zuhörer.

KDK: Diese Geisteshaltung, dem *»gemeinen Volk«* das Urteilsvermögen abzusprechen, ist natürlich impliziter Bestandteil eines jeden Autoritätsargumentes.

AS: Sie wird aber von Butter mehrfach ganz explizit aufgegriffen. Zum Beispiel schreibt er in Bezug auf den Wissensaustausch im Internet:

> *»Die traditionelle Wächterfunktion der Medien ist durch die Möglichkeiten des World Wide Web schließlich größtenteils ausgehebelt worden, so dass die ›Wahrheit‹ im digitalen Zeitalter stets nur eine Google-Suche entfernt ist.«*[138]

Die Medien üben nach Butter also eine *»Wächterfunktion«* aus, was nichts weniger heißt, als dass wir – die Bevölkerung, das Volk, der Souverän – nach Butters Verständnis bewacht werden müssen. Eine solche reaktionäre Abwehrhaltung gegen eine emanzipierte Gesellschaft dringt mehrfach bei Butter durch:

> *»Da Verschwörungstheorien sich in der Gegenwart meistens gegen offizielle Versionen von Ereignissen richten, stehen ihre Anhänger auch anerkannten Experten und traditionellen Wissenshierarchien skeptisch gegenüber. […] Manche Verschwörungstheoretiker verlassen sich deshalb mittlerweile vor allem auf den gesunden Menschenverstand derjenigen ›normalen‹ Menschen,*

die an der offiziellen Version zweifeln, oder stellen ihre eigenen Wahrnehmungen und Erfahrungen in den Mittelpunkt.«[139]

Für Butter ist es also dubios, *»traditionellen Wissenshierarchien skeptisch gegenüber«* zu stehen. Auf der Website des EU-Forschungsprojektes *Comparative Analysis of Conspiracy Theories in Europe,* das über vier Jahre von 2016 bis 2020 lief und dessen Vize-Vorsitzender Butter war, fanden sich in der Einleitung gleichsam besorgniserregende Worte:

> *»Manche Verschwörungstheorien […] können […] zu einem Vertrauensverlust in die Medien und […] zu einem Glaubensverlust in medizinische oder wissenschaftliche Autoritäten führen.«*[140]

Besorgniserregend nenne ich diese Worte deshalb, weil sie einen impliziten Aufruf enthalten, den Medien zu vertrauen und Autoritäten zu glauben. Es ist jedoch das erklärte Ziel der Aufklärung, den *»Glauben an Autoritäten«* zu verlieren. Immanuel Kant schrieb in seiner berühmt gewordenen Beantwortung der Frage *»Was ist Aufklärung?«*:

> *»Aufklärung ist der Ausgang des Menschen aus seiner selbstverschuldeten Unmündigkeit. Unmündigkeit ist das Unvermögen, sich seines Verstandes ohne Leitung eines anderen zu bedienen. Selbstverschuldet ist diese Unmündigkeit, wenn dieselbe nicht am Mangel des Verstandes, sondern der Entschließung und des Mutes liegt, sich seiner ohne Leitung eines anderen zu bedienen. Sapere aude! Habe Mut, dich deines eigenen Verstandes zu bedienen! ist also der Wahlspruch der Aufklärung«*[141]

Der Vergleich von Butter mit Kant zeigt, dass die Äußerungen Butters stark von gegenaufklärerischen Positionen beeinflusst sind.

KDK: Was verstehen Sie hier unter dem Wort *»Gegenaufklärung«* oder wie könnte man diesen Begriff definieren?

AS: Mit den Begriffen von Butter und dem Duktus von Kant kann ich diese Frage so beantworten:

> *Gegenaufklärung ist das Festhalten von Menschen in traditionellen Wissenshierarchien. Wissenshierarchien sind Systeme von absichtlich beschränktem Wissen, in denen der Mensch nur zu größerem Wissen gelangt, nachdem er dazu von einem Wächter autorisiert wurde. Traditionell sind diese Wissenshierarchien, wenn diese die bestehenden Herrschaftsverhältnisse abbilden und dazu dienen, diese zu legitimieren und zu stabilisieren. Credere aude! Habe Mut, den anerkannten Experten zu glauben! ist also der Wahlspruch der Gegenaufklärung.*

»Aber auch wenn der Begriff ›Verschwörungstheorie‹ nicht in die Welt gesetzt wurde, um missliebige Alternativversionen zu diskreditieren, so steht es außer Zweifel, dass dies eine seiner wichtigsten Funktionen im alltäglichen Diskurs ist.«[142]
– Michael Butter

8 Scheinargumente der Gegenaufkärung: CIA 1967 vs. Butter 2018

Nachspeise: Bootshaus am Eisernen Steg

KDK: Im Zusammenhang der Entstehungsgeschichte des Wortes *»Verschwörungstheorie«* kommt immer wieder ein geheimes CIA-Dokument zur Sprache, das propagandistische Argumentationsmuster nennt, um Kritik an der Untersuchung des Kennedy-Attentats zu brandmarken. Das Dokument erschien 1967, drei Jahre nach dem Bericht der Warren-Kommission, die den Tod von Präsident Kennedy untersuchen sollte.[143] Können Sie sich inhaltlich dazu äußern? Welche Bedeutung hatte dieses Schreiben und welche Einsichten können wir heute daraus gewinnen?

AS: Was Sie sagen, ist ganz richtig. Das besagte Dokument 1035-960 enthält explizite Anweisungen an CIA-Kontaktpersonen, wie man mit Kritik am Bericht der Warren-Kommission umgehen soll.[144] Es hält zunächst fest, dass 46 Prozent der Amerikaner glauben, dass Oswald nicht allein gehandelt habe, und nennt dann eine diesbezügliche Sorge:

> *»Verschwörungstheorien haben regelmäßig Verdächtigungen auf unsere Organisation geworfen, zum Beispiel durch die falsche Behauptung, dass Lee Harvey Oswald für uns gearbeitet habe.«*

Worauf im nächsten Satz die Absicht folgt, die hinter dem Schreiben steht:

> *»Das Ziel dieser Entsendung ist, Material bereitzustellen, um die Behauptungen der Verschwörungstheoretiker zu kontern und in Verruf zu bringen und ebenso, um die Verbreitung von solchen Behauptungen in anderen Ländern zu verhindern.«*

Die umständlich längliche Formulierung *»Behauptungen der Verschwörungstheoretiker«* beinhaltet mehr als nur die *»Verschwörungs-*

theorien« der jeweiligen Personen, nämlich deren gesamte Behauptungen. Die abwertende Wirkung des Begriffs wird dadurch verstärkt, weil eine solche Personenbezeichnung etwas Wesenhaftes bei der jeweiligen Person unterstellt. Sprachlich ist zudem bemerkenswert, dass hier ein Übergang von dem Begriff *»Verschwörungstheorie«* für einen Gedanken zu einer Sammelbezeichnung für eine Personengruppe, die als *»die Verschwörungstheoretiker«* bezeichnet wird, vollzogen wird.

Gruppenbezeichnungen für Personen erleichtern die Ausgrenzung von Gedanken enorm, denn wenn eine Gruppe *»in Verruf gebracht ist«*, dann ist jede Person, die der Zugehörigkeit der Gruppe beschuldigt wird, automatisch ebenso *»in Verruf gebracht«*. Ein lästiges Sich-Auseinandersetzen mit Inhalten in jedem Einzelfall ist dann nicht mehr nötig. Die zugrunde liegende psychologische Technik bezeichnet man im Englischen auch als *»Othering«*, was also das Benennen einer Gruppe bestehend aus *»den anderen«* ist.

Zumindest unbewusst erkennt auch Michael Butter diese zusätzliche Abwertung durch den Übergang vom Begriff *»Verschwörungstheorie«* zum *»Verschwörungstheoretiker«* und der damit verbundenen Herstellung einer Gruppe *»der anderen«*, denn als er über den Begriff *»Verschwörungstheorie«* als *»Mittel der Delegitimierung«* spricht, stellt er genau das selbst fest: *»Deshalb sind ›Verschwörungstheoretiker‹ immer die anderen; kaum jemand bezeichnet sich selbst so.«*[145] Es sind also *»die anderen«*, die mit dem CIA-Dokument in Verruf gebracht werden sollen, was nichts weniger bedeutet, als eine (weitere) gesellschaftliche Spaltung zu forcieren. – Machiavelli wäre begeistert.

Kurzum: Es ist ein wichtiges Dokument für das Studium psychologischer Operationen zur Manipulation der öffentlichen Debatte durch eine staatliche Institution, das seinen bescheidenen Beitrag dazu geleistet hat, dass sich das Wort *»Verschwörungstheorie«* zu so einem erfolgreichen Mittel der Propaganda entwickeln konnte.

Der Inhalt ist auch deswegen interessant, weil die Methoden der Manipulation, die in dem Dokument vorgeschlagen werden, auch heute noch sinngemäß und teils sogar identisch Verwendung finden – zum Beispiel bei Michael Butter.

KDK: Welche Methoden werden da genannt?

AS: Punkt *»3.«* des Dokumentes gibt Handlungsanweisungen, dass man nur über die Kritik oder die Kritiker sprechen möge, wenn die gesellschaftliche Debatte bereits begonnen hat. Dazu solle man nach Unterpunkt *»a.«* die *»Eliten«* des jeweiligen Landes, insbesondere die *»Politiker und Herausgeber«*, dafür gewinnen, ihren *»Einfluss zu benutzen, um unbegründete und unverantwortliche Spekulationen zu unterbinden«*, die sowieso *»nur in die Hände der Opposition spielen«*. Zur Umsetzung davon wird dann in Unterpunkt *»b.«* angeraten, man möge *»Propagandisten einstellen, die die Attacken der Kritiker beantworten und zurückweisen«*. Dazu werden vier Punkte genannt, die nach Möglichkeit von den CIA-Propagandisten herausgearbeitet werden sollen.

Eine einfache Gegenüberstellung dieser vier Punkte und von dem, was man bei Michael Butter findet, liefert folgendes Schema:

CIA-Propagandisten sollen aufzeigen, dass Kritiker …	**Analogon bei Butter**
»(i) ihre Theorien schon gebildet haben, bevor die Beweislage geklärt war,	Siehe dazu Abschnitt 7.5, die Diskussion von Butters Verifikationsfehlschluss, dass *»Verschwörungstheoretiker immer bereits [wissen], wer die Schuldigen sind«*.
(ii) von politischen Motiven geleitet sind,	Butter ist darum bemüht *»(rechten) Populismus«* und *»Verschwörungstheorien«* gedanklich zu verknüpfen: *»Sehr problematisch ist der politische Einfluss von Verschwörungstheorien auf die populistischen Bewegungen unserer Zeit. […] Der Zulauf, den populistische Bewegungen erhalten, führt den öffentlichen Diskurs in eine Richtung, die gefährlich ist. Allein die Präsenz der AfD hat die Debatte über Flüchtlinge weit nach rechts getrieben – das sehen wir insbesondere an den Äußerungen der CSU zum Islam in den vergangenen Wochen. Viele solcher Meinungsäußerungen sind letztlich von Verschwörungstheorien motiviert – in diesem Fall von der des großen Austauschs.«*[B] Auch ist Butters im Jahr 2020 begonnene und EU-geförderte Forschungsprogramm mit dem Namen PACT eine Manifestation dieser gedanklichen Verknüpfung: Das *Akronym PACT steht für Populism and Conspiracy Theory.*[C]

CIA-Propagandisten sollen aufzeigen, dass Kritiker …	**Analogon bei Butter**
(iii) von finanziellen Motiven geleitet sind,	Die *Wirtschaftswoche* betitelte ein Interview mit Michael Butter mit einem Zitat von ihm: *»›Verschwörungstheorien sind ein Riesengeschäft‹«*.[B] Ähnliches titelte das *Grenchner Tagblatt* aus der Schweiz: *»Amerikanist Michael Butter: ›Verschwörungstheorien sind ein wahnsinniges Geschäft‹«*[D] Punkte *»(ii)«* und *»(iii)«* findet man mehrfach in Butters Buch, auch explizit gemeinsam: *»Manche tun dies [Verschwörungstheorien artikulieren] aus politischem Kalkül, etwa, um bei ihrer Anhängerschaft eine bestimmte Reaktion hervorzurufen; andere aus kommerziellen Interessen. […] Fest steht aber, dass Verschwörungstheorien ständig eingesetzt werden, um politisches oder anderes Kapital zu akkumulieren.«*[E]
(iv) vernarrt sind in ihre eigenen Theorien.«[A]	Butter weist wiederholt darauf hin, dass *»Verschwörungstheoretiker in ihrem Glauben sogar noch bestärkt werden, wenn man sie mit schlüssigen Gegenargumenten konfrontiert«*,[F] also ganz so wie man es von einer *»vernarrten«* Person erwarten würde.
[A] Siehe Anhang C.	[B] [BuGl18]. [C] *»The ERC-funded project ›Populism and Conspiracy Theory (PACT)‹ investigates the significance of conspiracy theories for populist movements in four European countries and two in the Americas. The project is scheduled to run until March 2025.«* https://conspiracytheories.eu/projects/pact-populism-and-conspiarcy-theory/ [D] [BuGl18]. [E] Seite 124, 125 [Butt18]. [F] Seite 227 [Butt18].

Das CIA-Dokument fährt dann unter Punkt *»4.«* weiter damit fort, *»nützliche Argumente«* zu nennen, die die Propagandisten in der medialen Debatte anbringen mögen, wenn es sich um eine nicht auf einen bestimmten Kritiker bezogene Debatte handelt oder wenn es um Publikationen geht, die noch nicht veröffentlicht sind. Auch die darin genannten Punkte *»a.«* bis *»g.«* findet man bei Butter im Einzelnen:

»Nützliche Argumente« **für CIA-Propagandisten:**	**Analogon bei Butter**
»a. Es haben sich keine neuen Beweise ergeben, die von der [Warren-] Kommission nicht schon bewertet wurden. […]	Den Gedanken – einfach so zu tun, als gäbe es nichts, was nicht schon längst bekannt ist – findet man bei Butter in Form einer Floskel, die auf den amerikanischen Juristen Mark Fenster zurückgeht: *»Treffender als Mark Fenster kann man das konspirationistische Vorgehen daher kaum beschreiben: ›Es mag immer noch etwas geben, was man herausfinden kann – neue Details, neue Entwicklungen […] –, aber es gibt niemals etwas wirklich Neues zu wissen.‹«*[H]
b. Kritiker überbewerten manche Punkte und ignorieren andere. […]	Einem *»Überbewerten«* entspricht in Butters Rhetorik die Floskel *»Alles ist miteinander verbunden«* und auch die *»errant data«*. Einem *»Ignorieren«* entspricht Butters *»Nichts ist, wie es scheint«*, siehe Abschnitte 7.4 und 7.7.
c. Die oft suggerierte Verschwörung von großem Ausmaß wäre unmöglich in den Vereinigten Staaten zu verbergen […]	Siehe dazu Abschnitt 7.3 bezüglich Butters Lamento über die Größe von *»realen Verschwörungen«* und von *»Verschwörungen«* in *»Verschwörungstheorien«*.
d. Kritiker sind oft durch ihren intellektuellen Stolz gelockt: Sie treffen auf eine Theorie und verlieben sich in sie.	Siehe den Kommentar zu *»(iv)«* in der vorigen Tabelle.
e. Oswald wäre keine vernünftige Person für eine Verschwörung gewesen. Er war Einzelgänger, verwirrt, von fragwürdiger Verlässlichkeit und eine unbekannte Größe für alle Geheimdienste.	Der in *»e.«* formulierten Aussage liegt der Gedanke zugrunde, dass eine (institutionell) organisierte Irreführung anders strukturiert wäre als das, was man den bekannten Begebenheiten des jeweiligen Ereignisses (möglicherweise) entnehmen kann. Butter äußert diesen Gedanken explizit bei der Diskussion des 11. September in einem Interview beim Schweizer Online-Magazin *Higgs*, das ein diesbezügliches Zitat von Butter sogar zum Titel des Beitrags machte: *»›Hätte man die Anschläge inszeniert, wären sie perfekter‹«*.[K] In dem Interview selbst beschreibt Butter dies in ausführlichen Worten:

***»Nützliche Argumente«* für CIA-Propagandisten:**	**Analogon bei Butter**
	»Wenn man wirklich jetzt annimmt, die CIA hat das inszeniert, und die wollten die Spur lenken auf diese 19 jungen arabischen Männer, die dann eben quasi als Sündenböcke dafür herhalten müssen. Meinen Sie nicht, die hätten das dann irgendwie geschickter hingekriegt, als sich sowas Absurdes auszudenken wie ›wir legen den Ausweis auf den Bürgersteig‹, wo natürlich also jeder sofort denkt, das kann doch überhaupt nicht, überhaupt nicht wahr sein? Und wie überhaupt: Also wenn die Amerikaner 9/11 inszeniert hätten, meinen Sie nicht, dann hätten die es auch geschafft, Massenvernichtungswaffen im Irak zu finden? Also weil das lässt sich nun wirklich viel, viel leichter inszenieren […]«[L]
f. Bezüglich Vorwürfen, dass der Kommissionsbericht hastig zusammengestellt wurde: Er erschien drei Monate nach der ursprünglichen Frist. […]	Der übergeordnete Gedanke, dass der offizielle Abschlussbericht keine wesentlichen Lücken hat (also nicht *»hastig«* erstellt wurde), erscheint bei Butter, als er darüber sinniert, dass der Schweizer Historiker Daniele Ganser bemängelt, dass im 9/11-Kommissionsbericht der Einsturz von WTC 7 nicht erwähnt wird: *»[Ganser] verschweigt dabei aber, dass auch der Zusammensturz der anderen Gebäude im Bericht nur kurz erwähnt wird – und dass dies alles andere als überraschend ist. Schließlich war es die Aufgabe der Kommission, die Sicherheitslücken zu untersuchen, welche die Anschläge ermöglichten. Warum welches Gebäude wann zusammenstürzte, war dafür nicht relevant.«*[M] Man beachte, dass Butters Behauptung über den Bericht falsch ist: Der Einsturz der Zwillingstürme hat einem ganzen Kapitel den Namen *»Heroism and Horror«* gegeben.[N] Und natürlich lässt sich die Frage, welche Sicherheitslücken von Bedeutung waren, erst klären, wenn man feststellt, welches Verbrechen überhaupt geschehen ist. Dazu muss man zuerst einmal die Menge der zerstörten Wolkenkratzer richtig bestimmen.
g. Solch vage Anschuldigungen wie ›mehr als zehn Leute sind auf mysteriöse Art gestorben‹ können immer auf eine natürlichere Art und Weise erklärt werden: […]«[G]	Der zugrunde liegende allgemeine Gedanke, dass *»Verschwörungstheoretiker«* kriminalistische Indizien nicht als den *»natürlichen«* Zufall interpretieren, der behauptet wird, entspricht in Butters Rhetorik die Floskel *»Nichts geschieht durch Zufall«*.

»Nützliche Argumente« für CIA-Propagandisten:	Analogon bei Butter
[G] Siehe Anhang C.	[H] Seite 60 [Butt18]. [K] [BuGl18a]. [L] Ab 7 min 12 sec in [BuGl18b]. [M] Seite 91 [Butt18]. [N] Siehe Seite 278 ff. [KeHa04].

KDK: Diese Gegenüberstellungen erwecken den Eindruck, dass Butters argumentative Methoden – sagen wir – nicht unähnlich sind zu denen eines CIA-Propagandisten der 60er-Jahre.

AS: Nun, der Punkt, den ich hier deutlich machen möchte, ist: Nur weil die Methoden, um etwas oder jemanden in Verruf zu bringen, schon alt und nicht besonders originell sind, heißt das nicht, dass sie nicht effektiv wären, gerade wenn sie in gebündelter Form auf ein Publikum treffen, das zu viel Propaganda bei zu wenig Hintergrundwissen konsumiert.

Die menschliche Psychologie ist in unseren Zeiten nicht anders als zu Kennedys oder zu Zeiten von Ramses dem II. und es ist das Brot- und Buttergeschäft eines Geheimdienstes, die Methoden der massenpsychologischen Beeinflussung zu kennen, selbst zu perfektionieren und einzusetzen. Deswegen wäre es ein Fehler anzunehmen, diese Methoden wären veraltet oder würden weniger effektiv sein als damals.

»Im Ukrainekonflikt dürfte die russische Propaganda ein neues Niveau erreichen, dem Westen fehlt noch immer ein passendes Gegenmittel.«[146]
– Sascha Lobo

9 »Weltweites Propagandanetzwerk von der CIA aufgebaut«

Abendspaziergang am linken Mainufer Richtung Universitätsklinikum

KDK: Wenn ich meine aktive Erinnerung an die letzten sieben Jahrzehnte Revue passieren lasse, dann sehe ich, dass sich auch nach dem Ende des Zweiten Weltkrieges die ununterbrochene Reihe von Kriegen und Gewalttaten früherer Zeiten weltweit fortgesetzt hat, obwohl 1945 die UNO als Weltfriedensorganisation gegründet und die Charta der Vereinigten Nationen mit einem zwischenstaatlichen Gewaltverbot verabschiedet worden ist. Rainer Mausfeld spricht allein von 20 bis 30 Millionen Todesopfern durch die US-amerikanischen Kriege nach 1945.[147] Dass die Mehrzahl unserer Mitbürger davon unbeeindruckt bleibt, erklärt Mausfeld damit, dass wir einer umfassenden, wirksamen Manipulation durch unsere Medien ausgesetzt sind. Dabei werden die Fakten über diese Verbrechen und Gewalttaten in den Leitmedien durch Fragmentierungen und De- und Rekontextualisierungen aus ihrem Zusammenhang gerissen beziehungsweise in einen neuen Zusammenhang gestellt, so dass sie für die meisten Medien-Konsumenten nicht erkennbar und damit quasi *»unsichtbar«* sind.[148] Die Frage, die sich mir stellt, ist, inwieweit man dieser beispiellosen medialen Verzerrung und Einseitigkeit auf den Grund gehen kann. Gibt es Anhaltspunkte, die anzeigen, wie staatliche Versuche, sich aktiv in den politischen Diskurs einzumischen, eine messbare Auswirkung entfalten konnten? Nur weil ein paar Geheimdienstmitarbeiter eine Anweisung bekommen, *»Politiker und Herausgeber«* für ihre Zwecke zu gewinnen oder *»Propagandisten einzustellen«*, wie im Dokument 1035-960 beschrieben, ist ja noch kein Propagandaartikel im *Spiegel* publiziert!?

AS: Seit Mitte der 70er-Jahre ist bekannt, dass die CIA seit den 50er- und 60er-Jahren mit exorbitanten finanziellen Mitteln verdeckte Operationen durchgeführt oder unterstützt und Propaganda in der ganzen Welt finanziert oder selbst initiiert hat. Vereinzelt drangen solche Sachen an die Öffentlichkeit und der politische Druck wurde so groß, dass der US-Senat eine Untersuchungskommission – geleitet durch den US-Senator Frank Church – einsetzte, die dann 1976 ihren Abschlussbericht dazu vorlegte.

Die Intensität des politischen Drucks kann man an der Selbsteinschätzung des ehemaligen amerikanischen Verteidigungsministers Clark Clifford zur allgemeinen Wahrnehmung der verdeckten Operationen der CIA erkennen. Er wurde von der Kommission angehört und äußerte sich mit den Worten:

> *»Das Wissen bezüglich solcher Operationen ist so verbreitet geworden, dass unser Land in praktisch jedem anderen Land der Welt für jede interne Schwierigkeit beschuldigt wird.«*[149]

Der Church-Bericht brachte dann etwas Licht in diese dunkle Ecke der amerikanischen Geschichte. Es ist ein Schulbuch für illegale Geheimdienstaktivitäten, das zeigt, dass das Bild, das Clifford gezeichnet hat, in vielen Fällen wohlbegründet ist: Ermordungen, Staatsstreiche, Kauf von Wahlen, Wirtschaftskriege, Menschenversuche – alles, was sich der Geheimdienstler so ausdenken mag.

KDK: Der Putsch in Chile am 11. September 1973 unter Mitwirkung der CIA, der zum Tode von Salvador Allende führte, ist ein Beispiel, das mich und meinen damaligen Freundeskreis sehr erschüttert hat.

AS: Das ist ein Beispiel von vielen, dem die Kommission nachging.

Der Bericht zeichnet die historischen Anfänge der CIA und deren verdeckte Operationen nach. Diese waren in den 50er-Jahren so geläufig geworden, dass sie eines juristischen Rahmens bedurften. Im September 1954 erhielt Präsident Eisenhower einen als streng geheim eingestuften CIA-Bericht, der die weitere Notwendigkeit verdeckter Operationen anmahnt:

»[E]in weiteres wichtiges Erfordernis ist eine aggressive verdeckte psychologische, politische und paramilitärische Organisation, die effektiver und einzigartiger [sic] und, falls nötig, rücksichtsloser als die des Feindes ist. […] Es ist jetzt klar, dass wir einem erbarmungslosen Feind gegenüberstehen, dessen erklärtes Ziel die Weltherrschaft ist. Es gibt keine Regeln in diesem Spiel.«[150]

Die Sprache dieses Dokumentes offenbart den fanatischen Blickwinkel des Kalten Krieges und der McCarthy-Ära, in der der Kommunismus – das ist der Feind, vom dem hier die Rede ist – als das Böse schlechthin dämonisiert wurde. Ein Feindbild wird beschworen, das es zu bekämpfen gilt, und zwar mit allen Mitteln.

Ob die Verfasser dieses Dokumentes das selbst geglaubt haben – und damit ein originalgetreues Beispiel für Hofstadters *»paranoiden Stil«* liefern – oder nur aus machtpolitischen Gründen diese Weltsicht propagiert haben, kann ich nicht beurteilen. Gewiss ist nur, dass dieses Dokument Anstoß für eine Reihe von Direktiven gab, die vom Nationalen Sicherheitsrat verabschiedet wurden und die vorsahen, die bestehenden offen ausgetragenen politischen Aktivitäten der US-Regierung durch verdeckte Operationen zu ergänzen.

Die CIA wurde sodann autorisiert, *»Probleme für den internationalen Kommunismus zu erzeugen und auszunutzen«*, ihn *»schlecht zu machen«*, *»die Stärke seiner Parteien und Organisationen zu schwächen«* und *»kommunistische Kontrolle in der Welt einzudämmen«*.[151] Wichtig zu benennen sind nun die Methoden, die zur Erreichung dieses Vorhabens vorgesehen waren. Im Besonderen sollten verdeckte Operationen jegliche Aktivitäten wie

»Propaganda, politische Aktionen, Wirtschaftskrieg, […], Sabotage, […], Zerstörung, […], Unterwanderung feindlicher Staaten inklusive Unterstützung von Widerstandsbewegungen im Untergrund […], Täuschungsmanöver«[152]

in Betracht ziehen. Propaganda, hier an erster Stelle genannt, war also von Anfang an wesentlicher Teil der verdeckten Operationen der Dienste. Für zentral halte ich dabei die Einbindung von Akademikern in die öffentliche Debatte, die sich an das Bildungsbürgertum und die intellektuellen Eliten richtet. Das funktioniert so, dass Journalisten ein Thema mit einer propagandistischen Stoßrichtung vorgeben …

KDK: … zum Beispiel *»Verschwörungstheorien«* …

AS: … und dann tritt ein Gelehrter auf, der diese propagandistische Debatte mit akademischem Dünkel absegnet. So wird der Eindruck erzeugt, dass es sich um ein relevantes Thema handele, das auf höchstem intellektuellem Niveau diskutiert werde, schließlich weiß der Herr Professor ja so kluge Dinge dazu zu sagen.

Tatsächlich stellt die Church-Kommission fest, dass die langjährigen heimlichen Aktivitäten der CIA im akademischen Umfeld ausgesprochen vielfältige Ausprägungen bekommen haben:

> *»Die CIA unterhält seit langem heimliche Beziehungen mit der amerikanischen akademischen Gemeinschaft. Diese reichen […] bis hin zu akademischer Forschung und Publikationen, bei denen die Finanzierung durch die CIA verdeckt ist.«*[153]
>
> *»Universitätsbeamte und Professoren geben Hinweise und Denkanstöße und stellen Kontakte für geheimdienstliche Zwecke her; Geisteswissenschaftler und Journalisten sammeln geheimdienstliche Informationen; Journalisten entwerfen und platzieren Propaganda; US-amerikanische Veröffentlichungen geben Tarnung für CIA-Agenten in Übersee.«*[154]

Der Bericht stellt sodann fest, dass zu der Zeit an über 100 Universitäten und Bildungseinrichtungen *»einige hundert amerikanischer Akademiker«* für die CIA tätig waren, die unter anderem *»Bücher schr[ie]ben und andere Materialien für Propagandazwecke im Ausland bereitstellen«*. Darüber hinaus gab es zahlreiche für die CIA tätige Akademiker im Ausland und einige Dutzende von Akademikern, die unwissentlich von der CIA für Propagandazwecke benutzt wurden.[155]

KDK: *»Einige Hundert Akademiker«*! Das ist ein ganzes Bataillon von propagandistischen Fußsoldaten. Bei dieser Zahl muss man sich fragen, wer von den Akademikern, die sich zu politisch relevanten Themen äußerten, eigentlich nicht für die CIA tätig war!? Wenn wir einige Hundert Akademiker identifizieren sollen, die mit ihren Schriften aktiv Propaganda für die CIA verbreiten, auf wen soll man da kommen, wenn nicht auf solche Charaktere wie Hofstadter, die sich mit massiv manipulativen Beiträgen exponieren?

AS: Der Church-Bericht nennt leider keine Namen, aber naheliegenderweise gibt es einen Personenkreis, von dem man annehmen kann, dass deren geistige Ergüsse ein CIA-Produkt sind oder deren Verbreitung von der CIA unterstützt wurde, möglicherweise auch bei Unwissenheit der Person.

Das Verbreiten von propagandistischen Büchern hat dabei einen besonderen Stellenwert. Der Chef der verdeckten Operationen bei der CIA bezeichnete Bücher in diesem Zusammenhang als *»wichtigste Waffe strategischer (langfristiger) Propaganda«*.[156] Deswegen produzierte und finanzierte die CIA allein bis 1967 über eintausend Bücher, etwa ein Viertel davon in englischer Sprache, von denen einige durch direkten Austausch zwischen dem Autor und der CIA entstanden.[157] Es ging dabei darum, propagandistisch verwertbare Bücher zu veröffentlichen, ohne dass der Einfluss der US-amerikanischen Regierung sichtbar wurde. Durch verdeckte Subventionierung wurden (auch ausländische) Autoren oder Verlagshäuser gefördert, mit denen das propagandistische Wechselspiel von Akademikern und Journalisten besonders gut inszenierbar ist.

Die *New York Times* nannte dann im Jahr 1977 das Kind beim Namen und titelte *»Weltweites Propagandanetzwerk von der CIA aufgebaut«*. Der Artikel gibt die Aussage eines CIA-Beamten über die Einbindung von Journalisten wieder:

> *»›Wir ›hatten‹ zu jeder Zeit mindestens eine Zeitung in jeder ausländischen Hauptstadt‹, sagte ein CIA-Mann, und diejenigen, die der CIA nicht sowieso gehörten oder finanziell massiv unterstützt wurden, wurden von bezahlten Agenten oder Stabsoffizieren infiltriert, die Geschichten gedruckt bekamen, die nützlich für die CIA waren, und solche, die aus Sicht der CIA nachteilig waren, vom Druck zurückhalten konnten.«*[158]

Aufgabe solcher CIA-Journalisten war, nachrichtendienstlich interessante Informationen auf einem diplomatischen Empfang, dem Bundespresseball oder einer Sicherheitskonferenz zur Bewertung der politischen Situation zu sammeln und dann *»subtil zusammengebraute Stücke von Falschinformationen«* und *»›schwarze‹ Propaganda«* – das ist Falschinformation, die den Anschein hat, authentische Information aus feindlichen Quellen zu sein – ganz beiläufig bei einem Abendessen an führende ausländische Journalisten zu vermitteln, wie der Pulitzerpreisträger Carl Bernstein in seinem diesbezüglichen Artikel *»The CIA and the Media«* malerisch bemerkte.[159]

KDK: Wenn man zur Kenntnis nimmt, dass diese Sachverhalte schon vor vierzig Jahren in der Presse behandelt wurden, und sich als Kontrast dazu die gegenwärtige neu entbrannte Debatte über *»Fake News«* vor Augen führt, dann kann man letztere selbst als ein Stück Propaganda vermuten, das von der Existenz einer jahrzehntelangen Propagandaschwemme ablenkt.

Und das Bild scheint mir mit den für die CIA tätigen Akademikern und Journalisten ja noch lange nicht komplett zu sein. Es ist ja mittlerweile Allgemeinwissen, dass auch Künstler, Musiker und Schriftsteller von der CIA gefördert und finanziert wurden. Der Fall Heinrich Böll ist in Deutschland bekannt geworden.

AS: Ja, auch das politisch genehme kulturelle Programm wurde von der CIA mit großen finanziellen Mitteln unterstützt. Der *Kongress für kulturelle Freiheit,* der Böll und viele andere bekannte Namen gefördert hat, unterhielt Büros in fünfunddreißig Ländern, publizierte über zwanzig prestigeträchtige Zeitschriften, organisierte Ausstellungen und Konferenzen und wurde von dem CIA-Agenten Michael Josselson geleitet.[160] Die britische Historikerin Frances Stoner Saunders stellte nüchtern fest, dass die CIA aufgrund der zig Millionen von Dollars, die flossen, praktisch gesehen als amerikanisches Kulturministerium handelte.[161] Die Methode der Wahl, die dazu notwendigen Geldflüsse zu verdecken, war, diese über philanthropische Organisationen – der Church-Bericht nennt insbesondere die zu der Zeit drei größten Stiftungen Ford, Rockefeller und Carnegie – abzuwickeln. Das hatte einen Grund: Eine CIA-interne Studie kam zu dem Schluss, dass solche Wohltätigkeitsstiftungen die beste Methode sind, um Zahlungsströme zu vertuschen und um das Gewissen der unwissenden Empfänger zu beruhigen, wenn diese einen Wert darauf legten, demokratisch, transparent und von ehrenhaften Personen finanziert zu erscheinen. Feindselig gesinnten Kritikern sollte so der Wind aus den Segeln genommen werden.[162] Von der Einmischung der CIA in das Stiftungswesen sagt die Church-Kommission, dass man sie einzig und allein als *»massiv«* bezeichnen könne. Um diese Einschätzung zu begründen, ein Beispiel: Mitte der 60er-Jahre war etwa die Hälfte aller Stipendien, die von philanthropischen Stiftungen – hier sogar ohne die großen drei – im Bereich *»internationale Aktivitäten«* vergeben wurden, durch die CIA kofinanziert.[163]

KDK: Nach meiner Kenntnis war der *Kongress für kulturelle Freiheit* ein Instrument zur Steuerung von Intellektuellen und richtete sich damit in seiner Wirkung in direkter Linie zuerst auch an die gebildeten, intellektuellen oder künstlerisch-literarisch interessierten Schichten der Gesellschaft. Das ist, insbesondere für politische Meinungsfindung, eine wichtige gesellschaftliche Schicht, aber um ideologische Muster zu festigen, ist es doch naheliegend, seine Botschaften massenkompatibel zu verbreiten. Was kann man etwa für die massentaugliche Unterhaltungsindustrie feststellen? Ein Feld, auf dem man viel mehr Menschen direkt erreichen kann.

AS: Der Medienwissenschaftler Matthew Alford beschrieb zusammen mit dem Journalisten Tom Secker 2017, wie massiv die Einwirkungen von CIA, dem Pentagon und dem FBI auf die Filmindustrie in Hollywood waren und sind. Seit den Anfängen des Films vor über 100 Jahren gab es entsprechende Mitwirkung bei insgesamt über 2000 Kino- und TV-Filmen oder Serien.[164] Dazu gehören zahlreiche bekannte und kommerziell äußerst erfolgreiche fiktionale Filme wie *»Animal Farm«* (1954), *»Mission Impossible«* (1996/2000/2006/2015), *»Die Bourne Identität«* (2001) oder *»Avatar«* (2009), aber natürlich auch an die Realität angelehnte Filme wie *»Black Hawk Down«* (2001) über den US-amerikanischen Somalia-Einsatz, *»United 93«* (2006), der die offizielle Geschichte des Flugs *United Airlines 93* am 11. September 2001 erzählt und der unter Anwesenheit von Opferangehörigen im Weißen Haus aufgeführt wurde, oder *»Zero Dark Thirty«* (2012), der die offizielle Geschichte der Ermordung Osama bin Ladens nacherzählt.

Die Mitwirkung bei solchen Filmen sieht so aus, dass die Behörden technisches Material oder Drehorte zugänglich machen und als Gegenleistung das Drehbuch nach ihren Vorstellungen zurechtrücken dürfen. Ein sehr anschauliches Beispiel, wie man dabei mit einfachen Mitteln sehr effektiv manipuliert, findet man etwa in dem Film *»Charlie Wilson's War«* (2007) mit den Schauspielern Tom Hanks und Julia Roberts in den Hauptrollen, in dem es um die Operation *Cyclone* – die Unterstützung der Mudschaheddin durch die CIA im Kampf gegen die Sowjets im Afghanistan der 1980er-Jahre – geht. Der Film sollte ursprünglich folgenden kurzen Dialog zwischen dem Kongressabgeordneten Charlie Wilson und dem CIA-Agenten Gust Avrakotos enthalten:[165]

> *Gust: Das ist ein zwei Jahre alter Bericht des Roten Kreuzes. Sie haben Aussagen von afghanischen Flüchtlingen über sowjetische Grausamkeiten in ihrem Dorf gesammelt. Diese Frau sagte, russische Soldaten seien hereingekommen, haben sie in einem Halbkreis versammelt und weißt Du, was sie dann gemacht haben?*
>
> *Charlie: Was?*
>
> *Gust: Die Russen zwangen sie, Lesen und Schreiben zu lernen.*

Dieser kleine Witz, der die sowjetischen Aktivitäten nicht als rundum bösartig erscheinen lässt, sondern Sympathie erzeugt, wurde gestrichen.

KDK: Na, das erleichtert den Kinobesuchern das anstrengende Denken. Differenzierungen, die ein zugrunde liegendes Gut-Böse-Schema durchbrechen, bleiben dem Konsumenten erspart. So erzählt man die Geschichte eines militärischen und moralischen Sieges gegen die Sowjetunion.

AS: Das weltweite Propagandanetzwerk ist aber selbst mit Journalismus, Wissenschaft, Kunst und Unterhaltungsindustrie noch nicht vollständig beschrieben. Auch über Religion, Wirtschaft und Politik wurde versucht, Einfluss auszuüben. Carl Bernstein zitierte eine bemerkenswerte Aussage eines CIA-Beamten über die Finanzierung von zwei Parteien in Europa:

»In den fünfziger und sechziger Jahren wurden Journalisten als Vermittler zu Mitgliedern der christlich demokratischen Partei in Italien und der Sozialdemokraten in Deutschland eingesetzt: beobachten, bezahlen, Anweisungen weitergeben. Beide erhielten auf verdecktem Wege Millionen von Dollars von der CIA in diesen Jahren.«[166]

Den Anspruch dieses weltweiten Propagandanetzwerks sollte man also als totalitaristisch – das heißt, auf alle Bereiche des öffentlichen Lebens abzielend – bezeichnen.

KDK: Der Church-Bericht beleuchtet ja nur die 50er-, 60er- und frühen 70er-Jahre. Die offensichtliche Frage, die sich auftut, ist: Was hat sich seitdem verändert? In welche Richtung hat es sich verändert? Sind die verdeckten Operationen und die Propagandaaktivitäten mehr oder weniger geworden?

AS *(schmunzelt)*: Die Antwort auf diese Frage ist streng geheim, deswegen darf ich sie leider nicht beantworten.

KDK: Na ja, das war eine rhetorische Frage. Man verkauft die Dinge heute vielleicht etwas professioneller, mit besserer Propaganda, oder die Bevölkerung resigniert und scheint sich gar nicht weiter daran zu stören, so wie wir das zurzeit mit der geheimdienstlichen Massenüberwachung der Telekommunikation beobachten.

Jedenfalls ist kaum plausibel anzunehmen, dass verdeckte Geheimdienstaktivitäten eingestellt werden, nur weil sie einmal öffentlich diskutiert wurden.

AS: Das ist zweifelsfrei korrekt. Tatsächlich ist das Weiter-so-mit-aufgesetzt-reumütiger-Miene ein gut geübter Standard:

Beispielsweise kam es 1964 zu einem Eklat durch den US-amerikanischen Kongressabgeordneten Wright Patman, der acht Stiftungen benannte, die von der CIA finanziert wurden, den dann sogenannten *»Patman Eight«*. Das löste bei der CIA ein kleines Beben aus – allerdings nur in Form von Bedenken über die Sicherheit der verdeckten philanthropischen Stiftungsfinanzierungen und zu keiner Zeit darüber, ob die Handlungen an sich infrage zu stellen sind. Der

Leiter des CIA-Programms für verdeckte Operationen meinte ganz unverblümt dazu:

> *»Die wahre Lehre, die man aus dem Patman-Eklat ziehen muss, ist nicht, dass wir aus dem Geschäft der verdeckten Stiftungsfinanzierung zurückziehen sollten, sondern, dass wir es professioneller und gründlicher machen müssen.«*[167]

KDK: Die philanthropischen Stiftungen sind mit wachsender Zahl ehrenwerter Milliardäre auch nicht weniger geworden. Möglichkeiten zur Umsetzung von verdeckten Propagandaaktivitäten durch Nachrichtendienste sind also heute in Hülle und Fülle gegeben.

AS: Ein ähnliches Beispiel für diese Art der Egal-Mentalität gab der amerikanische Verteidigungsminister Donald Rumsfeld während der politischen Nachwehen des 11. September 2001. Rumsfeld schuf direkt im Anschluss an die Anschläge im Pentagon eine neue Behörde, das *Office of Strategic Influence* (OSI), was nichts anderes als ein Amt für Kriegspropaganda war. Die *New York Times* berichtete, dass der Direktor des Amtes, Brigadegeneral Simon Worden, geheime Informationen hatte durchsickern lassen, aus denen hervorging, dass das OSI nicht nur feindliche Länder mit seiner frohen Botschaft beglücken sollte, sondern auch westeuropäische Staaten, um den *»Krieg gegen den Terror«* besser zu verkaufen.[168] Das zog entsprechende Kritik nach sich und Rumsfeld musste wegen des entstandenen öffentlichen Drucks das OSI im Frühjahr 2002 wieder schließen.

Allerdings tat Rumsfeld das nicht mit der Einsicht, dass sich staatliche Kriegspropaganda und Demokratie nicht vertragen, sondern nur, um die öffentlichen Kritiker zu beschwichtigen. Tatsächlich gestand er das in einem Interview im November 2002 ein:

> *»Und dann war da das OSI. Sie erinnern sich daran, und ›ach, du meine Güte, ist das nicht schrecklich, Henny Penny, der Himmel wird uns auf den Kopf fallen.‹ Ich ging am nächsten Tag her und sagte: fein, wenn Sie das Ding zerfleischen wollen, gebe ich ihnen die Leiche. Das ist der Name; Sie können den Namen haben, aber ich werde mit jeder einzelnen Sache weitermachen, die gemacht werden muss, was ich auch getan habe.«*[169]

Nach allem, was bekannt ist, hat Rumsfeld hier nicht übertrieben, sondern die reine Wahrheit gesagt, und das, was nicht von Amts wegen ausgeführt wurde, wurde in die private PR-Industrie ausgelagert:

Die *Los Angeles Times* zitierte 2005 einen Beamten des Pentagon, der über eine vom Pentagon aufgestellte *»Information Operations Task Force«* berichtete, die zum Beispiel die verdeckte Übernahme einer irakischen Zeitung regelte oder die Kontrolle über einen dortigen Radiosender übernahm.

Die in Washington D. C. ansässige *Lincoln Group* ist ein privates PR-Unternehmen, das *»strategische Kommunikation«* für das Pentagon ausführt. Mehrere Millionen Dollar kamen dafür vom Pentagon, mit denen dann im Irak Propagandameldungen an Journalisten gebracht wurden, die bis zu 1 200 US-Dollar pro Artikel bekamen.[170]

KDK: Das ist im Irak schon viel Geld.

AS: *Der Spiegel* berichtete 2006 in genau diesem Zusammenhang sogar von 2 000 US-Dollar. Der teilweise lesenswerte Artikel wirft etwas Licht auf solche private PR-Firmen wie die *Lincoln Group*, die *Rendon Group* oder *Hill & Knowlton,* die in den Diensten des Pentagons Propaganda verbreiten. Der Artikel zitiert John Stauber, Gründer des *»unabhängigen Nachrichtendienstes« PR Watch,* mit den Worten:

> *»Statt Propaganda aufzudecken, sind Medien der Kanal für Propaganda geworden.«*[171]

KDK: Damit war 10 Jahre vor der medial zelebrierten Fake-News-Welle schon alles gesagt …

AS: … aber noch lange nicht das Ausmaß beschrieben, mit dem das Pentagon an Propagandamaschinerie aufwartet. Der *San Diego Union-Tribune* berichtete 2009 über *The Joint Hometown News Service,* dessen Medienbeiträge von Pentagon-Mitarbeitern geschaffen werden. 2009 plante *Hometown News* unter anderem 5 400 Pressemitteilungen, 3 000 Fernsehbeiträge und 1 600 Radiointerviews zu veröffentlichen, was eine Steigerung von 50 Prozent gegenüber 2007 war. Diese Beiträge werden ins System eingespeist, ohne einen Hinweis auf *Hometown News* zu beinhalten.[172]

KDK: Das heißt, Nachrichtenkonsumenten können nicht unterscheiden, ob sie gerade Propaganda aus dem Pentagon oder Journalismus vorgesetzt bekommen.

AS: Um Ihre ursprüngliche Frage, ob wir nun mehr oder weniger Propaganda als in den 60er-Jahren erwarten sollten, weiter zu bewerten, sollte man insbesondere die wesentlichen Rahmenbedingungen zur Kenntnis nehmen, die ein entsprechendes politisches Handeln forcieren. Die Church-Kommission gibt eine unmissverständliche Einschätzung zu den treibenden Kräften für geheimdienstliche Aktivitäten:

> *»In den neunzehnhundertsechziger Jahren wurde das US-Geheimdienstumfeld durch zwei Entwicklungen beherrscht: Erstens die gewaltige Explosion des Umfangs an technischer Spionage, da Forschung und Entwicklung der vorangegangenen Zeit Früchte trug; zweitens die anhaltend wachsende Verwicklung der Vereinigten Staaten in den Vietnamkrieg.«*[173]

Natürlich ist 1. jede technologische Neuerung und Möglichkeit etwas, das sich für »Sicherheitsmaßnahmen«, das heißt für Spionage- und Überwachungszwecke, nutzen lässt, und natürlich bedarf 2. jeder Krieg gleichermaßen eine enorme propagandistische Leistung, um an der »Heimatfront« die Wähler der nächsten Parlamentswahlen zu beschwichtigen.

KDK: Nun sind diese beiden Faktoren in der heutigen Zeit in noch viel größerem Maßstab gegeben, als dies in den 60er-Jahren der Fall war. Die technologische Entwicklung überschlägt sich mit der Entwicklung der Nano-, Informations- und Computertechnologie mit fortgeschrittener Algorithmik bis zur künstlichen Intelligenz und hinzu kommt die anhaltend wachsende militärische Aktivität der USA im Nahen und Mittleren Osten.

AS: Diese qualitative Analyse können Sie mit dem Gesamtbudget der amerikanischen Geheimdienste und dessen Entwicklung abgleichen. Der Direktor der amerikanischen Nachrichtendienste gab für das Jahr 2005 ein Budget von 40 Milliarden US-Dollar an.[174] Für das Finanzjahr

2020 ist ein Budget von 63 Milliarden US-Dollar vorgesehen.[175] Das ist bei einem bereits gigantischen Budget eine Steigerung von über 50 Prozent! 1998 lag das Budget noch bei 27 Milliarden US-Dollar.[176] Das sind also über 100 Prozent Steigerung in gut 20 Jahren.

Diese Summen sind so obszön, dass man sie sich kaum vorstellen mag. Das für 2020 vorgesehene Budget entspricht etwa dem Bruttoinlandsprodukt von ganz Kroatien. Stellen Sie sich mal vor, Sie fahren nach Kroatien und in jedem Dorf, in jeder Stadt, in jedem Café, jedem Amt, jedes bisschen Arbeit, jede Dienstleistung und Wertschöpfung, die verrichtet wird, ist nur Tätigkeit für Geheimdienste, die nichts anderes tun, als die Weltbevölkerung zu überwachen, politische Intrigen, Staatsstreiche oder Morde zu planen und Propaganda zu verbreiten.

Wenn ich ein Jahresbudget von nur einem Zehntausendstel dieses Betrages, also 6 Millionen Euro, für PR-Maßnahmen hätte, dann wäre die unsachliche und stigmatisierende Debatte über den 11. September in den deutschen Leitmedien vorbei, die nur aufgrund der flächendeckenden Uninformiertheit in der breiten Leserschaft möglich ist, und die ließe sich mit einem solchen Budget mit Leichtigkeit beseitigen.

KDK: Kann man diese allgemeinen Betrachtungen mit handfesten Beispielen der Gegenwart verdeutlichen? Ich denke an die Verflechtungen von gewissen Industriezweigen mit dem Sicherheitsapparat: Wo hört Google auf, wo fängt wahlweise die NSA oder die CIA an?

AS: Es ist kein Geheimnis, dass der staatliche Sicherheitsapparat gemeinsame Interessen mit gewissen Industriezweigen hat. Zum Beispiel sehen wir eine Schnittstelle von global agierenden Technologiekonzernen und dem staatlichen Sicherheitsapparat in der Rüstungsindustrie, in der Bio-Tech-Industrie (Forschung an Krankheitserregern und Gegenmitteln) und natürlich in der Informationstechnologie.

In der IT-Welt hat die technologische Revolution durch das Internet in den letzten 25 Jahren eine Symbiose aus staatlichen

Sicherheitsinstitutionen und Technologiekonzernen erzeugt. Die Geheimdienste haben das Potenzial des Internets natürlich schon erkannt, als das noch in den Kinderschuhen steckte, ganz einfach deshalb, weil es die Aufgabe eines Nachrichtendienstes ist, Informationsflüsse zu überwachen und auszuwerten.

Die CIA ging dann her und gründete im September 1999 das Non-Profit-Unternehmen In-Q-It, das ein paar Monate später, im Januar 2000, in In-Q-Tel umbenannt wurde. Zweck dieses Unternehmens war sicherzustellen, dass die CIA an der *»Speerspitze von Fortschritt und den Möglichkeiten in der Informationstechnologie verbleibt«*.[177] In-Q-Tel stellt seit über 20 Jahren finanzielle Förderungen für Unternehmensneugründungen aus dem IT-Bereich bereit. Im Jahr 2016 hatte das Unternehmen bereits über 300 solcher Investitionen getätigt und warb damit, dass es zu den drei aktivsten Investoren dieser Art gehöre.[178] In einem Image-Film, der zum Anlass des zwanzigjährigen Jubiläums der Firma erstellt wurde, gibt der ehemalige CIA-Direktor George Tennet, der jetzt im Kuratorium von In-Q-Tel sitzt, eine ähnliche Bewertung von In-Q-Tels wirtschaftlicher Bedeutung ab, indem er feststellt, dass es überhaupt nur noch einen einzigen Investor gebe, der größer sei als In-Q-Tel, nämlich Google Venture.[179] Der Kreis schließt sich hier, wenn man zur Kenntnis nimmt, dass der Karten-Dienst Google Earth selbst aus einer Firma, Keyhole, hervorging, die von In-Q-Tel gefördert wurde. Der Image-Film beginnt übrigens mit den Worten des Geschäftsführers Christopher Darby:

> *»Ich denke, In-Q-Tel ist der einzige Träger, der an der Schnittstelle von Regierung, Risikokapital und der Unternehmensgründerszene sitzt.«*[180]

Darby unterstreicht damit die einzigartige und einflussreiche Stellung von In-Q-Tel. Das Unternehmen ist also offensichtlich eine Erfolgsgeschichte und erfreut sich an einer Ausweitung seiner Aktivitäten: Im Jahr 2015 führte In-Q-Tel eine Untersparte mit dem Namen In-Q-Tel B.next in das Unternehmen ein, die sich der Förderung von Unternehmen des aufblühenden Bio-Tech-Sektors widmet.

Die zentrale Einsicht des Church-Berichtes, dass die technologischen Entwicklungen das Treiben der Nachrichtendienste mitbestimmen, kann man an In-Q-Tel also ganz explizit beobachten.

KDK: Um den Bogen zum 11. September wieder zu schließen: Gibt es denn letztlich Hinweise darauf, dass die Aufklärungsbewegung gezielt durch staatliche Propaganda angegangen wird?

AS: Zumindest ist bekannt, dass staatliche Akteure öffentlich aussprechen, die Aufklärungsbewegung zu unterwandern: Der amerikanische Rechtswissenschaftler Cass Sunstein, der für wenige Jahre der Regierung Obama als Beamter diente, rief bezüglich der Debatte zum 11. September zu einer *»kognitiven Infiltration«* auf:

> *»[W]ir schlagen eine bestimmte Taktik vor, um den harten Kern extremistischer Gruppen, die Verschwörungstheorien verbreiten aufzubrechen: Kognitive Infiltration extremistischer Gruppen, bei der Regierungsangestellte oder deren Verbindungspersonen (die entweder in der virtuellen oder in der realen Welt, entweder offen oder anonym) die verkrüppelte Erkenntnislehre der Gläubigen durch das Schüren von Zweifel über die Theorien und stilisierte Fakten, die in solchen Gruppen zirkulieren, unterminieren, wodurch eine vorteilhafte kognitive Diversität eingebracht wird.«*[181]

»Kognitive Diversität« durch *»kognitive Infiltration«* herzustellen, ist letztlich ein einfacher machiavellischer Gedanke, um die Aufklärungsbewegung zu spalten.

KDK: Ich denke, die Antwort auf meine oben gestellte rhetorisch gemeinte Frage, ob heute im Vergleich zu früher die Propagandaaktivitäten und verdeckten Operationen weniger oder mehr geworden sind, hat wenig Spielraum, und zwar nicht nur deshalb, weil das bei rhetorischen Fragen meistens so ist.

»Einbrecher führt Polizei auf falsche Fährte: Dann gefasst.«[182]
– Süddeutsche Zeitung

10 Falsche Fährten

Abendspaziergang über den Holbeinsteg zum Hauptbahnhof

10.1 Öffentlich-rechtliches Aluminium

KDK: Gelegentlich finden sich selbst in den Leitmedien Berichte über den 11. September, die vom offiziellen Narrativ abweichen. Der Infokanal des *ZDF* wiederholte schon mehrfach einen Dokumentarfilm der Filmemacher Renny Bartlett und Sam Berrigan Taplin mit dem Titel *»Der 11. September – Verschwörung auf dem Prüfstand«*,[183] der die Möglichkeit in Betracht zieht, die Zwillingstürme seien durch Explosionen zerstört worden. Diese seien durch Löschwasser der Sprinkleranlage hervorgerufen worden, das auf vom Feuer verflüssigtes Flugzeug-Aluminium traf. Das Wasser reagiert beim Auftreffen auf das Aluminium und es spaltet sich Wasserstoff ab; der Wasserstoff bildet mit dem Luftsauerstoff Knallgas, das dann kräftig explodiert. Damit seien die Aussagen der Feuerwehrmänner über Explosionen und der Einsturz der Türme erklärbar.

AS: Es gibt einige Dinge in dieser Dokumentation, die eines Kommentars wert sind. Um mit dem genannten naturwissenschaftlichen Argument zu beginnen: Diese Knallgas-Erklärung ist fantasievoll, hat aber nichts mit den Vorgängen in New York zu tun. Drei Vorbemerkungen dazu:

1) Aluminium ist in jedem Haushalt vorhanden, aber Sie haben wahrscheinlich noch nie eine Warnung gelesen: *»Achtung, Aluminium! Explosionsgefahr!«* Das hat einen Grund: Der Luftsauerstoff bildet, wenn er mit Aluminium in Kontakt kommt, sofort eine dünne Aluminiumoxidschicht aus, die den direkten Kontakt zwischen Alu-

minium und Wasser und damit die Reaktion unterbindet. Genauso bildet sich bei Wasserkontakt durch die Reaktion eine Schicht aus Aluminiumhydroxid, die das weitere Andauern der Reaktion unterbindet. Sie können ja mal ausprobieren, Ihre Küche mit einer Rolle Aluminiumfolie in die Luft zu jagen … Sie werden erbärmlich scheitern.

2) Gefährlicher ist es, wenn Sie einen Sack Aluminiumpulver haben, dieses in Brand stecken und versuchen würden, mit Wasser zu löschen: Metallbrände, wenn sie denn dann auftreten, produzieren extreme Temperaturen über 2 000 °C und oberhalb dieser Temperaturen ist Wasser nicht mehr stabil, sondern löst sich in seine Bestandteile auf.[184] In diesem Fall führt also die Hitze, nicht das Aluminium, zur Bildung von Wasserstoff. Es ist keine gute Idee, extrem heiße Brände mit Wasser löschen zu wollen. Aber mit der Situation im World Trade Center hat dieses Szenario trotzdem nichts zu tun, denn ein Flugzeug besteht nicht aus Aluminiumpulver!

3) Die Wasser-Aluminium-Reaktion technisch zur Wasserstoffgewinnung zu nutzen, ist aber tatsächlich seit den 70er-Jahren ein Forschungsfeld, weil das für die Entwicklung von Brennstoffzellen interessant ist. Man versucht dabei, Möglichkeiten zu entwickeln, die das Ausbilden der reaktionsunterbindenden Schicht verhindern.[185] Eine Möglichkeit ist dabei tatsächlich, flüssiges Aluminium oder dessen Legierungen zu verwenden.[186] Es sind aber in jedem Fall spezielle verfahrenstechnische Maßnahmen notwendig, um die Reaktion tatsächlich aufrechtzuerhalten.

KDK: Aber nehmen wir doch einfach einmal an, das Aluminium verteilt sich im Gebäude und schmilzt im Feuer. Was passiert dann?

AS: Dann taucht das nächste Problem auf: Die Sprinkleranlage funktioniert nicht ordnungsgemäß, weil das Flugzeug die Funktion zerstört hat und das Wasser einfach die Treppen runterläuft.[187]

KDK: Aber nehmen wir einfach an, das Wasser würde trotzdem mit dem flüssigen Aluminium in Kontakt kommen und es bildet sich Wasserstoff. Was passiert?

AS: Das Aluminium ist ja deshalb flüssig, weil es brennt, das heißt, der Wasserstoff, der sich bildet, hat keine Chance, sich zu sammeln, er verbrennt unmittelbar. Es ist nicht möglich, so viel Wasserstoff anzusammeln, dass es zu einer großen Explosion kommt, schon gar nicht zu einer Explosion, die die Stahlstützen des Gebäudes gezielt zerstört. Das Knallgas explodiert zufällig verteilt im Raum, ohne dass es die Position der Stützen kennt und irgendwie verdämmt wäre.[188] Und selbst wenn wir annehmen, dass es tatsächlich knallt und vielleicht ein paar Fenster rausfliegen, was hat eine solche zufällig im Gebäude lokalisierte Explosion mit dem beobachteten Geschehen zu tun? Wir beobachten ringförmig aus dem Gebäude austretende Staubwolken, die sich in regelmäßiger Form von oben nach unten vorarbeiten.[189] Da ist nicht einfach eine einzige Explosion, die ein Loch im Boden hinterlässt, sondern eine scheinbar organisierte Kaskade von Explosionen, die sich nach unten bewegt.

Schließlich kann diese Hypothese auch nichts von den Hochtemperaturprodukten erklären, die man im Staub findet, auch nicht, wie das Nano-Thermit dorthin kommt und wieso WTC 7 sieben Stunden später zusammenfällt. Ebensowenig kann sie erklären, wie die Bewegung des herunterfallenden Oberteils nach dem Einsturzbeginn zustandekommt. Nur weil der Einsturz oben anfängt, heißt das nicht, dass er bis unten weitergeht.[190] Langer Rede kurzer Sinn: Die Dokumentation greift einen selektiv gewählten Teil der empirischen Daten auf, die das NIST ignoriert hat – nämlich dass es Explosionen gab –, aber ignoriert selbst die Gesamtheit aller empirischen Daten. Dann wird die unrealistische Bildung von Knallgas angeführt, um so zu tun, als habe man eine Erklärung gegeben. Eine wissenschaftliche Bewertung der verfügbaren empirischen Daten ist das nicht.

KDK: Die Dokumentarfilmer sind ja nicht selbst auf die Idee mit dem Aluminium gekommen, sondern geben die Vorstellungen der darin zu Wort kommenden Chemiker Christian Simensen und Frank Greening wieder.

AS: Greening und Simensen sind – aus verständlichen Gründen – scharfe Kritiker der NIST-Berichte, so wie das jeder ehrliche Sachkundige sein müsste. Aber sie weigern sich, die Möglichkeit in Betracht zu ziehen, dass die drei Türme absichtlich zerstört wurden. Ich kann nur darüber spekulieren, warum sie so um den heißen Brei herumreden. Es mag sein, dass das Taktik ist, um die Welt darauf hinzuweisen, dass der NIST-Bericht nichts wert ist, und um damit eine diesbezügliche Reaktion seitens der wissenschaftlichen Gemeinde herbeizuführen. Sie versuchen vielleicht eine Kritik zu formulieren, die keine mediale Ächtung nach sich zieht. Vielleicht ist es aber auch nur eine weitere Variante kognitiver Dissonanz.

Gleiches gilt natürlich für die Filmproduzenten. Diese haben ein präzises Gespür dafür, welche Form der Kritik sie an der offiziellen Darstellung bei den großen Medienanstalten noch unterbringen können und ab wann ihnen freundlich mitgeteilt wird, dass für ihren Beitrag kein Platz im Programm ist.

KDK: Wie bewerten Sie dann die Wirkung dieser Dokumentation?

AS: Eine politische Schlaftablette, nichts weniger! Zuschauer, die vielleicht schon mal in ihrem Bekanntenkreis irgendwas über die Sprengung der drei Wolkenkratzer gehört haben, sollen beschwichtigt werden: »Ja, Explosionen hat's gegeben, aber die Entstehung davon lässt sich ohne menschliches Einwirken erklären. – Also kein Grund, sich politisch zu engagieren und Rechenschaft von den Politikern zu fordern. Alles im grünen Bereich.«

In derselben Art und Weise werden diejenigen Zuschauer, denen die Aufklärung des 11. Septembers noch ganz und gar unbekannt ist, vorgeimpft: »Achtung, wenn ihr mal was von Sprengungen hört, dann wisst ihr Bescheid: – Das waren nur Explosionen, die sich ohne menschliches Einwirken erklären lassen. – Alles im grünen Bereich.«

Ein weiterer manipulativer Aspekt, der in der Dokumentation ständig mitschwingt, ist, das Gefühl des Spekulativen und Rätselhaften zu hinterlassen, sinngemäß: »Werden wir dieses große Rätsel unserer Zeit jemals lösen? – Sogar die Experten sind unschlüssig.«

Das ist eine unredliche Darstellung. Die empirischen Daten sprechen für sich. Daran ist nicht im Geringsten irgendetwas Spekulatives oder Rätselhaftes.

Der Zuschauer wird also nicht aufgeklärt, sondern hinters Licht geführt, und das nicht nur mit manipulativen, sondern auch mit falschen Aussagen. Eine in dem Film auftretende Person ist der Feuerwehrmann Bobby McGuire: kerniger Typ, Mitte 50, braun gebrannt, gut aussehend. McGuire nimmt in der Doku die Rolle des ehrlichen Pragmatikers mit dem gesunden Menschenverstand ein, der einfach mal Klartext redet über das, was die Feuerwehrmänner denken:

> *»Wir kennen alle die Verschwörungstheorien. Aber um ehrlich zu sein, kein Feuerwehrmann gibt etwas darauf. Wer unsere Regierung da mit reinzieht, der ist nicht mehr ganz bei Trost. Ich glaub' das einfach nicht, wir kennen doch alle die Verantwortlichen und ihre Gründe.«*[191]

Wir können nur raten, was McGuire hier mit dem Wort *»Verschwörungstheorie«* meint, aber *»ehrlich«* ist er mit seinen Worten nicht: Es gibt jahrelange, erhebliche Bemühungen von Feuerwehrleuten um Aufklärung. Zum Beispiel beschlossen die offiziellen Repräsentanten der New Yorker Feuerbezirke Munson und Franklin Square eine Resolution, die insbesondere die juristischen Schritte der Rechtsanwälte des *Lawyer's Committee for 9/11 Inquiry* (LC911) unterstützt und dazu feststellt:

> *»[D]ie überwältigenden Beweise […] zeigen über jeden Zweifel erhaben, dass vorsätzlich gelegte Explosiv- und Brandstoffe – nicht nur Flugzeuge und die darauffolgenden Feuer – die Zerstörung der drei World-Trade-Center-Gebäude verursachten […]«*[192]

Das *ZDF* zeigt also mustergültig, wie manipulierend Halbwahrheiten sein können, indem eine Einzelmeinung als repräsentativ inszeniert wird.

Die Dokumentation bekommt darüber hinaus eine moralisierende Schlagseite, als bei der Vorstellung von McGuire erwähnt wird, dass sein Neffe, auch Feuerwehrmann, bei den Anschlägen starb. So wird der Eindruck vermittelt, man verhalte sich den Opfern gegenüber despektierlich, falls man Kritik an der offiziellen Geschichte übt.

Schließlich muss man einem Angehörigen bezüglich der Todesumstände der Opfer widersprechen, was aussehen könnte, als habe man kein Mitgefühl.

Man hätte aber genauso gut Angehörige von Opfern interviewen können, die der offiziellen Geschichte widersprechen: So verloren Helene und Bob McIlvaine ihren Sohn bei den Anschlägen und setzen sich seit Langem für die Aufklärung der Anschläge ein.[193] Auch die *»Jersey Girls«* – vier couragierte Frauen, deren Ehemänner am 11. September starben und deren öffentliches Engagement die Regierung Bush überhaupt erst dazu zwang, Untersuchungen zu führen, was dann den offiziellen *9/11 Commission Report* hervorbrachte – unterstützen die Aufklärungsbemühungen von AE911.[194]

10.2 Die Kategorie der Falschen Fährten

KDK: Es ist also bei genauerem Betrachten nicht sonderlich bemerkenswert, dass das *ZDF* eine der offiziellen Darstellung widersprechende These vorträgt?

AS: In dieser Form ist das überhaupt nicht bemerkenswert. Ich will dazu vielleicht einen übergeordneten Gedanken beschreiben, den ich mit dem Begriff ›Falsche Fährten‹ bezeichne: Damit meine ich falsche Erklärungen oder Sinnzusammenhänge zum 11. September – nicht nur bezüglich der Gebäudezerstörungen, sondern auch bezüglich der allgemeinen Ereignisse an diesem Tag –, die eine bestimmte Klientel ansprechen und diese von der Aufklärung der Ereignisse ablenken oder dafür sorgen, dass die Klientel, die diese Falsche Fährte verfolgt, in gewissen gesellschaftlichen Kreisen – etwa in naturwissenschaftlichen Fachkreisen – nicht ernst genommen werden kann. Verschiedene Erklärungen sind dabei in verschiedenen Medien und bei verschiedenen Personengruppen verschieden erfolgreich.

Ich kann nur spekulieren, inwieweit Falsche Fährten absichtlich gelegt worden sind, also bewusst gesetzte Propaganda sind, um eine

»vorteilhafte kognitve Diversität« im Sinne Sunsteins zu schaffen, oder ob sie sich nur aufgrund von unkritischer Weitergabe durch Medien und Privatpersonen unglücklich ausbreiten. Das ist zur Beurteilung der Wirkung auf die gesellschaftliche Debatte allerdings auch nicht nötig.

Die *ZDF*-Dokumentation ist ein Beispiel für eine solche Falsche Fährte. Sie wird bei technisch interessierten Laien erfolgreich sein, die zwar ein bisschen skeptisch gegenüber dem Staatsapparat sind, die aber nicht erwarten, eine tatsächliche Aufklärung der Ereignisse zu bekommen: Leute, die sich mit dem beschriebenen »rätselhaften« Gesamtbild zufriedengeben und meinen, dass staatliche Untersuchungen vielleicht mal ein paar Kleinigkeiten unter den Tisch fallen lassen, die aber nicht den intellektuellen Mut haben, das Gesamtbild zu erfassen, denn bei dieser Falschen Fährte werden ja keine weiteren strafrechtlich oder politisch relevanten Fragen aufgeworfen.

Eine Frage zur Bewertung der gesellschaftlichen Effekte der Falschen Fährte ist dann: Was passiert, wenn der interessierte Medienkonsument, der die Dokumentation gesehen hat, an der Universität um die Ecke den Physiker seiner Wahl, dem die Thematik um die Zerstörung der drei Wolkenkratzer gänzlich unbekannt ist, anruft, um zu fragen, was er davon hält, dass die Zwillingstürme durch Knallgas zerstört worden seien, das sich aus Löschwasser und Flugzeug-Aluminium gebildet habe? – Der wird aus den oben genannten Gründen die Augen verdrehen, höflich für den Anruf danken und auflegen.

Zum Vergleich: Der Physiker wird ganz anders reagieren, wenn der Medienkonsument fragen würde, was er vom freien Fall von WTC 7 hält. – Bitte, was ist WTC 7? Nie gehört! Wie soll ein Wolkenkratzer frei fallen!? Das geht nicht… – Das wäre eine Debatte über Fakten, die sofort aufzeigt, dass die öffentliche Informationslage ungenügend ist. Aber WTC 7 kommt in der Dokumentation überhaupt nicht vor. Die Dokumentation lenkt mit Spekulation von den empirischen Fakten ab und sie sorgt dafür, dass die Leute, die diese für seriös halten, in eine öffentlichkeitswirksame Sackgasse laufen.

Trainer für Vorstellungsgespräche werben mit dem Slogan: *»Es gibt keine zweite Möglichkeit für einen ersten Eindruck.«* Diesen psychologischen Effekt finden Sie auch hier. Wenn das Erste, was Sie von einem Thema hören, eine spekulativ pseudowissenschaftliche Melange ist, bekommen Sie eine intellektuelle Schutzimpfung: *»Ich hab' von dem Thema schon mal was gehört, das war ziemlicher Unsinn …«* Ihre innere Bereitschaft, sich des Themas ehrlich anzunehmen, sinkt.

10.3 Andere physikalische Phantasmen

KDK: Es gibt ja noch mehr originelle Vorschläge über die Zerstörung der Türme: *»gerichtete Energie«*, *»Atombomben«*… Bezeichnen Sie diese auch als Falsche Fährten?

AS: Ja. Die Vorstellung, die drei Türme seien mit *»Waffen gerichteter Energie«*, auf Englisch *»Directed Energy Weapons«* (DEW), zerstört worden, geht auf die amerikanische Ingenieurin Judy Wood zurück. Ihre Vorträge und Publikationen sind eine Mischung aus mitunter sehr interessanten Bildern von der Zerstörung der Gebäude und zerstörten Objekten in der Umgebung und von wiederkehrenden Einschüben von – wie soll ich sagen … – kreativen physikalischen Behauptungen ohne empirische Belege: Stahl, der sich unter Normalbedingungen plötzlich wie ein Gummiband verformen lässt, Stahl, der sich in Staub verwandelt, Levitation – also geheimnisvolles Schweben von Objekten – und dergleichen.[195] Eine Erklärung, wie diese Physik und die DEW funktionieren sollen, gibt es nicht. Mit anderen Worten: Es ist Pseudowissenschaft.

KDK: Und an welche Klientel, meinen Sie, richtet sich diese Falsche Fährte?

AS: Menschen, die meinen, dass sich hinter der bekannten Naturwissenschaft noch weitere unbekannte, von Wissenschaftlern vielleicht sogar absichtlich ignorierte Wissenschaft befände, und zwar nicht in dem Sinne, dass es natürlich eine sich verschiebende Grenze des bekannten Wissens gibt, sondern eher eine Form von Wunschglaube an unerklärte physikalische Phänomene unter Normalbedingungen. Das hat Ähnlichkeit mit dem »Rätselhaften« in der *ZDF*-Dokumentation, allerdings ist es einmal der Gedanke, dass eine mangelhafte menschliche Aufklärung »Rätselhaftes« hinterließe, und einmal die Vorstellung, dass die Physik selbst »Rätselhaftes« tue.

Sie können jedenfalls ahnen, welches intellektuelle Impfpotenzial in dieser Falschen Fährte steckt, wenn Sie sich erneut vorstellen, wie ein ausgebildeter Naturwissenschaftler reagiert, wenn Sie ihn nach Levitation fragen ...

KDK: Und die Atombomben?

AS: Das geht auf einen Dimitri Khalezov zurück, der nach eigenen Angaben ein ehemaliger sowjetischer Geheimdienstler ist. Er habe einer Spezialtruppe angehört und sei seit den 1980er-Jahren darüber informiert gewesen, dass die Zwillingstürme über eine eingebaute nukleare Abrisseinrichtung verfügt haben sollen.[196]

KDK: Entschuldigung?

AS: Er meint, drei Atombomben mit jeweils einer Sprengkraft von 150 Kilotonnen seien etwa 70 Meter unter den Gebäuden gezündet worden, das darüberliegende Material sei dann von unten durch das jeweilige Gebäude hochgeschossen, was dann die beobachteten Zerstörungen hervorgerufen habe.[197]

KDK: Durch die Gebäude hindurch?

AS: Ja, 400 Meter, von unten nach oben ... natürlich ist es technisch unmöglich, Material durch 400 Meter Gebäude von unten nach oben zu schießen, was unten keinen sichtbaren Schaden anrichtet und was dann nach 400 Metern oben das Gebäude zerreißt, um danach in der umgekehrten Richtung den Einsturz von oben nach unten hervorzurufen. Zudem hätten drei 150-Kilotonnen-Bomben ganz Lower Manhattan zerstört und vom Hudson bis zum East River stünde kein Stein mehr auf dem anderen. Hundert Meter breite Krater wären entstanden, und ganz New York wäre radioaktiv verseucht. Man muss das aus wissenschaftlicher Perspektive nicht weiter kommentieren.

10.4 »Die Saudis«

KDK: Sie kennen noch mehr Falsche Fährten?

AS: Es gibt solche wie die gerade genannten aus dem technischen Bereich, aber auch aus dem kriminalistischen Bereich bezüglich der Täter.

Etwa die Behauptung, dass *»die Saudis«* als Drahtzieher hinter den Anschlägen stecken und die beschuldigten 19 arabischen Männer finanziert hätten. Ein Dokument, das hier eine Rolle spielt, sind die *»28 Pages«*, die eine Verbindung von den beschuldigten Attentätern zu Personen aus dem saudischen Regierungsumfeld suggerieren.[198] Diese Falsche Fährte richtet sich an Leute mit einer ähnlichen emotionalen Bereitschaft zur Aufklärung wie die Knallgas-Erklärung der *ZDF*-Dokumentation: Ein bisschen Vertuschen und mangelhaftes Aufklären ist man bereit zu glauben, solange das Dogma des islamischen Terrorismus und der 19 Attentäter unangetastet bleibt. Der Unterschied ist, dass einmal Menschen mit einem Interesse an Naturwissenschaft und Technik angesprochen werden und einmal Menschen mit einem Interesse für geheimdienstliche Tätigkeiten oder einem rechtsstaatlichen Denkansatz, der aber hier nur an der Oberfläche kratzt.[199]

KDK: Meinen Sie denn, die Untersuchungsergebnisse der *»28 Pages«* ist gänzlich belanglos? Oder auf welcher Grundlage beurteilen Sie das?

AS: Jede Aussage über den Tathergang, die sich auf die Behauptung von 19 arabischen Flugzeugentführern stützt, ist aus einem ganz einfachen Grund irreführend: Es gibt nicht den geringsten gerichtsfesten Beweis, dass am 11. September 2001 Flugzeugentführungen von 19 Arabern verübt wurden. Es gibt keine beglaubigten Passagierlisten, keine beglaubigten Bordkarten, keine vereidigten Zeugenaussagen, die die Beschuldigten identifiziert hätten.[200] Zudem wurde die physikalische Identität der Flugzeuge nicht bestimmt,[201] wir können also noch nicht einmal sagen, welche Flugzeuge da überhaupt abgestürzt sind.

Die 19 Beschuldigten und Osama bin Laden sind – was den 11. September angeht – unschuldig, zumindest wenn man die Allgemeine Erklärung der Menschenrechte als einen ethischen Grundsatz achtet:

> *»Jeder, der einer strafbaren Handlung beschuldigt wird, hat das Recht, als unschuldig zu gelten, solange seine Schuld nicht in einem öffentlichen Verfahren, in dem er alle für seine Verteidigung notwendigen Garantien gehabt hat, gemäß dem Gesetz nachgewiesen ist.«*[202]

KDK: Aber gibt es nicht diese Kameraaufnahme von Mohammed Atta, wie er das Flugzeug betritt, das dann entführt wurde?

AS: Nein, so etwas gibt es nicht, noch nicht einmal etwas Gefälschtes. Was es gibt, ist eine Kameraaufzeichnung eines Mannes am Flughafen von Portland.[203] Nehmen wir mal an, diese Aufnahme ist authentisch. Da war also ein Mann am Flughafen in Portland.

Von Atta wird jetzt zwar behauptet, er sei morgens von Portland nach Boston geflogen und er habe dann mit seinen Mitstreitern den Flug mit der Flugnummer AA11 von Boston nach Los Angeles entführt,[204] aber wer auch immer die Person in der Kameraaufzeichnung ist, diese Aufnahme aus Portland hat nichts mit einem Flugzeug zu tun, das in Boston startet und das Atta angeblich entführt haben soll.

10.5 »Die Islamisten« oder die offizielle Falsche Fährte

KDK: Vielleicht sollte man die offizielle Geschichte des 11. Septembers selbst als eine Falsche Fährte bezeichnen!?

AS: Aber selbstverständlich! Diese Falsche Fährte ist in den westlichen Gesellschaften beziehungsweise bei all diejenigen, die an die grundsätzliche Unschuld der sogenannten demokratischen Staaten und deren Massenmedien glauben, sehr erfolgreich gewesen, trotz oder wegen all ihrer skurrilen Begebenheiten.

KDK: Was meinen Sie denn mit skurril?

AS: In der Zeit vor dem 11. September 2001 haben sich Leute in den USA herumgetrieben, die sich als die, die später als Attentäter beschuldigt wurden, ausgegeben haben. Diese haben sich außerordentlich auffällig verhalten.

KDK: Sie meinen außerordentlich unauffällig!?

AS: Nein, außerordentlich auffällig! Das FBI hat hierzu stapelweise Materialien veröffentlicht.[205] Besonders spektakulär soll ja Hani Hanjour mit einer Boeing in einer meisterhaften 300°-Abwärtsschraube in die Seite des Pentagons gesteuert sein. Hanjour konnte aber überhaupt nicht fliegen, wie ein Mitarbeiter seiner Flugschule später berichtete.[206] Er war ein so schlechter Schüler, dass er sich für einen schriftlichen Test, der auf 20 Minuten ausgelegt war, drei Stunden Zeit nehmen musste, aber trotzdem durchfiel. Obwohl ihm schließlich mitgeteilt wurde, dass er mit seinen miserablen Leistungen völlig ungeeignet sei, kümmerte ihn das nicht und er bezahlte weiter für den Boeing-Übungssimulator. Ein Flugschüler, an den man sich garantiert erinnert!

Meine Lieblingsgeschichte ist aber die von einer Person, die sich im Frühjahr 2000 als ein gewisser Mohammed Atta im Landwirtschaftsministerium von Florida vorstellt, um dort einen Kredit für den Kauf eines Flugzeugs zum Pestizideinsatz zu bekommen. Nachdem ihn dort eine Sachbearbeiterin, Johnelle Bryant, darüber aufgeklärt hatte, dass er sich an die falsche Stelle wende, fing er aus freien Stücken an zu erzählen: dass er Ägypter sei, dass er in Deutschland studiert habe, dass er aus politischen Gründen in Afghanistan gewesen sei, dass er hinter ihren Schreibtisch springen könne, um ihr die Kehle durchzuschneiden, dass er das Bild an der Wand kaufen wolle, dass er das World Trade Center besichtigen wolle, dass ein Mann namens Osama bin Laden bald als einer der größten Führer der Welt bekannt sein werde und so weiter.[207]

KDK: Das hört sich tatsächlich skurril an, aber auch frei erfunden!

AS: Das ist das, was Frau Bryant dem Fernsehsender *ABC News* in einem Interview gesagt hat. Sie ist eine völlig glaubwürdige Zeugin und es gibt keinen Anhaltspunkt dafür, dass sie sich das ausgedacht haben könnte. Im Gegenteil: Mehrere Mitarbeiter des Landwirtschaftsministeriums berichteten gegenüber dem FBI, Atta erkannt zu haben und dass dieser *»Kleidung von Tommy Hilfiger und eine Menge Eau de Cologne«* getragen habe, wie die *Washington Post* am 25. September 2001 berichtete.[208] Das FBI sprach aufgrund der Informationen von Bryant sogar eine öffentliche Warnung für die mögliche terroristische Nutzung von pestizidversprühenden Flugzeugen aus. Die Tatsache, dass es eine ganze Reihe von solch ähnlich absurden Geschichten gibt, belegt zudem, dass Bryants Aussage in diesem Zusammenhang nicht so singulär ist, wie sie zunächst wirkt.

KDK: Was für andere Geschichten gibt es da noch?

AS: Das Ignorieren von Gerichtsterminen; zu schnelles Autofahren; Autofahren ohne Führerschein; das Herbeirufen der Polizei, weil einer der Beschuldigten von einem schwarzen Mann überfallen worden sei, der sich über einen Zeitraum von zwei Wochen wiederholt vor seiner Tür herumgetrieben habe; einer der Beschuldigten soll am 8. September sein Flugticket für den 11. September verloren haben; einer wollte am 11. September am Flughafen noch ein Ticket kaufen, obwohl er seins sichtbar in der Hand trug, was der Flughafenmitarbeiterin verständlicherweise in Erinnerung blieb … es ist wirklich amüsant. Der isländische Terrorismusforscher Elias Davidsson, der zu den führenden Köpfen in der dokumentarischen Aufarbeitung des 11. September gehört, hat diese Punkte ausführlich beschrieben.[209]

KDK: Personen, die ein so beschriebenes Verhalten zeigen, haben offenbar keine Bedenken, dass ihre Handlungen und Kontakte zur Justiz ein geplantes Verbrechen mit so großem logistischem und koordinativem Aufwand wie ein Terroranschlag mit vier Flugzeugen auffliegen lassen könnten. Das scheint freilich wie ein Wink mit dem Zaunpfahl, mit dem offizielle Dokumente geschaffen werden, an die man sich später erinnert und die die Umtriebe der Attentäter belegen sollen.

AS: Ein zusätzlicher Grund, vielleicht sogar der tieferliegende Grund, warum die offizielle Geschichte bei uns so erfolgreich werden konnte, sehe ich in der gesamtgesellschaftlichen Problematik, der eine persönliche Identifizierung mit den westlichen Staaten zugrunde liegt und die dann durch ein vertrautes und aufgebauschtes Feindbild erschüttert wird.

KDK: Sie meinen ein einfaches Gut-Böse-Schema von bösen islamischen Terroristen auf der einen und dem guten Westen auf der anderen Seite, das in der westlichen Gesellschaft mit ihren latent anti-islamischen Ressentiments prächtig gedeihen konnte?

10.6 »Die Israelis«

AS: Eine andere Falsche Fährte, die ähnlich liegt wie *»die Saudis«*, ist *»die Israelis«*. Auch diese Falsche Fährte baut auf der offiziellen Geschichte auf und sagt, dass es also der Mossad gewesen sei, der die Anschläge in Auftrag gegeben habe oder zumindest vorher davon wusste.

Auch dazu gibt es skurrile Berichte. Die populärste Geschichte ist vielleicht die von den fünf *»tanzenden Israelis«*, auch bekannt als *»High Fivers«*: Das waren fünf junge Männer, die am 11. September, von New Jersey aus – drei von ihnen vom Dach ihres Lieferwagens, der von der Umzugsfirma *Urban Moving* stammte – das World Trade Center mit augenscheinlicher Freude und Händeabklatschen beobachten. Daher wurden sie FBI-intern und dann später auch in der Presse *»High Fivers«* getauft. Ihr Verhalten war, sagen wir mal, eher ungewöhnlich bei einem Terroranschlag. Das wurde von den Anwohnern natürlich rasch bemerkt und dann der Polizei gemeldet. Der Lieferwagen wurde dann zur Fahndung ausgeschrieben und am Nachmittag des 11. September dann mitsamt seiner fünf Insassen von der Polizei gestoppt und dem FBI überstellt.

Das FBI ließ den Lieferwagen von Sprengstoffspürhunden beschnuppern, die positiv reagierten.[210] Einer der fünf Männer soll 4700 US-Dollar in bar in einem Socken mit sich getragen haben[211] und außerdem wurden in dem Lieferwagen eine Besucherkarte für das World Trade Center und ein Teppichmesser gefunden …

KDK: Sprengstoff – World Trade Center – Teppichmesser. Das löst freilich Assoziationen aus. Die offiziell beschuldigten 19 arabischen Männer sollen die Flugzeuge ja mit Teppichmessern entführt haben.

AS: … zudem habe einer der fünf Israelis noch zufällig eine Telefonnummer bei sich gehabt, die zu einer Umzugsfirma gehört, von der das FBI-Büro in Miami – also dort, wo Leute unter den Namen der 19 Beschuldigten gewohnt haben – glaubte, sie sei von einem der beschuldigten 19 Araber genutzt worden.[213] *ABC News* berichtete dann, die Kriminalabteilung des FBI habe die Untersuchung an die Spezialeinheit des FBI für Spionageabwehr übertragen, weil vermutet wurde, dass die Umzugsfirma eine Scheinfirma für israelische Geheimdienstoperationen war. Tatsächlich gehörte die Umzugsfirma einem israelischen Staatsbürger, der sich später nach

Israel absetzte, und der ehemalige Mossad-Agent Juval Aviv, der den US-Kongress in Fragen der Spionageabwehr beriet, bestätigte gegenüber dem britischen Fernsehsender *Channel 4,* dass *Urban Moving* tatsächlich verdeckte israelische Operationen durchgeführt habe. *Channel 4* sprach auch mit zweien der fünf Israelis, von denen einer erklärte, dass er in einer israelischen Anti-Terroreinheit gedient habe.[214]

Die Geschichte der *High Fivers* ist nur ein Beispiel. Der amerikanische Fernsehsender *Fox News* berichtete von insgesamt über 140 Israelis, die kurz vor dem 11. September aus Gründen der Spionageabwehr festgenommen wurden, und von 60 weiteren nach dem 11. September, die sich als Kunststudenten ausgaben und wiederholt den Kontakt zu amerikanischen Regierungseinrichtungen gesucht haben, um billige Kunstwerke oder Handarbeiten zu verkaufen.[215] Spekuliert wurde dann sowohl von *Fox News* als auch von *Channel 4* über die Frage, ob diese Leute möglicherweise in den USA die angeblichen arabischen Attentäter ausspioniert und damit ein Vorherwissen über die Anschläge gesammelt hatten, was sie aber zurückhielten. Das FBI selbst äußerte in einem für den Dienstgebrauch bestimmten Dokument drei Tage nach den Anschlägen die Vermutung, die Israelis hätten möglicherweise Informationen über die Terroranschläge gehabt, ohne näher darauf einzugehen.[216]

KDK: Und was mag dann die Quintessenz sein? Ich erinnere mich an Andreas von Bülow, der ja als ehemaliger Bundesminister, Staatssekretär und Mitglied der Parlamentarischen Kontrollkommission für Geheimdienste tätig war und der in seinem Buch auch auf diese kuriosen Anekdoten hinwies und schon im Vorwort über *»verdeckte Geheimdienstoperationen als Mittel der psychologischen Kriegsführung zur Beeinflussung der Massen«* erklärte:

> *»Betrachtet man den ganzen Komplex unter diesem Blickwinkel, zeigt sich, dass viele der Puzzlesteine, die nicht in das von der Bush-Regierung beschworene Bild eines muslimischen Selbstmordattentats passen, plötzlich doch ›passen‹, wenn man sich zwei Bilder vorstellt – das Bild einer Haupttat und das einer zur Ablenkung in Szene gesetzten ›getürkten‹ Tat. Die Spuren der eigentlichen Täter werden durch kunstvoll gelegte Fehlspuren verdeckt.«*[217]

AS: Also ich denke, eines ist ganz sicher: Dem Mossad sagt man ja einiges nach, allerdings nicht, dass er Dilettanten anstellt, die zu blöde sind, sich unauffällig zu verhalten. Das gilt natürlich für jeden Geheimdienst und auch für jede fortgeschrittene Form der organisierten Kriminalität. Zu denken, man habe hier etwas gefunden, das eigentlich hätte unentdeckt bleiben sollen, ist also definitiv eine Falsche Fährte. Deswegen ist es mit den *High Fivers* genauso wie mit dem *»Atta«* im Landwirtschaftsministerium, entweder sind diese Geschehnisse ein klitzekleiner Zufall oder jemand wollte, dass man diese Fährte entdeckt.

Die real aufgetretenen Folgen dieser falschen Fährte (*»die Israelis«*) sind bekannt: Personen, die solche Episoden zum ersten Mal hören und sie als irgendwie relevant betrachten und dann feststellen, dass die Medien im Gegensatz zu den Geschichten um die 19 Araber so wenig offensiv mit diesem Thema umgehen, werden misstrauisch. Wenn diese Personen das dann öffentlich thematisieren, so ist die mediale Reaktion, diese Verwirrung als eine anti-israelische Grundhaltung oder als Projektion von anti-semitischen Ressentiments aufzufassen, vorhersehbar.

Natürlich gibt es auch das Gegenstück, dass tatsächliche gesellschaftliche Ressentiments, die ein vertrautes Gut-Böse-Schema beinhalten, auch hier eine Triebfeder für die Verbreitung der falschen Fährte sind. Das ist bei *»den Israelis«* nicht anders als bei *»den Islamisten«* oder *»den Saudis«*.

»Für die Sieger war das schönste an der friedlichen Revolution, dass sie nichts revolutionierte.«[218]
– Daniela Dahn

11 Abfahrt: Startschuss für eine demokratische Revolution?

Frankfurt Main Hbf, 22:37 Uhr

KDK: Als ich anfing, mich intensiver mit dem 11. September zu beschäftigen, lernte ich irgendwann die Gedanken der amerikanischen Denkfabrik *Project for a New American Century* (PNAC) kennen, der einige Mitglieder der späteren Bush-Regierung angehörten. Das kennen Sie sicher?

AS: Ja, das kennt wohl jeder, der sich etwas länger mit dem 11. September beschäftigt hat.

KDK: PNAC veröffentlichte im September 2000, also ein Jahr vor den Anschlägen, eine bemerkenswerte Denkschrift, die unter anderem der Frage nachgeht, wie man die amerikanischen Streitkräfte neu ausrichten kann, um eine dauerhafte militärische Dominanz in den kommenden Jahrzehnten sicherzustellen. Eine solche Transformation sei als langwierig zu erwarten, es sei denn, ein *»katalysierendes Ereignis wie ein neues Pearl Harbor«* finde statt.[219] Wie ordnen Sie das ein?

AS: Offenbar war der 11. September in seiner Wirkung ein katalysierendes Ereignis. Das Zitat ist allerdings weniger singulär, als es zuerst erscheinen mag.

Tatsächlich gab es in den Kreisen der sicherheitspolitischen amerikanischen Eliten mehrere solcher ›prophetischer‹ Beiträge um die Jahrtausendwende. Ein Artikel mit dem Titel *»Catastrophic Terrorism: Tackling the New Danger«* des späteren Direktors der

9/11-Kommission Philip Zelikow, des ehemaligen Chefs der CIA John Deutch und von Ashton Carter, der später Verteidigungsminister unter Obama wurde, formulierte 1998 einen sehr ähnlichen Gedanken in der amerikanischen Zweimonatsschrift *Foreign Affairs,* einem der Zentralorgane für amerikanische Geopolitik:

> *»Solch ein Akt von katastrophischem Terrorismus wäre ein Wendepunkt der amerikanischen Geschichte. [...] Wie Pearl Harbour würde dieses Ereignis unsere Geschichte in ein Davor und ein Danach teilen. Die Vereinigten Staaten könnten mit drakonischen Maßnahmen wie der Einschränkung von Bürgerechten, dem Zulassen von umfassender Überwachung von Bürgern, Verwahrung von Verdächtigen und dem Einsatz von tödlicher Gewalt reagieren. Mehr Gewalt würde folgen, entweder weitere Terroranschläge oder US-Gegenschläge.«*[220]

Der öffentlich kommunizierte Hintergrund dieses sicherheitspolitischen Diskurses waren die Terroranschläge der 90er-Jahre: der Bombenanschlag auf das World Trade Center 1993, der Giftgasanschlag in der U-Bahn in Tokyo 1995, die Anschläge auf US-Botschaften in Kenia und Tansania 1998. Diese Terroranschläge waren in ihrer Auswirkung zwar tödlich, aber in keiner Hinsicht *»katastrophisch«*. Die Diskussion eines *»katastrophischen«* Terrorszenarios war also rein hypothetisch. Der wesentliche Punkt ist nun, dass die vorhergesagte Reaktion des US-Sicherheitsapparates darauf – die teilweise Aufhebung des Rechtsstaates – völlig ohne begründbaren Bezug zur Realität war, weil es sich um eine rechtsstaatlich illegitime Reaktion handelt: In einem Rechtsstaat werden rechtsstaatliche Reaktionen debattiert, es sei denn, man will diese bewusst nicht berücksichtigen.

Diese Diskrepanz blieb natürlich auch in der damaligen Debatte nicht umbemerkt. Der amerikanische Rechtswissenschaftler Barry Kellman, der in den Jahren 1999 und 2000 als rechtlicher Berater der *National Commission on Terrorism* tätig war, drückte ein halbes Jahr später in seinem Artikel *»Catastrophic Terrorism – Thinking Fearfully, Acting Legally«* ebendiese Verwunderung darüber aus:

> *»Katastrophische Terrorbedrohungen haben weit mehr Aufmerksamkeit bekommen als der rechtliche Rahmen einer darauf angemessenen Antwort. Das deutet entweder darauf hin, dass die Beamten, die Reaktionen auf Terrorismus planen, leichtfertig mit den rechtlichen Implikationen dieser Reaktionen*

umgehen oder dass die Antworten darauf ohne eine unverhüllte öffentliche Diskussion, welche die breite juristische Gemeinschaft mit einbezieht, formuliert werden. In jedem Fall werden die sehr realen Risiken von katastrophischem Terrorismus unnötigerweise angereichert mit dem Risiko, dass eine Krise eine ineffiziente und/oder repressive Reaktion hervorrufen wird.«[221]

Der Punkt, den man hier sieht, ist, wie eine forcierte Debatte über *»katastrophischen«* Terrorismus die politischen und diplomatischen Eliten an diesen Gedanken gewöhnt – selbst Kellman spricht ja von den *»sehr realen Risiken von katastrophischem Terrorismus«* – und sie sich damit auf eine von der Wortwahl sehr übertriebene Debatte einlassen, in der mögliche nicht-rechtsstaatliche Überreaktionen des Sicherheitsapparates als gangbare Alternativen diskutiert werden. Dadurch, dass die Debatte rein hypothetisch ist, und dadurch, dass bewusst offengelassen wird, wo *»katastrophischer«* Terrorismus anfängt, ist es schwer, die Prämisse der Debatte zu verneinen, weil man hypothetisch immer ein so schreckliches Szenario annehmen kann, dass eine Überreaktion des Sicherheitsstaates als menschliche Unvollkommenheit logisch nachvollziehbar ist, auch wenn sie in keinem Fall rechtsstaatlich oder ethisch gerechtfertigt ist. Wenn das irreale, hypothetische Szenario dann aber eintritt, braucht sich der Sicherheitsapparat nicht mehr vor dem Rechtsstaat zu rechtfertigen, weil die Reaktion in diesem Fall ja vorher angekündigt war. Diese Debatte war also in ihrer Wirkung so, dass sie die tatsächliche Erosion des Rechtsstaats nach dem 11. September begünstigt hat.

Die Frage, um die es dann schließlich geht, die aber nur schwer zu beantworten ist, lautet: Wie kamen die Teilnehmer dieser Debatte dazu, diese mit dem irreal gesetzten Fokus zu führen? Waren sie in Kontakt zu Ideengebern, die in den Tiefen Staat beziehungsweise in die Anschläge involviert waren und die die ›prophetische‹ Debatte vorsätzlich in Gang gebracht haben, um die politischen Eliten gedanklich auf die ›Prophezeiung‹ vorzubereiten? Das kann auf sehr indirektem Wege möglich sein, ohne dass die Beteiligten eine Ahnung hatten, welche Informationen sie hier aufbereiten.

Ansonsten sind die politischen Verbindungen dieser Strategen ja bekannt und es muss bei entstehendem Anfangsverdacht Ermittlungen geben, aber das bedarf hoheitlicher Kompetenzen, die ich nicht habe, sondern nur die Staatsanwaltschaft.

KDK: Sie meinen, die Unschuldsvermutung ist ein hohes Gut, auch wenn das im Rahmen des zunehmenden Überwachungsstaates und des *»Kriegs gegen den Terror«* immer mehr aus der Mode kommt?

AS: Ja, und mehr noch: Schuld ist immer auf eine konkrete Straftat bezogen. Das macht es in der organisierten Kriminalität so schwierig, die Hintermänner dingfest zu machen. Denken Sie an den berühmt-berüchtigten Al Capone im Chicago der 1930er-Jahre. Der wurde wegen einer lächerlichen Steuerhinterziehung verurteilt, weil man ihm sonst nichts nachweisen konnte. Ist das falsch oder richtig? Ein Scheitern des Rechtsstaats oder seine Erhabenheit?

Deswegen kann ich auch nicht sagen, wer genau die Operationen am 11. September ausgeführt hat, welche Person wie viel wusste, von wem die Gebäude zur Sprengung vorbereitet wurden und so weiter. Natürlich kann man den potenziellen Täterkreis einschränken, so wie man sicher sagen kann, dass der Taschendieb in der U-Bahn eine Person in der U-Bahn war, aber eine konkrete Aussage über Mittäterschaft, Mitwissen oder Beihilfe, die nicht durch eine staatsanwaltliche – oder mit ähnlichen hoheitlichen Kompetenzen ausgestattete – Untersuchung gedeckt ist, wäre leicht angreifbar und vermutlich sogar tatsächlich falsch.

KDK: Wie geht man denn bei der Abwesenheit des Rechtsstaats, so wie wir ihn de facto beim 11. September erleben, selbst mit rechtsstaatlichen Prinzipien und demokratischen Grundsätzen um?

AS: Das ist eine sehr schwierige Frage, die ich im Wesentlichen nur an die Allgemeinheit zurückgeben kann. Wir brauchen die Zurückgewinnung der staatlichen Institutionen durch den Souverän. Vor 200 Jahren wäre ›Revolution‹ die Antwort gewesen und man hätte die gesamte Herrschaftsclique zur Guillotine gebeten. Diese Zeiten sind zum Glück vorbei. Was wir brauchen, ist eine ›demokratische Revolution‹ und eine richterliche Instanz, die nach höchsten ethischen und rechtlichen Standards operiert. Die Voraussetzung dafür ist, dass die Bevölkerung diese mit großer Mehrheit trägt. Jede Generation bekommt die Demokratie, die sie selbst einfordert.

KDK: Die Journalisten Mathias Bröckers und Christian Walter haben in ihrem Buch *»11.9.«* ja eine sorgfältige Liste von Personen erstellt, die man um Anhörung bitten möge. Ist diese *»Handreichung für den (nicht vorhandenen) Staatsanwalt«*[222] der richtige Weg?

AS: Ich denke schon. Wir brauchen jetzt nur noch diesen Staatsanwalt. Ein erster Schritt sollte darin liegen, diejenigen aufzuzeigen, die an der nicht ordnungsgemäßen Aufarbeitung der Verbrechen und an der Vernichtung von Beweismaterial beteiligt waren, denn da kann man noch innerhalb des Systems juristische Hebel ansetzen und politischen Druck ausüben.

KDK: So wie es jetzt das LC911 und AE911 versuchen?

AS: Das LC911 hat dem Bezirksstaatsanwalt von Süd-New-York im Frühjahr 2019 Unterlagen überreicht, die die Zerstörung des World Trade Centers mit Explosivstoffen belegen. Das ist von der Art des Verbrechens im amerikanischen Recht ein *»Federal Crime«*, was automatisch das Einberufen eines Geschworenenverfahrens, einer *»Grand Jury«* durch den Staatsanwalt nach sich zieht, um zu entscheiden, ob eine Anklage erhoben wird oder Ermittlungen eingeleitet werden müssen. Der Staatsanwalt muss diese Einberufung vornehmen und hat schriftlich bestätigt, dass er alle relevanten Schritte einleiten wird. Natürlich ist auch nach einiger Zeit nichts geschehen und LC911 hat dann Auskunft gefordert, welche Schritte unternommen wurden. Der Staatsanwalt hat daraufhin wiederum mitgeteilt, dass er nicht auskunftspflichtig sei. LC911 hat daher nun gegen diesen Bescheid und den Staatsanwalt selbst wegen Pflichtverletzung im Amt Klage erhoben.[223] Sie können an dieser Situation schon sehen, dass sich die juristischen Tricksereien noch Jahrzehnte hinziehen werden, aber das ist – neben den Bemühungen von AE911, das NIST zur Korrektur seiner Berichte zu bringen – im Moment das einzige formal juristische Bestreben, das es gibt.

Was wir brauchen, ist die offene Unterstützung durch die Bevölkerung oder eine publizistische Plattform mit großer Reichweite, was praktisch gesehen dasselbe ist.

KDK: Es gibt inzwischen einige unabhängige Medien, die das Thema offen behandeln.

AS: Natürlich, sie gewinnen auch an Bedeutung, aber sie haben bei Weitem noch keine signifikante Reichweite, insbesondere nicht in der bildungsbürgerlichen Schicht, die glaubt, das Feuilleton der Leitmedien würde die wichtigen Themen unserer Zeit in ehrlicher Art und Weise besprechen. Diese Filterblase der Leitmedien zum Platzen zu bringen, ist unsere Aufgabe.

Ich denke, aus gesamtgesellschaftlicher Sicht sind die Ereignisse des 11. September selbst – so tragisch sie auch sind – gar nicht der dramatische Höhepunkt, sondern das Totalversagen der großen Medien und die daraus folgende Übernahme der Propaganda in breiten Bevölkerungsschichten mit der vollständigen Resistenz gegen wissenschaftliche Erkenntnis, gegen kritisches Nachfragen und die Ächtung und Entmenschlichung der Kritiker. Die nachfolgenden Kriege und das Wandeln der offenen Gesellschaft in einen zunehmend autoritären Staat mit real existierender digitaler Zensur und Überwachung sind und waren nur möglich, weil die großen Medien effektiv einen Schutzschirm über die politischen Akteure halten.

Ob sie dabei bewusst oder unbewusst vorgehen, ist eine andere, wenngleich wichtige Frage. Wie diese Mechanismen funktionieren, ist eine zentrale Fragestellung für zukünftige sozialwissenschaftliche Forschungsprojekte im Bereich Propaganda und deren Wirkung.

KDK: Der Schweizer Historiker Daniele Ganser äußerte eine Hoffnung für die internationale Politik:[224] Er sagt, die UNO müsste ein

Interesse an einer neuen und unabhängigen Untersuchung der Terroranschläge des 11. September haben, da diese dem Weltfrieden mit einer Serie von Angriffskriegen massiv Schaden zugefügt hätten. Der UNO-Sicherheitsrat werde eine derartige Untersuchung jedoch sicher nicht einleiten, weil die Vetomacht USA daran kein Interesse habe. Aber die UNO-Generalversammlung könnte – natürlich gegen den Widerstand der USA und einiger anderer Länder – eine neue internationale Untersuchung der Terroranschläge vom 11. September beginnen und Zeugen befragen. Das sei entsprechend Artikel 11 der UN-Charta möglich. Was meinen Sie dazu?

AS: Hoffnung sehe ich da kaum. Die UNO spielt in dem Kapitel 11. September eine sehr unrühmliche Rolle, die schon am 12. September 2001 begann, als der Sicherheitsrat die Resolution 1368 verabschiedete:

> *»Der Sicherheitsrat […] verurteilt unmissverständlich mit allem Nachdruck die grauenhaften Terroranschläge, die am 11. September 2001 in New York, Washington und Pennsylvania stattgefunden haben, und betrachtet diese Handlungen, wie alle internationalen terroristischen Handlungen, als Bedrohung des Weltfriedens und der internationalen Sicherheit […].«*[225]

Dieser Passus hat es in sich, denn er impliziert mit der Formulierung *»wie alle internationalen terroristischen Handlungen«*, dass es sich bei den Anschlägen um ein *»internationales«* Verbrechen gehandelt hat. Eine solche Tatsachenfeststellung, einen Tag nach den Anschlägen, ohne jegliche Untersuchung und ganz und gar ohne Beweise offiziell vorzunehmen, ist grotesk. Nun haben Russland und China diese Resolution mitgetragen, und das als einen einfachen Flüchtigkeitsfehler abzutun, wäre eine falsche Einschätzung. Die Diplomaten, die dort arbeiten, sind weder naiv noch schlecht ausgebildet und dieser ersten Resolution folgten dann am 28. September und 12. November ja sogar noch zwei weitere, die diese Tatsachenfeststellung wortgleich bekräftigten.

Ich kann Ihnen nicht verraten, wie diese Resolutionen zustande kamen, aber es zeigt, dass ein zu erwartendes Veto der USA im Sicherheitsrat nicht das eigentliche Problem wäre: Wenn selbst die geopolitisch bedeutsamen Spieler Russland und China keine Anstalten machen, bei den Tatsachen zu bleiben und Aufklärung zu verlangen, werden das die kleineren wirtschaftlich abhängigen Länder erst recht nicht tun, auch wenn sie das in der Generalversammlung vorbringen könnten. Es geht in der internationalen Politik schließlich nicht um Wahrheitsfindung, sondern um staatliche Interessen.

KDK: Herr Schneider, sind Sie Pessimist?

AS: Empirisch betrachtet kann man wohl kaum mehr als Pessimist sein.

KDK: So kann aber aus marketingtechnischen Gründen das Buch nicht enden!

AS: Sie können auch optimistisch feststellen, dass die Anzahl der Menschen, die die Lügen über den 11. September 2001 durchschauen, immer größer wird. Die Aufklärungsbewegung wird größer. Das sollte auch ein abschließender Appell an die Leser sein: Sprechen Sie mit Ihren Bekannten, politischen Freunden und Ihrem Bundestagsabgeordneten über den 11. September. Geben Sie dieses Buch weiter und verlangen Sie eine sachbezogene Stellungnahme.

Die Frage ist: Können wir den Prozess der Aufklärung noch hinreichend beschleunigen, um realpolitischen Druck auszuüben; hinreichend schnell, bevor die Verantwortlichen und die Mitläufer in Medien, Politik und Universitäten ausgestorben sind?

KDK: Ich hoffe das sehr, Herr Schneider!

Autoren und Mitwirkende

Dirk Pohlmann studierte Publizistik, Philosophie und Jura und hat als Drehbuchautor und Filmregisseur mehr als 20 Dokumentationen für *Arte*, *ZDF*, *ARD* erstellt, die in mehr als 20 Ländern ausgestrahlt wurden, darunter USA, Russland, Kanada und Australien. Er schreibt zudem für zahlreiche Blogs, besaß eine Berufspilotenlizenz und ist ehemaliger Geschäftsführer der CargoLifter World GmbH. Er ist Chefredakteur von *Free21* und moderiert mit Robert Fleischer und Mathias Bröckers den Videokanal *Das 3. Jahrtausend*. Er lebt in der Nähe von Berlin.

Jörg Schneider, Prof. Dr. h. c., statisch-konstruktiv ausgerichteter Bauingenieur, war von 1967 bis zu seiner Emeritierung 1999 Professor für Baustatik und Konstruktion an der Eidgenössischen Technischen Hochschule in Zürich (ETHZ). Sein Forschungsgebiet lag im Gebiet der Sicherheit und Zuverlässigkeit im Bauwesen. Während vieler Jahre war er in verschiedenen Normenkommissionen des Schweizerischen Ingenieur- und Architektenvereins (SIA) tätig. Er war Vorsitzender einer Expertengruppe, welche die Projektleitungen von AlpTransit Gotthard und Lötschberg zur Sicherheit im Betrieb der alpenquerenden neuen Eisenbahntransversalen beriet. Im internationalen Kontext war er Mitglied des Joint Committee on Structural Safety (JCSS) und während fünf Jahren dessen Präsident. Schließlich war er einer der Vizepräsidenten der Internationalen Vereinigung für Brücken- und Hochbau (IVBH/IABSE). 1991 wurde er als Einzelmitglied in die Schweizerische Akademie der Technischen Wissenschaften gewählt. 1998 verlieh ihm die Universität für

Bodenkultur in Wien den Titel eines Ehrendoktors. 2002 erhielt er die IVBH-Ehrenmitgliedschaft. Im Jahr 2000 gründete er mit ehemaligen Assistenten und Freunden zusammen das in Aarau domizilierte Ingenieurbüro Risk&Safety AG, Ingenieure in Gemeinschaft. Der Name spricht für das Anliegen der Gründer.

Klaus-Dieter Kolenda, Prof. Dr. med., Facharzt für Innere Medizin und Facharzt für Physikalische und Rehabilitative Medizin, war von 1985 bis 2006 Chefarzt einer Rehabilitationsklinik für Erkrankungen des Herzens und des Kreislaufs, der Atemwege, des Stoffwechsels und der Bewegungsorgane. In seinen wissenschaftlichen Fachartikeln und Büchern hat er sich seit Mitte der 1980er-Jahre vorrangig mit der Prävention chronischer Krankheiten befasst und hält Vorlesungen über diese Thematik an der Universität Kiel. In den letzten Jahren hat er sozialmedizinische, sozialpolitische und friedenspolitische Artikel in Pharma-unabhängigen, medizinischen Fachzeitschriften und verschiedenen Online-Medien veröffentlicht. Er ist seit Jahrzehnten als medizinischer Sachverständiger bei der Sozialgerichtsbarkeit in Schleswig-Holstein tätig, arbeitet im Vorstand der Deutschen Gesellschaft für Nikotin- und Tabakforschung e. V. (DGNTF) mit und ist Mitglied der Kieler Gruppe der IPPNW (Internationale Ärzte zur Verhütung des Atomkrieges – Ärzte in sozialer Verantwortung e. V.).

Ansgar Schneider, Dr. rer. nat., studierte Physik und schloss sein Studium mit einer Diplomarbeit im Bereich der Quantenfeldtheorie – der Vereinigung von Relativitätstheorie und Quantenmechanik – ab. In seiner Promotion in Mathematik befasste er sich mit einem Thema im Grenzgebiet von Analysis, Algebra, Topologie und Stringtheorie. Seine anschließenden Tätigkeiten in Lehre und Forschung führten ihn an verschiedene Universitäten und außeruniversitäre Forschungseinrichtungen im In- und Ausland. Er publizierte wegweisende physikalische Arbeiten über die Zerstörung des World Trade Centers, in denen er die bekannten mathematischen Einsturzmodelle zum Kollaps des Nordturms des World Trade Centers verbesserte und durch bislang unberücksichtigte empirische Daten zeigte, dass die Struktur der Türme prinzipiell stabil genug war, um einem fortlaufenden Kollaps standzuhalten, selbst als dieser schon weit fortgeschritten war. In seinem 2018 erschienen Buch *»Stigmatisierung statt Aufklärung«* erklärt er allgemeinverständlich die wissenschaftlichen Grundlagen der Zerstörung des World Trade Centers.

Kontakt

Per E-Mail: generation911@gmx.de

Anhang A: Die offizielle Geschichte des 11. September 2001

Am Morgen des 11. September 2001 verüben 19 arabische Attentäter des weltweit operierenden Terrornetzwerkes Al-Qaida, das unter der Leitung von Osama bin Laden steht, Terroranschläge im Osten der Vereinigten Staaten von Amerika. Vier Passagierflugzeuge werden gekapert, um diese zum Absturz zu bringen. Zwei der Flugzeuge stürzen in die Zwillingstürme des World Trade Centers in New York City, eines stürzt in ein Feld in Pennsylvania und eines ins amerikanische Verteidigungsministerium, das Pentagon im Bundesstaat Virginia, direkt an der Grenze zu Washington, D. C.[1] Der World-Trade-Center-Komplex in Lower Manhattan, der aus sieben Gebäuden besteht, ist Zentrum des dramatischen Schauspiels (s. Abb. 1). Die Zwillingstürme (WTC 1 und WTC 2) haben 110 Stockwerke und eine Höhe von über 415 Metern. Um 8:46 Uhr Ortszeit rast die erste Maschine, eine Boeing 767-200 ER, in den Nordturm (WTC 1) des World Trade Centers auf Höhe des 96. Stockwerkes. Um 9:03 Uhr schlägt eine Maschine desselben Typs in den Südturm (WTC 2) auf Höhe des 81. Stockes ein. Aufgrund der entstandenen Schäden und Feuer stürzt der Südturm 56 Minuten später um 9:59 Uhr ein. Um 10:28 Uhr kollabiert auch der Nordturm aufgrund der Schäden und Feuer. Beim Einsturz des Nordturmes verursachen herabfallende Trümmer Feuer in dem nahe liegenden, 186 m hohen Wolkenkratzer mit dem Namen World Trade Center 7 (WTC 7), der am späten Nachmittag kurz nach 17:20 Uhr desselben Tages aufgrund der Feuer kollabiert.[2]

Anhang B: Bob Tuskins Frage und Noam Chomskys Antwort

Transkription von [Tusk13]

Bob Tuskin: You mentioned quite a few contradictions from the media and their presentation on things, and I think the most notorious case of this is with September 11, 2001. You mentioned in a forum on Z-Net in 2006 that you wanted to see a consensus of engineers and specialists [to] understand the actual structures of these buildings and their possible collapse. And there is such a group — and I'm here to tell you about that and ask you a follow-up question — it's called Architects and Engineers for 9/11 Truth. There is a consensus of over 2 000 of …

Organisator: Is this a question or a …

Bob Tuskin: Please, don't interrupt. I am asking a question, I'm setting it up. Thank you!

This consensus shows that Building 7, the third building that fell on 9/11, fell in free fall speed as the NIST report acknowledges. We're ready to come forward and jump on board of 9/11. I know you mentioned it's a distraction, but there is no better case of the media covering-up things than not presenting Building 7, that third building. We've all seen the other towers' fall, but what about Building 7, though?

Noam Chomsky: Well, in fact, you are right, there is a consensus among a minuscule number of architects and engineers, a tiny number, though a couple of them are perfectly serious.

They are not doing what scientists and engineers do, when they think they have discovered something. [Applause] What you do, when you think you've discovered something ... What you do is write articles in scientific journals, give talks at the professional societies, go to the civil engineering department at MIT or Florida, or wherever you are and present your results and then proceed to try to convince the national academies, the professional societies, physicists and civil engineers, the departments in the major universities ... convince them that you have discovered something.

Now, there happen to be a lot of people around who spend an hour on the internet and think they know a lot of physics, but it doesn't work like that. [Applause] There is a reason why there are ... [Applause continues] ... I mean there is a reason ... [Applause continues] ... may I finish. There is a reason why there are graduate schools in these departments and [why there is] research. So the thing to do is pretty straight-forward. Do what scientists and engineers do who think they've made a discovery.

Now, when this is brought up as it has been ... There are one or two minor articles. Like there is one article who appeared in an online journal which claims to have found nanothermite ... claims to have found traces of nanothermite in Building 7.

I don't know what that means, you don't know what that means. But if it means anything, bring it to the attention to the scientific community. Th[ere]'s a couple of other fragments like that. So yes, there is a small group of people who believe this, and there is a straight-forward way to proceed.

Now, when this is brought up, there is a standard reaction: »The scientist and engineers and professional societies, physicists are so intimidated by the government, they are so afraid, they don't have the courage to take this position.»

Anyone who has any part ... record of ... part ... any familiarity with political activism, knows that this is one of the safest things you can do. It's almost riskless. People take risks far beyond this constantly. Including scientists and engineers. I could have run through, and can run through many examples. There is kind of a ...

maybe people laugh at you. That's about it. It's a[n] almost riskless position. So that can't be the reason why nobody is convinced.

However, there is a much more deeper [sic] issue, which has been brought up repeatedly, and I have yet to hear your response to it. There happens to be ... Whatever one thinks about Building 7, frankly, I have no opinion. I don't know as much science and engineering as the people who believe that they have an answer to this. So I am willing to let the professional societies determine if they get the information.

So whatever the facts, there is just overwhelming evidence that the Bush administration wasn't involved. Very elementary evidence. You don't have to be a physicist to understand it. You just have to think for a minute. Okay? [Applause] So let's think for a minute. [Applause continues] There is a couple of facts which are uncontroversial. Right?

One fact that is uncontroversial is that the Bush administration desperately wanted to invade Iraq. That's a long standing goal. There's good reasons for it: second largest energy resources in the world, right in the middle of the world's major energy producing region, ya, for the obvious reasons, which they in fact later stated. But they are obvious anyway. So they wanted to invade Iraq. One uncontroversial fact.

Second uncontroversial fact: They didn't blame 9/11 on Iraqis. They blamed it on Saudis, mainly. That's their major ally. So they blamed it on people from their major ally, not on the country that they wanted to invade.

Third uncontroversial fact: Unless they're total lunatics, they would have blamed it on Iraqis, if they were involved in any way. That would have given them a[n] open season on invading Iraq. A total support, international support, the UN resolution. No need to concoct wild stories about weapons of mass destruction and contacts between Saddam and Al-Qaida, which of course quickly exploded discrediting them. No reason to invade Afghanistan, which was mostly a waste of time for them, but they didn't.

Well, the conclusion is pretty straight-forward: Either they are total lunatics or they weren't involved, and they are not total lunatics. So whatever you think about Building 7, there are other considerations to be concerned with.

Organisator: I think our speaker answered that question succinctly, so that's the only question we'll have on that topic. [Applause]

Anhang C: CIA-Dokument 1035-960

Abgebildet nach [CIA67]

DISPATCH

CLASSIFICATION: ~~SECRET~~

PROCESSING ACTION

	MARKED FOR INDEXING
X	NO INDEXING REQUIRED
	ONLY QUALIFIED DESK CAN JUDGE INDEXING
	MICROFILM

TO: Chiefs, Certain Stations and Bases

RELEASED FOR RELEASE 1992 CIA HISTORICAL REVIEW PROGRAM

INFO.

FROM: Chief, [redacted]

SUBJECT: Countering Criticism of the Warren Report

ACTION REQUIRED - REFERENCES

PSYCH

1035-960 Dup 8P ~~ALONE~~

1. Our Concern. From the day of President Kennedy's assassination on, there has been speculation about the responsibility for his murder. Although this was stemmed for a time by the Warren Commission report (which appeared at the end of September 1964), various writers have now had time to scan the Commission's published report and documents for new pretexts for questioning, and there has been a new wave of books and articles criticizing the Commission's findings. In most cases the critics have speculated as to the existence of some kind of conspiracy, and often they have implied that the Commission itself was involved. Presumably as a result of the increasing challenge to the Warren Commission's Report, a public opinion poll recently indicated that 46% of the American public did not think that Oswald acted alone, while more than half of those polled thought that the Commission had left some questions unresolved. Doubtless polls abroad would show similar, or possibly more adverse, results.

2. This trend of opinion is a matter of concern to the U.S. government, including our organization. The members of the Warren Commission were naturally chosen for their integrity, experience, and prominence. They represented both major parties, and they and their staff were deliberately drawn from all sections of the country. Just because of the standing of the Commissioners, efforts to impugn their rectitude and wisdom tend to cast doubt on the whole leadership of American society. Moreover, there seems to be an increasing tendency to hint that President Johnson himself, as the one person who might be said to have benefited, was in some way responsible for the assassination. Innuendo of such seriousness affects not only the individual concerned, but also the whole reputation of the American government. Our organization itself is directly involved: among other facts, we contributed information to the investigation. Conspiracy theories have frequently thrown suspicion on our organization, for example by falsely alleging that Lee Harvey Oswald worked for us. The aim of this dispatch is to provide material for countering and discrediting the claims of the conspiracy theorists, so as to inhibit the circulation of such claims in other countries. Background information is supplied in a classified section and in a number of unclassified attachments.

3. Action. We do not recommend that discussion of the assassination question be initiated where it is not already taking place. Where discussion is active, however, addressees are requested:

P-8593

CROSS REFERENCE TO	DISPATCH SYMBOL AND NUMBER	DATE
9 attachments h/w	BD 5847	4/1/67 24 JAN 1967
1 - ~~SECRET~~ 8 - Unclassified	CLASSIFICATION: ~~SECRET~~	HQS FILE NUMBER: DESTROY WHEN NO LONGER NEEDED

CONTINUATION OF DISPATCH	CLASSIFICATION ~~SECRET~~	DISPATCH SYMBOL AND NUMBER BD 5847

a. To discuss the publicity problem with liaison and friendly elite contacts (especially politicians and editors), pointing out that the Warren Commission made as thorough an investigation as humanly possible, that the charges of the critics are without serious foundation, and that further speculative discussion only plays into the hands of the opposition. Point out also that parts of the conspiracy talk appear to be deliberately generated by Communist propagandists. Urge them to use their influence to discourage unfounded and irresponsible speculation.

b. To employ propaganda assets to answer and refute the attacks of the critics. Book reviews and feature articles are particularly appropriate for this purpose. The unclassified attachments to this guidance should provide useful background material for passage to assets. Our play should point out, as applicable, that the critics are (i) wedded to theories adopted before the evidence was in, (ii) politically interested, (iii) financially interested, (iv) hasty and inaccurate in their research, or (v) infatuated with their own theories. In the course of discussions of the whole phenomenon of criticism, a useful strategy may be to single out Epstein's theory for attack, using the attached Fletcher Knebel article and Spectator piece for background. (Although Mark Lane's book is much less convincing than Epstein's and comes off badly where contested by knowledgeable critics, it is also much more difficult to answer as a whole, as one becomes lost in a morass of unrelated details.)

4. In private or media discussion not directed at any particular writer, or in attacking publications which may be yet forthcoming, the following arguments should be useful:

a. <u>No significant new evidence</u> has emerged which the Commission did not consider. The assassination is sometimes compared (e.g., by Joachim Joesten and Bertrand Russell) with the Dreyfus case; however, unlike that case, the attacks on the Warren Commission have produced no new evidence, no new culprits have been convincingly identified, and there is no agreement among the critics. (A better parallel, though an imperfect one, might be with the Reichstag fire of 1933, which some competent historians (Fritz Tobias, A.J.P. Taylor, D.C. Watt) now believe was set by Van der Lubbe on his own initiative, without acting for either Nazis or Communists; the Nazis tried to pin the blame on the Communists, but the latter have been much more successful in convincing the world that the Nazis were to blame.)

b. Critics usually overvalue particular items and ignore others. They tend to place more emphasis on the recollections of individual eyewitnesses (which are less reliable and more divergent -- and hence offer more hand-holds for criticism) and less on ballistic, autopsy, and photographic evidence. A close examination of the Commission's records will usually show that the conflicting eyewitness accounts are quoted out of context, or were discarded by the Commission for good and sufficient reason.

c. Conspiracy on the large scale often suggested would be impossible to conceal in the United States, esp. since informants could expect to receive large royalties, etc. Note that Robert Kennedy, Attorney General at the time and John F. Kennedy's brother, would be the last man to overlook or conceal any conspiracy. And as one reviewer pointed out, Congressman Gerald R. Ford would hardly have held his tongue for the sake of the Democratic administration, and Senator Russell would have had every political interest in exposing any misdeeds on the part of Chief Justice Warren. A conspirator moreover would hardly choose a location for a shooting where so much depended on conditions beyond his control: the route, the speed of the cars, the moving target, the risk that the assassin would be discovered. A group of wealthy conspirators could have arranged much more secure conditions.

d. Critics have often been enticed by a form of intellectual pride: they light on some theory and fall in love with it; they also scoff at the Commission because it did not always answer every question with a flat decision one way or the other. Actually, the make-up of the Commission and its staff was an excellent safeguard against over-commitment to any one theory, or against the illicit transformation of probabilities into certainties.

FORM 8-64 (40) 53a USE PREVIOUS EDITION.	CLASSIFICATION ~~SECRET~~	[X] CONTINUED	PAGE NO. TWO

CONTINUATION OF DISPATCH	CLASSIFICATION ~~SECRET~~	DISPATCH SYMBOL AND NUMBER BD 5847

e. Oswald would not have been any sensible person's choice for a co-conspirator. He was a "loner," mixed-up, of questionable reliability and an unknown quantity to any professional intelligence service.

f. As to charges that the Commission's report was a rush job, it emerged three months after the deadline originally set. But to the degree that the Commission tried to speed up its reporting, this was largely due to the pressure of irresponsible speculation already appearing, in some cases coming from the same critics who, refusing to admit their errors, are now putting out new criticisms.

g. Such vague accusations as that "more than ten people have died mysteriously" can always be explained in some more natural way: e.g., the individuals concerned have for the most part died of natural causes; the Commission staff questioned 418 witnesses (the FBI interviewed far more people, conducting 25,000 interviews and reinterviews), and in such a large group, a certain number of deaths are to be expected. (When Penn Jones, one of the originators of the "ten mysterious deaths" line, appeared on television, it emerged that two of the deaths on his list were from heart attacks, one from cancer, one was from a head-on collision on a bridge, and one occurred when a driver drifted into a bridge abutment.)

5. Where possible, counter speculation by encouraging reference to the Commission's Report itself. Open-minded foreign readers should still be impressed by the care, thoroughness, objectivity and speed with which the Commission worked. Reviewers of other books might be encouraged to add to their account the idea that, checking back with the Report itself, they found it far superior to the work of its critics.

USE PREVIOUS EDITION.	CLASSIFICATION ~~SECRET~~	☐ CONTINUED	PAGE NO. THREE

Quellen und Verweise

Alle angegebenen Internet-Links wurden zuletzt am 1. Juni 2020 abgerufen.

[AlSe17] Alford, Matthew; Secker, Tom: *National Security Cinema – The Shocking New Evidence of Government Control in Hollywood,* CreateSpace Independent Publishing Platform, 2017

[Aven17] Avenarius, Thomas: *Der Terror hat in Russland noch lange kein Ende gefunden*, Süddeutsche Zeitung, 3. April 2017, https://www.sueddeutsche.de/politik/geschichte-die-willkuer-des-todes-1.3449843

[Bald15] Baldauf, Johannes: *Jüdische Weltverschwörung, UFOs und das NSU-Phantom*, Bundeszentrale für politische Bildung, 14. Oktober 2015: https://www.bpb.de/politik/extremismus/rechtsextremismus/210327/juedische-weltverschwoerung-ufos-und-das-nsu-phantom

[Bark13] Barkun, Michael: *A Culture of Conspiracy*, University of California Press, 2013

[BaTa15] Bartlett, Renny; Taplin, Sam B.: *Der 11. September – Verschwörung auf dem Prüfstand*, ZDF-Info, deutsche Synchronfassung 2015, eine Aufnahme der Sendung findet man unter https://www.dailymotion.com/video/x5pdn3s

[Bern77] Bernstein, Carl: *The CIA and the Media,* Rolling Stone Magazine, 20. Oktober 1977, http://www.carlbernstein.com/magazine_cia_and_media.php

[BIGS19] Brenner, Katie; Ivory, Danielle; Goldbaum, Christina; Southall, Ashley: *Before Jail Suicide, Jeffrey Epstein Was Left Alone and Not Closely Monitored*, New York Times, 11. August 2019, https://www.nytimes.com/2019/08/11/nyregion/epstein-death-manhattan-correctional-center.html

[BBSW74] Bartsch, Hans-Werner; Buschmann, Martha; Stuby, Gerhard; Wulff, Erich (Hrsg.): *Chile – ein Schwarzbuch,* Pahl-Rugenstein Verlag, Köln, 1974

[Broo11] Brookman, Ronald: Interview mit AE911, 23. Mai 2011, https://www.youtube.com/watch?v=TM_l_4sJ-sY

[BrWa11] Bröckers, Mathias; Walther, Christian C.: *11.9. Zehn Jahre danach: Der Einsturz eines Lügengebäudes*. Westend Verlag, Frankfurt/Main, 2011

[BuDu18] Butter, Michael; Dummer, Niklas: *»Verschwörungstheorien sind ein Riesengeschäft«,* Interview in der Wirtschaftswoche, 20. April 2018, https://www.wiwo.de/politik/ausland/michael-butter-verschwoerungstheorien-sind-ein-riesengeschaeft/21183972.html

[BuGl18] Butter, Michael; Glogger, Beat: *»Amerikanist Michael Butter: ›Verschwörungstheorien sind ein wahnsinniges Geschäft‹«,* Interview im Grenchner Tagblatt, 4. Juni 2018, https://www.grenchnertagblatt.ch/leben/amerikanist-michael-butter-verschwoerungstheorien-sind-ein-wahnsinniges-geschaeft-132633791

[BuGl18a] Butter, Michael; Glogger, Beat: *›Hätte man die Anschläge von 9/11 inszeniert, wären sie perfekter‹,* Interview auf Higgs, 31. Mai 2018, https://www.higgs.ch/haette-man-die-anschlaege-von-9-11-inszeniert-waeren-sie-perfekter/10597/

[BuGl18b] Butter, Michael; Glogger, Beat: *Verschwörungstheorien: ›Hätte man die Anschläge von 9/11 inszeniert, wären sie perfekter‹ | higgs.ch,* Interview auf Higgs, 31. Mai 2018, https://www.youtube.com/watch?v=_YmCE-jqQTg
[Bush01] Bush, George W.: Address to a Joint Session of Congress and the American People, 20. September 2001, https://georgewbush-whitehouse.archives.gov/news/releases/2001/09/20010920-8.html
[Butt17] Butter, Michael: Leute – Interview bei SWR 1, 7. März 2017, https://www.swr.de/swr1/bw/swr1leute/aexavarticle-swr-30290.html
[Butt18] Butter, Michael: *›Nichts ist, wie es scheint‹,* Suhrkamp, 2018
[Butt19] Butter, Michael: Stunde der Wahrheit – Interview bei Argovia Radio, 14. Januar 2019, https://static.az-cdn.ch/extfile/795263cff41a456d364323906f8b9086ad7fe25f.mp3
[Came01] Cameron, Carl: *Fox News Report: Israel is Spying in and on the U. S.?,* Fox News, 12. Dezember 2001, https://www.youtube.com/watch?v=GnWSNI7rKf0
[CDZ98] Carter, Ashton B.; Deutch, John M.; Zelikow, Philip D.: *Catastrophic Terrorism: Tackling the New Danger,* Foreign Affairs, Vol. 77, No. 6, S. 80-94, 1998
[Chan10] Chandler, David: *North Tower Exploding,* Videoanalyse für AE9911Truth, hochgeladen am 3. November 2010, https://www.youtube.com/watch?v=nUDoGuLpirc
[Chan10a] Chandler, David: *WTC 7 in Freefall: No Longer Controversial,* hochgeladen am 12. Februar 2010, https://www.youtube.com/watch?v=rVCDpL4Ax7I
[ChGu01] Chomsky, Noam; Gunness, Christopher: *Rogue States Draw the Usual Line,* Agenda, May, 2001, https://chomsky.info/200105__/
[ChKu15] Chomsky, Noam; Kumar, Isabelle: *Chomsky says US is world's biggest terrorist,* Euronews, 17. April 2015, https://www.euronews.com/2015/04/17/chomsky-says-us-is-world-s-biggest-terrorist
[Chur76] Church, Frank et al.: *Final report of the Select Committee to Study Governmental Operations with Respect to Intelligence Activities – Book 1,* United States Senate, US Government Printing Office, Washington DC, 1976, https://archive.org/details/finalreportofsel01unit/mode/2up
[CIA67] *Countering Critisism of the Warren Report,* CIA dispatch 1035-960, 1. April 1967, https://archive.org/details/CIADOC1035960/page/n1/mode/2up
[Clar04] Clarke, Richard A.: *Against all Enemies,* The Free Press, 2004
[Corre57] Josep Maria Corredor: *Conversations with Casals,* Dutton, 1957, https://archive.org/details/conversationswit1957casa/page/10
[Crai30] Craig, W. J. (Hrsg.): *The Complete Works of Shakespeare,* Oxford University Press, 1930
[Crew77] Crewdson, John M.: *Worldwide Propaganda Network Built by the C. I. A.,* New York Times, 26. Dezember 1977, https://www.nytimes.com/1977/12/26/archives/worldwide-propaganda-network-built-by-the-cia-a-worldwide-network.html
[D'Sou13] D'Souza, Lawrence: *Thermochemical hydrogen production from water using reducible oxide materials: a critical review,* Mater Renew Sustain Energy (2013) 2:7, https://link.springer.com/content/pdf/10.1007/s40243-013-0007-0.pdf
[Dahn19] Dahn, Daniela: *Der Schnee von Gestern ist die Sintflut von heute,* Rowohlt Taschenbuch Verlag, Hamburg, 2019
[Davi13] Davidsson, Elias: *Hijacking America's Mind on 9/11,* Algora, 2013
[Davi17] Davidsson, Elias: *Psychologische Kriegsführung und gesellschaftliche Leugnung,* Zambon, 2. Auflage, 2017
[Davi20] Davidsson, Elias: *America's Betrayal Confirmed – 9/11: Purpose, Cover-Up and Impunity,* Tonar-og-steinar (Toost) Publishing, 2020
[DeCa01] DeCarlo, Scott: East Rutherford Police Department, Preliminary Police Report, 11. September 2001, https://archive.org/stream/DancingIsraelisFBIReport/police#page/n3/mode/2up
[deHa10] deHaven-Smith, Lance: *Beyond Conspiracy Theory: Patterns of High Crime in American Government,* American Behavioral Scientist, Vo-

lume 53, Issue 6, pp. 795-825, 2010, https://journals.sagepub.com/doi/abs/10.1177/0002764209353274

[DNI15] Antwort an Steven Aftergood, Federation of American Scientists, auf Anfrage nach dem amerikanischen Informationsfreiheitsgesetz (FOIA): https://fas.org/irp/budget/fy2005.pdf

[DNI19] *DNI Releases Budget Figure for FY 2020 Appropriations Requested for the National Intelligence Program,* Pressemitteilung des Office of the Director of National Intelligence, 18 März 2019, https://www.dni.gov/index.php/newsroom/press-releases/item/1967-dni-releases-budget-figure-for-fy-2020-appropria tions-requested-for-the-national-intelligence-program

[DoS02] *Patterns of Global Terrorism*, Depatment of State, May 2002, https://2009-2017.state.gov/documents/organization/10319.pdf

[DPR73/17] *PUBLIZISTISCHE GRUNDSÄTZE (PRESSEKODEX),* vom Deutschen Presserat in Zusammenarbeit mit den Presseverbänden beschlossen und erstmals Bundespräsident Gustav W. Heinemann am 12. Dezember 1973 in Bonn überreicht. Fassung vom 22. März 2017: https://www.presserat.de/files/presserat/dokumente/download/Pressekodex2017light_web.pdf

[Dwor19] Dworschak, Manfred: *Weltmacht Paranoi*a, Der Spiegel, Printausgabe Nr. 37, 7. September 2019, S. 98-105, https://www.spiegel.de/wissenschaft/weltmacht-paranoia-a-a2bec366-0002-0001-0000-000165815044?context=issue

[EGHK04] Eldrige, Thomas; Ginsburg, Susan; Hempel II, Walter T.; Kephart, Janice L.; Moore, Kelly; Accolla, Joanne M.; Falk, Alice: *9/11 and Terrorist Travel,* Staff Report of the National Commission on Terrorist Attacks Upon the United States, August 2004, https://www.hsdl.org/?view&did=449288

[FAZ01] *Sicherheitsdienste vermuten 100 ›Schläfer‹ in Deutschland,* Frankfurter Allgemeine Zeitung, 20. September 2001, https://www.faz.net/aktuell/gesellschaft/terroranschlaege-sicherheitsdienste-vermuten-100-schlaefer-in-deutsch land-11274587.html

[FBI01] Federal Bureau of Investigation: Sammlung von Dokumenten zur Inhaftierung der *»Tanzenden Israelis«*, 2001, https://archive.org/details/DancingIsraelis FBIReport/mode/2up

[FEMA02] *World Trade Center Building Performance Study, FEMA 403,* Federal Emergency Agency, 1. September 2002, https://www.fema.gov/media-library/assets/documents/3544

[FiSc19] Fikentscher, Anneliese; Schneider, Ansgar: *Der 11. September 2001: Für manche ist die Realität nur schwer zu verdauen*, Neue Rheinische Zeitung, 6. März 2019, http://www.nrhz.de/flyer/beitrag.php?id=25708

[FR01] *Schröder-Rede im Wortlaut ›Uneingeschränkte Solidarität‹,* Frankfurter Rundschau, 13. September 2001, https://www.fr.de/politik/uneingeschraenkte-soli daritaet-11727587.html

[Gabb19] Gabbard, Tulsi: Pressekonferenz im 9/11-Tribute-Museum, New York City, 29. Oktober 2019, https://www.facebook.com/TulsiGabbard/videos/433077854012149/

[Gans06] Ganser, Daniele: *Der erbitterte Streit um den 11. September*, Tagesanzeiger, 9. September 2006, https://www.siper.ch/assets/uploads/files/zeitungsartikel/Tages-Anzeiger%20(2006)%20-%20Der%20erbitterte%20Streit%20um%20den%2011.%20September.pdf

[Gans09] Ganser, Daniele: NATO-Geheimarmeen in Europa: Inszenierter Terror und verdeckte *Kriegsführung*, 2009, Orell Fuessli

[Gans14] Ganser, Daniele: *Medial vermittelte Feindbilder und die Anschläge am* 11. September 2001. Vortrag in der Universität Tübingen am 15. Dezember 2014: https://www.youtube.com/watch?v=cgkQXJ3mugY

[Gans16] Ganser, Daniele: *Illegale Kriege – Wie die NATO-Länder die UNO sabotieren. Eine Chronik von Kuba bis Syrien,* Orell Füssli Verlag, Zürich, 2016

[GGSP02] Graham, Bob; Goss, Porter; Shelby, Richard; Pelosi, Nancy: *Joint Inquiry*

Into Intelligence Community Activities Before and After the Terrorist Attacks of September 11, 2001, 2002, https://assets.documentcloud.org/documents/2994063/911-Report-28pages.pdf

[Grif17] Griffin, David: *Der mysteriöse Einsturz von World Trade Center 7*, Peace Press, 2017

[Grif18] Griffin, David: Kognitive Infiltration, Peace Press, 2018

[GoCl07] Goodman, Amy; Wesley Clark: *Gen. Wesley Clark Weighs Presidential Bid: »I Think About It Every Day«*, 2. März 2007, https://www.democracynow.org/2007/3/2/gen_wesley_clark_weighs_presidential_bid

[GHMT15] Guilliard, Joachim; Hanken, Lühr; Mellenthin, Knuth; Takaro, Tim K.; Gould, Robert M.; Graf von Sponeck, Hans-Christof; Wagner, Jens: *Body Count – Opferzahlen nach 10 Jahren ›Krieg gegen den Terror‹ – Irak – Afghanistan – Pakistan,* IPPNW Deutschland, 1. internationale Auflage, deutsche Version, September 2015, http://www.ippnw.de/commonFiles/pdfs/Frieden/BodyCount_internationale_Auflage_deutsch_2015.pdf

[Hänt11] Häntzschel, Jörg: *Wenn ich nur vergessen könnte*, Süddeutsche Zeitung, 11. September 2011, https://www.sueddeutsche.de/panorama/identifizierung-der-9-11-opfer-wenn-ich-nur-vergessen-koennte-1.1141251-0

[Hass00] Hassel, Florian: Der Zucker, der Sprengstoff war, Frankfurter Rundschau, 23. März 2000, https://www.fr.de/politik/zucker-sprengstoff-11723744.html

[Heil19] Heil, Christiane: *›Wie vorhersehbar . . .‹*, Frankfurter Allgemeine Zeitung, 11. August 2019, https://www.faz.net/aktuell/gesellschaft/kriminalitaet/nach-dem-tod-von-epstein-kursieren-verschwoerungstheorien-16328708.html

[Hera03] *Five Israelis were seen filming as jet liners ploughed into the Twin Towers on September 11, 2001*, The Herald, 2. November 2003, https://www.heraldscotland.com/news/12768362.five-israelis-were-seen-filming-as-jet-liners-ploughed-into-the-twin-towers-on-september-11-2001/

[HFJR09] Harrit, Niels H.; Farrer, Jeffrey; Jones, Steven E.; Ryan, Kevin R.; Legge, Frank M.; Farnsworth, Daniel; Roberts, Gregg; Gourley, James R.; Larsen, Bradley R.: *Active Thermitic Material Discovered in Dust from the 9/11 World Trade Center Catastrophe*, Open Chemical Physics Journal, 2009, http://benthamopen.com/ABSTRACT/TOCPJ-2-7

[Hofs64] Hofstadter, Richard: *The Paranoid Style in American Politics,* Harper's Magazine, November, 1964, https://archive.harpers.org/1964/11/pdf/HarpersMagazine-1964-11-0014706.pdf?AWSAccessKeyId=AKIAUXG2GD7CYHBPPE7E&Expires=1582663118&Signature=UboLZJHJttNZ0hFOGYZQOK%2B7IIc%3D

[Hofs65/96] Hofstadter, Richard: *The Paranoid Style in American Politics,* Seite 3 ff. in: *The Paranoid Style in American Politics, and Other Essays*, Harvard University Press 1996, Erstveröffentlichung 1965, https://static1.squarespace.com/static/55258625e4b00cfda38b47d7/t/56e84dc12fe131ff71851fca/1458064834964/Hofstadter-Paranoid-Style-American-Politics.pdf

[Hose19] Hosenball, Mark: *FBI studies two broken cameras outside cell where Epstein died: source,* Reuters, 28. August 2019, https://www.reuters.com/article/us-people-jeffrey-epstein-cameras-idUSKCN1VI2LC

[HQX20] Hulsey, J. Leroy; Quan, Zhili; Xiao, Feng: *A Structural Reevaluation of the Collapse of World Trade Center 7,* März 2019, Institut of Northern Engineering, University of Alaska Fairbanks, https://files.wtc7report.org/file/public-download/A-Structural-Reevaluation-of-the-Collapse-of-World-Trade-Center-7-March2020.pdf

[Huls16] Hulsey, J. Leroy: *Investigating the Collapse of World Trade Center 7,* Vortrag im Rahmen der Konferenz *Justice in Focus 9/11*, 11. September 2016, https://www.youtube.com/watch?v=Mf1ewgbq4fY

[IMSV02/06} Isham, Chris; Miller, John; Silber, Glenn; Vlasto, Chris: *Were Israelis*

Detained on Sept. 11 Spies?, 21. Juni 2001/6. Januar 2006, https://abcnews.go.com/2020/story?id=123885&page=1
[IQT16] In-Q-Tel Faltblatt, CEO Summit 23. Februar 2016, https://assets.documentcloud.org/documents/2803266/Iqtdoc.pdf
[IQT20] In-Q-Tel Image-Video: *IQT Celebrates 20 Years of Innovation*, 17. September 2020, https://www.youtube.com/watch?v=UddEgcbT3us
[Jack05/15] Jackson, Richard: *Language Power and Politics: Critical Discourse analysis on the War on Terrorism*, 49th Parallel, Issue 15, Spring 2005, https://49thparalleljournal.org/2014/07/12/issue-15-spring-2005/
[Kant84] Kant, Immanuel: *Beantwortung der Frage: Was ist Aufklärung?*, Berlinische Monatszeitschrift, 2. Band, Dezember 1784, http://ds.ub.uni-bielefeld.de/viewer/image/2239816_004/513/
[Keel99] Keeley, Brian L.: Of Conspiracy Theories, The Journal of Philosophy, Vol. 96, No. 3, 1999, Seiten 109-126 http://www.jstor.org/stable/2564659
[KeHa04] Keen, Thomas H.; Hamilton Lee H. et al: *The 9/11 Commission Report*, 2004, https://9-11commission.gov/report/
[Kell99] Kellman, Barry: *»Catastrophic Terrorism- Thinking Fearfully, Acting Legally«*, Michigan Journal of International Law, Vol. 20, Issue 3, S. 537-564, 1999, https://repository.law.umich.edu/cgi/viewcontent.cgi?article=1428&context=mjil
[Khal08/13] Khalezov, Dimitri: *9/11thology: The »third« truth about 9/11 or Defending the US Government, which has only the first two,* 2008, aktualisierte Version 2013, https://de.scribd.com/document/170266922/9-11thology-The-third-truth-about-9-11-or-Defending-the-US-Government-which-has-only-the-first-two
[KiVe09] King, Larry; Ventura, Jesse: *Larry King Live*, CNN, 11. Mai 2009, http://transcripts.cnn.com/TRANSCRIPTS/0905/11/lkl.01.html
[Klaw06] Klawitter, Nils: *Meister der Verdrehung,* Der Spiegel, Nr. 31, 31. Juli 2006, https://magazin.spiegel.de/EpubDelivery/spiegel/pdf/48046168
[Klöc11] Klöckner, Marcus B.: *9/11- Der Kampf um die Wahrheit.* Heise Zeitschriften Verlag, Hannover 2011
[Kole19] Kolenda, Klaus-Dieter: *Politischer Sprengstoff*, Rubikon, 18. April 2019, https://www.rubikon.news/artikel/politischer-sprengstoff
[KoSc19a] Kolenda, Klaus-Dieter; Schneider, Ansgar: *Geplanter Zusammenbruch*, Rubikon, 10. Mai 2019,
https://www.rubikon.news/artikel/geplanter-zusammenbruch
[KoSc19b] Kolenda, Klaus-Dieter; Schneider, Ansgar: *Selektive Wahrheitssuche*, Rubikon, 25. Juni 2019, https://www.rubikon.news/artikel/selektive-wahrheitssuche
[KoSc19c] Kolenda, Klaus-Dieter; Schneider, Ansgar: *Selektive Wahrheitssuche 2*, Rubikon, 28. Juni 2019, https://www.rubikon.news/artikel/selektive-wahrheitssuche-2
[KoSc19d] Kolenda, Klaus-Dieter; Schneider, Ansgar: *Der 11. September 2001 wird volljährig – Zeit, endlich erwachsen zu werden*, Nachdenkseiten, 9. September 2019, https://www.nachdenkseiten.de/?p=54662
[LaCo19] Lawyers's Committee for 9/11 Inquiry: *New York Area Fire Commissioners Adopt 9/11 Resolution,* 27. Juli 2019, https://www.lawyerscommitteefor9-11inquiry.org/2019/07/27/new-york-area-fire-commissioners-adopt-9-11-resolution/
[LaCo19b] Lawyers's Committee for 9/11 Inquiry: *Complaint for Declaratory and Injunctive Relief*, 25. März 2019, https://www.lawyerscommitteefor9-11inquiry.org/download/25-march-2019-fbi-9-11-review-commission-complaint-filed/
[Lang14] Langer, Annette: *Kalabrische Mafia scheffelt 53 Milliarden Euro im Jahr,* Der Spiegel, 27. März 2014, https://www.spiegel.de/panorama/justiz/ndrangheta-mafia-in-kalabrien-macht-laut-studie-53-milliarden-euro-a-961095.html
[Lobo18] Lobo, Sascha: *Putins Geniestreich,* Der Spiegel, 28. 11. 2018, https://www.spiegel.de/netzwelt/netzpolitik/wladimir-putins-wirkmaechtige-propaganda-in-sozialen-medien-a-1240829.html
[MacQ06] MacQueen, Graeme: *118 Witnesses: The Firefighters' Testimony to Explosi-*

ons in the Twin Towers, J. of 911 Studies, 2006, http://www.journalof911studies.com/articles/Article_5_118Witnesses_WorldTradeCenter.pdf
[MacQ11] MacQueen, Graeme: Vortrag auf den International Hearings on the Events of September 11, 2001, Toronto, September 2011, https://www.youtube.com/watch?v=N7caDWzYi1E
[MacQ13] MacQueen, Graeme: *Eyewitness Evidence of Explosions in the Twin Towers,* Kapitel 8, Seite 173 ff., *The 9/11 Toronto Report,* Hrsg.: James Gourley, International Center for 9/11 Studies, 2013
[MaDa05] Mazzetti, Mark; Daragahi, Borzou: *U. S. Military Covertly Pays to Run Stories in Iraqi Press,* The Los Angeles Times, 30. November 2005, https://www.latimes.com/archives/la-xpm-2005-nov-30-fg-infowar30-story.html
[Maus18] Mausfeld, Rainer: *Warum schweigen die Lämmer? Wie Elitendemokratien und Neoliberalismus unsere Gesellschaft und unsere Lebensgrundlagen zerstört,* Westend Verlag, 2018
[McCa01] McCaleb, Ian C.: *Bush tours ground zero in Lower Manhattan,* CNN, 14. September 2001, http://edition.cnn.com/2001/US/09/14/bush.terrorism/
[Meye04] Meyer, Fritjof: *Brisanter Zucker für Putins Wiederwahl,* Der Spiegel, 16. Januar 2004, https://www.spiegel.de/politik/ausland/moskauer-anschlagserie-brisanter-zucker-fuer-putins-wiederwahl-a-281917.html
[Möbi25] Möbius, Anton: *M. Tullii Ciceronis Orationes,* Hahnsche Hofbuchhandlung, Hannover, 1825
[MoSi04] Morland, Polly; Simmonds, Frank: *The 9/11 conspiracies*, Channel 4, 9. September 2004
[Murp03] Murphy, John M.: *›Our Mission and Our Moment‹: George W. Bush and September 11th,* Rhetoric & Public Affairs, Vol. 6, No. 4, Winter 2003, S. 607-632
[NIST05,08] *Final Reports from the NIST World Trade Center Disaster Investigation*, National Institute of Standards and Technology, 2005, 2008, https://www.nist.gov/el/final-reports-nist-world-trade-center-disaster-investigation
[NIST10] Antwortschreiben von Cathrine Fletcher, FOIA Officer des NIST, an Ronald Brookman, 26. Januar 2010, https://cryptome.org/wtc-nist-wtc7-no.pdf
[NZZ01] *Fragen zum Kollaps der WTC-Türme – Jedes Tragwerk hat seine Achillesferse,* Neue Zürcher Zeitung, 13. September 2001, Nr. 212, Seite 64
[PeTh08] Petrovic, John; Thomas, George: *Reaction of Aluminum with Water to Produce Hydrogen,* White Paper des US Department of Energy, April 2008, https://www1.eere.energy.gov/hydrogenandfuelcells/pdfs/aluminium_water_hydrogen.pdf
[Pier19] Pierson, Brendan: *Two jail guards for Jeffrey Epstein charged with cover-up in his suicide,* Reuters, 19 November 2019, https://www.reuters.com/article/us-people-jeffrey-epstein-guards/two-jail-guards-for-jeffrey-epstein-charged-with-cover-up-in-his-suicide-idUSKBN1XT1VY
[Plan46] Planck, Max: *Scheinprobleme der Wissenschaft,* Neue Physikalische Blätter, Seite 161-168, Heft 7, 1946, https://onlinelibrary.wiley.com/doi/epdf/10.1002/phbl.19460020701
[PNAC00] *Rebuilding America's Defenses*, Report for PNAC, September 2000 https://archive.org/details/RebuildingAmericasDefenses/page/n61
[Pola06] Polatschek, Klemens: *Die Märchen der Verschwörungstheoretiker, Frankfurter Allgemeine Zeitung*, 4. September 2006, https://www.faz.net/aktuell/politik/9-11/11-september-2001-die-maerchen-der-verschwoerungstheoretiker-1356265.html?printPagedArticle=true#pageIndex_2
[Pohl18] Pohlmann, Dirk: *Der duale Staat: Recht, Macht und Ausnahmezustand,* Vortrag in Wien für die Gruppe 42, hochgeladen am 16. Mai 2018, https://www.youtube.com/watch?v=8SCcEdl--Bk
[Popp45/80] Popper, Karl R.: *Die offene Gesellschaft und ihre Feinde, Band 2,* Franke Verlag Frankfurt, 6. Auflage, 1980, Erstveröffentlichung in englischer Sprache 1945

[Rau01] Rau, Johannes: Ansprache bei der Kundgebung ›Keine Macht dem Terror – Solidarität mit den Vereinigten Staaten von Amerika‹, 14. September 2001, https://www.bundespraesident.de/SharedDocs/Reden/DE/Johannes-Rau/Reden/2001/09/20010914_Rede.html

[Ries10] Ries, Gunnar: *Befand sich Nanothermit zwischen den Trümmern des World Trade Centers?*, 29. Januar 2010, https://scilogs.spektrum.de/mente-et-malleo/befand-sich-nanothermit-zwischen-den-tr-mmern-des-world-trade-centers/

[Robe02] Roberts, Joel: *Plans For Iraq Attack Began On 9/11*, CBS News, 4. September 2020, https://www.cbsnews.com/news/plans-for-iraq-attack-began-on-9-11/

[Rums02] Rumsfeld, Donald: Interview veröffentlicht durch das Department of Defense, 18. November 2002, https://web.archive.org/web/20021124061953/http://www.defenselink.mil/news/Nov2002/t11212002_t1118sd2.html

[Ryan13] Ryan, Kevin: *Noam Chomsky and the Willful Ignorance of 9/11*, Dig Within, 29. November 2013, https://digwithin.net/2013/11/29/chomsky/

[Scha19] Schall, Tim: *Eine Auseinandersetzung mit der offiziellen Erklärung des Kollapses von World Trade Center 7 am 11. September 2001,* Hochschule für Technik Stuttgart, Bachelor-Arbeit, 2019, https://www.siper.ch/assets/uploads/files/dokumente/Tim%20Schall%20(2019)%20-%20Eine%20Auseinandersetzung%20mit%20der%20offiziellen%20Erklaerung%20des%20Kollapses%20von%20World%20Trade%20Center%207%20am%2011.%20September%202001.pdf

[Schm02] Schmitt, Eric: *Rumsfeld Formally Disbands Office of Strategic Influence,* The New York Times, 26. Februar 2002, https://www.nytimes.com/2002/02/26/national/rumsfeld-formally-disbands-office-of-strategic-influence.html

[Schn06] Schneider, Jörg: *Short course on Structural and Construction Safety,* IABSE E-Learning Project, 2006, http://thost-iabse-elearning.org/s01/index.html

[Schn17a] Schneider, Ansgar: *Energy Estimates of Progressive Floor Collapses and the World Trade Center Catastrophe*, E-Print 2017, https://arxiv.org/abs/1712.06183

[Schn17b] Schneider, Ansgar: *The Crush-Dow Equation for Non-Constant Velocity Profiles*, E-Print 2017, https://arxiv.org/abs/1712.06188

[Schn17c] Schneider, Ansgar: *The Late Jolt – Re-Examining the World Trade Center Catastrophe*, E-Print 2017 https://arxiv.org/abs/1712.06207

[Schn18] Schneider, Ansgar: *Stigmatisierung statt Aufklärung*, Peace Press, 2018

[Schn19] Schneider, Ansgar: *The Structural Dynamics of the World Trade Center Catastrophe*, IABSE Congress Report, the evolving Metropolis, New York 2019, Vol. 114, Seiten 2151-2156, https://arxiv.org/abs/1910.10801

[Schn19a] Schneider, Ansgar: *Der 11. September aus der Sicht der Physik – Wissenschaft und gesellschaftliche Leugnung*, Vortrag für die Gruppe 42 in Wien am 12. Dezember 2019, https://www.youtube.com/watch?v=ICgr-Lg7Yvw

[Schu11] Schulte von Drach, Marcus C.: *9/11, Außerirdische und Elvis – unsterblich verschworen*, Süddeutsche Zeitung, 26. August 2011, https://www.sueddeutsche.de/wissen/vom-9-11-aliens-und-elvis-unsterbliche-verschwoerungstheorien-1.1120769

[Schr13] Schreyer, Paul: *Faktencheck 9/11 – Eine andere Perspektive, 12 Jahre danach,* Kai Homillius Verlag 2013

[Shan05] Shane, Scott: *Official Reveals Budget for U. S. Intelligence*, New York Times, 8. November 2005, https://www.nytimes.com/2005/11/08/politics/official-reveals-budget-for-us-intelligence.html

[SiLe20] Simko-Bednarski, Evan; Levenson, Eric: *Jail video of Jeffrey Epstein's first apparent suicide attempt no longer exists*, CNN, 10. Januar 2020, https://edition.cnn.com/2020/01/09/us/jeffrey-epstein-video-missing/index.html

[Smit72] Smith, I. E.: *Hydrogen generation by means of the aluminum/water reaction*, Journal of Hydronautics, April 1972, Vol. 6, No. 2, Seiten 106-109

[Spei16] Speicher, Christian: *Einladung zur Spekulation über 9/11,* Neue Zürcher Zeitung, 16. Seotember 2016, https://www.nzz.ch/wissenschaft/technik/anschlag-auf-das-world-trade-center-einladung-zur-spekulation-ueber-911-ld.116999

[Sper14] Sperry, Paul: 9/11 terrorists caught testing airport security months before attacks, New York Post, 5. Oktober 2014, https://nypost.com/2014/10/05/airport-security-ignored-pre-911-warnings-on-hijackers-court-docs/

[SSJ13] Szuladziński, Gregory; Szamboti, Anthony; Johns, Richard: *Some Misunderstandings Related to WTC Collapse Analysis,* International Journal of Protective Structures Vol. 4, No. 2, June 2013

[Stei16] Stein, Hannes: *Der gefährliche Glaube an die große Verschwörung*, Welt, 11. September 2016, https://www.welt.de/debatte/kommentare/article157942289/Der-gefaehrliche-Glaube-an-die-grosse-Verschwoerung.html

[Stei19] Steinbuch, Yaron: *Jeffrey Epstein was taken off suicide watch at his lawyers' request*, New York Post, 12. August 2019, https://nypost.com/2019/08/12/jeffrey-epstein-was-taken-off-suicide-watch-at-his-lawyers-request/

[Stew19] Stewart, James B.: *The Day Jeffrey Epstein Told Me He Had Dirt on Powerful People,* New York Times, 12. August 2019, https://www.nytimes.com/2019/08/12/business/jeffrey-epstein-interview.html

[Ston99] Stoner Saunders, Frances: *The Cultural Cold War – the CIA and the World of Arts and Letters*, The New Press, 1999

[SuVe09] Sunstein, Cass; Vermeule, Adrian: *Symposium on Conspiracy Theories Conspiracy Theories: Causes and Cures*, The Journal of Political Philosophy, Vol. 17, No. 2, 2009, pp. 202–227

[SZ13] *Der rätselhafte Tod des Oligarchen,* Süddeutsche Zeitung, 24. März 2013, https://www.sueddeutsche.de/politik/boris-beresowskij-stirbt-im-britischen-exil-der-raetselhafte-tod-des-oligarchen-1.1632035

[SZ19a] *FBI untersucht Tod von Jeffrey Epstein,* Süddeutsche Zeitung, 11. August 2019, https://www.sueddeutsche.de/panorama/epstein-tot-fbi-1.4559790

[SZ19b] *Obduktionsbericht bestätigt Selbstmord von Epstein*, Süddeutsche Zeitung, 17. August 2019, https://www.sueddeutsche.de/panorama/kriminalitaet-obduktionsbericht-bestaetigt-selbstmord-von-epstein-dpa.urn-newsml-dpa-com-20090101-190816-99-496639

[SZ20] *Einbrecher führt Polizei auf falsche Fährte: Dann gefass*t, Süddeutsche Zeitung, 23. April 2020, https://www.sueddeutsche.de/panorama/kriminalitaet-dortmund-einbrecher-fuehrt-polizei-auf-falsche-faehrte-dann-gefasst-dpa.urn-newsml-dpa-com-20090101-200423-99-806103

[TJCS62] The Joint Chiefs of Staff: *Memorandum for the Secretary of Defence*, 13. März 1962, http:// nsarchive.gwu.edu/news/20010430/northwoods.pdf

[Toml09] Tomlinso, Chris: *AP Impact: Pentagon boosts spending on PR,* The San Diego Union-Tribune, 5. Februar 2009, https://www.sandiegouniontribune.com/sdut-pentagon-information-war-020509-2009feb05-story.html

[Tuna09] Tunander, Ola: *Democratic State vs Deep State: Approaching the Dual State of the West*, erschienen als Kapitel 2, S. 56 ff., in: Wilson, Eric (Ed.): *Government of the Shadows*, Pluto Press, 2009, siehe auch, https://wikispooks.com/wiki/Document:Democratic_State_v_Deep_State

[Tuna12] Tunander, Ola: *The Dual State: The Case of Sweden,* erschienen als Kapitel 8, Seite 171 ff. in: Wilson, Eric (Ed.): The Dual State – Parapolitics, Carl Schmitt and the National Security Complex, Ashgate, 2012

[Tusk13] Tuskin, Bob: *Noam Chomsky Has No Opinion on Building 7,* Mitschnitt einer Veranstaltung am 15. Oktober 2013 an der Florida State University, 18. Oktober 2013, https://www.youtube.com/watch?v=3i9ra-i6Knc

[USEM73] *Another ›British Spy‹ Case,* Botschaftsdepesche Amerikanische Botschaft Dublin, 8. August 1973, https://wikileaks.org/plusd/cables/1973DUBLIN01042_b.html

[VN01] Resolutionen und Beschlüsse des Sicherheitsrats vom 1. Januar 2001 bis 31. Juli 2002,
https://www.un.org/Depts/german/sr/sr_01-02/sr1368.pdf

[VN48] Resolution der Generalversammlung der Vereinten Nationen 217 A (III): *Allgemeine Erklärung der Menschenrechte*, 10. Dezember 1948, https://www.un.org/depts/german/menschenrechte/aemr.pdf

[vonB03] von Bülow, Andreas: *Die CIA und der 11. September – Internationaler Terror und die Geheimdienste.* Piper Verlag, München 2003

[Wagn09] Wagner, Jens: *Kann sein, was nicht sein darf?,* Seite 28-29, *IPPNW-Forum* (Mitgliederzeitschrift), Ausgabe 115, 2009

[Warr64] Warren, Earl et al.: *Report of the President's Commission on the Assassination of President John F. Kennedy*, US Government Printing office, Washington DC, 1946, https://www.govinfo.gov/content/pkg/GPO-WARRENCOMMISSIONREPORT/pdf/GPO-WARRENCOMMISSIONREPORT.pdf

[WD07] Wissenschaftlicher Dienst des Deutschen Bundestages: *›Verschwörung‹ im US – amerikanischen Strafrecht und § 30 Abs. 2 , 3. Alt. StGB im Vergleich,* Ausarbeitung WD 7 – 187/07, 28. September 2007, https://www.bundestag.de/resource/blob/558366/da80539bd2589c0b49a212aded573dd8/WD-7-187-07-pdf-data.pdf

[WeBl01] Weiss, Rick; Blum, Justin: *Suspect May Have Wanted to Buy Plane*, Washington Post, 25. September 2001, https://www.washingtonpost.com/archive/politics/2001/09/25/suspect-may-have-wanted-to-buy-plane/9a57dc6d-ffe3-4784-9972-12f339cf30f0/

[Weih17] Weihmann, Robert: *Handbuch Kriminalistik,* Stand 2017, http://www.weihmann.info/images/Kriminalistik/Kapitel%2007,%20Tatort.pdf

[Weih18] Weihmann, Robert: *Kriminalistik, Kriminaltechnik, Aktuelle Literatur*, Stand 2018, http://www.weihmann.info/images/Aktuelle%20Literatur.pdf

[WoHu07] Wood, Judy; Hutchison, John: *Anomalies at the WTC and the Hutchison Effect,* 25. Dezember 2007, https://www.drjudywood.com/articles/JJ/

[Wolf20] Wolffen, Christian: *Vernünftige Gedancken von Gott, der Welt und der Seele des Menschen*, Halle, 1720

[Yard02] Yardley, Jim: *A Trainee Noted for Incompetence*, New York Times, 2. Mai 2002,
https://www.nytimes.com/2002/05/04/us/a-trainee-noted-for-incompetence.html

[Yann00] Yannuzzi, Rick E.: *In-Q-Tel: A New Partnership Between the CIA and the Private Sector*, Defense Intelligence Journal, Volume 9, Number 1, Winter 2000, Seite 25-37

[Zimm16] Zimmerman, Malia: Flight logs show Bill Clinton flew on sex offender's jet much *more than previously known,* Fox News, 13. Mai 2016, https://www.foxnews.com/us/flight-logs-show-bill-clinton-flew-on-sex-offenders-jet-much-more-than-previously-known

Anmerkungen

1 Albert Einstein über den katalanischen Musiker Pau Casals, zitiert nach Seite 11 in [Corre57]: »*What I particularly admire in him is the firm stand he has taken, not only against the oppressors of his countrymen, but also against those opportunists who are always ready to compromise with the Devil. He perceives very clearly that the world is in greater peril from those who tolerate or encourage evil than from those who actually commit it.*«

Vorwort und inhaltlicher Überblick

1 Zur leichteren Lesbarkeit des Textes verwenden wir im Folgenden zumeist das grammatisch maskuline Geschlecht (genus) für allgemeine tätigkeitsbezogene Personenbezeichnungen wie Leser, Akademiker, Journalist et cetera, was keine Annahme über das natürliche Geschlecht (sexus) der jeweiligen Person beinhaltet.

Persönliche Einführungen

1 »*[…] Gib mir ein Waterboard, Dick Cheney und eine Stunde und er wird die Tate-Morde gestehen.*« Jesse Ventura im Interview durch Larry King auf die Frage, wie sich Folter durch Waterboarding anfühlt, weil Ventura dies als Teil seiner Ausbildung zum Navy SEAL selbst durchmachen musste [KiVe09].

2 »*I can hear you. The rest of the world hears you. And the people who knocked down these buildings will hear all of us soon.*« Siehe etwa [McCa01].

3 [Rau01].

4 Siehe etwa [FR01].

5 Siehe auch Kapitel 11.

6 [TJCS62].

7 »*Bevor ihr Ingenieure seid, seid ihr vor allem Menschen*«, steinerne Inschrift im Hauptgebäude der Eidgenössischen Technischen Hochschule Zürich (ETHZ) zu Ehren von Francesco de Sanctis, des ersten Professors für italienische Literatur an der ETHZ.

8 Eine überarbeitete Version der Vorlesungsreihe findet man unter [Schn06].

9 [NZZ01].

10 [Gans06].

11 Aus Brechts Gedicht »*An die Nachgeborenen*«.

12 Siehe Seiten 113, 115 und 117 sowie ein Nachtrag mit Ergänzungen und Berichtigungen in [BBSW74].

13 »*Our war on terror begins with al Qaeda, but it does not end there. It will not end until every terrorist group of global reach has been found, stopped and defeated. [...] And we will pursue nations that provide aid or safe haven to terrorism. Every nation in every region now has a decision to make: Either you are with us or you are with the terrorists.*« [Bush01].

14 Die Abkürzung IPPNW steht für den englischen Namen *International Physicians for the Prevention of Nuclear War* – ein internationaler Zusammenschluss von Human-, Tier- und Zahnärzten, der sich unter anderem für die Abrüstung atomarer Waffen einsetzt.

15 Eine kurze Zusammenfassung der offiziellen Behauptungen ist in Anhang A gegeben.

16 [Wagn09].

17 https://agzukunftspolitik.de/david-ray-griffin-vortrag/

18 [GHMT15].

19 [vonB03], [BrWa11], [Schr13], [Klöc11].

20 [Gans14].

21 [FiSc19].

22 [Schn18].

23 [Kole19].

24 [KoSc19a], [KoSc19b], [KoSc19c], [KoSc19d].

25 Macbeth, Akt 5, Szene VII, Seite 1004 [Crai30], ins Deutsche übertragen etwa: »Macbeth: *Mein Leben doch beschützt ein Zauber, unangreifbar für all die, die einer Frau geboren sind.* Macduff: *So laß sie fahren deine Hoffnung und dir von deinen Engeln sagen, Macduff ward seiner Mutters Leibe vorzeitig per Schnitt entnomm'n.*«

Ein Gespräch über den 11. September

1 Das Akronym ESTA steht für *Electronic System for Travel Authorization*. Mit einem genehmigten ESTA-Antrag können deutsche (EU-)Staatsbürger visumsfrei in die USA einreisen.

2 Die *International Association for Bridge and Structural Engineering* (IABSE) ist eine internationale Vereinigung von Bauingenieuren, die 1929 in der Schweiz gegründet wurde. Im September 2019 richtete die IABSE anlässlich ihres neunzigjährigen Bestehens den Kongress *The Evolving Metropolis* im *Jacob Javits Convention Center* in Midtown Manhattan, New York City aus.

3 Das Akronym AWACS steht für *Airborne Early Warning and Control System*. Das sind Flugzeuge mit Radarsystemen für militärische Aufklärungszwecke.

4 »*Nicht schon wieder diese Apfelgeschichte!*« Stephen Hawkings Erwiderung auf Isaac Newtons Bemerkung: »*The day that apple fell on my head was the most momentous day in the history of science.*« Star Trek – The Next Generation, Staffel 6, Episode 26, https://www.youtube.com/watch?v=qgj47NlW1zg

5 Siehe Seite xxxvii, Fußnote 2 und Seite 82, Fußnote 13 in NCSTAR 1 und [NIST05], siehe dazu auch Seite 82, 83 in [Schn18] oder Min. 37 ff. in [Schn19a].

6 »NIST agrees with [Bažant's and Zhou's] assessment of the tower's required structural capacity to absorb the released energy of the upper building section as it began to fall as an approximate lower bound.« Seite 323, Teil NCSTAR 1-6 von [NIST05].

7 [Schn19].
8 [SSJ13], vgl. auch Seite 73 ff. in [Schn18].
9 [Schn17a].
10 [Schn17b], [Schn17c].
11 Siehe etwa die Diskussion in [Schn19a] oder auch die Beiträge von David Chandler [Chan10].
12 Seite 95 ff. [Schn18].
13 Siehe etwa beim Einsturz von WTC 1 den Trümmerauswurf nach Norden sichtbar über dem westlichen Ende des Penthauses von WTC 7 bei Min. 24:37 in [Schn19a].
14 Siehe Min 24 ff in [Schn19a].
15 Siehe die Diskussion in Seite 100 ff. [Schn18].
16 Siehe etwa Seite 102 [Schn18].
17 Vgl. Seite 94 [Schn18].
18 Siehe dazu Seite 94 in [Schn18] und die darin angegebenen Quellen.
19 Siehe dazu die Diskussion auf Seite 99 ff. [Schn18] und die darin angegebenen Quellen.
20 [HFJR09].
21 Siehe dazu Seite 111 in [Schn18] und die darin angegebenen Quellen.
22 Siehe dazu etwa Seite 102 ff. [Schn18] und die darin angegebenen Quellen.
23 [Ries10].
24 Der Grund, warum Harrit, Jones und Farrer das Experiment nicht unter Schutzgas durchgeführt haben, sondern unter Luftatmosphäre, war, dass sie die telefonische Information vom *Lawrence Livermore National Laboratory* bekommen hatten, dass die Differentialkalometrie, die dort benutzt wurde, um das dort hergestellte Nano-Thermit zu testen, unter Luftatmosphäre getestet wurde. Es ging also darum, ein bekanntes Experiment nachzustellen. Erst nach Veröffentlichung der Arbeit wurden Harrit, Jones und Farrer darüber aufgeklärt, dass diese Information von der Person am Telefon falsch weitergegeben wurde. Das ist unglücklich gelaufen und Niels Harrit ärgert sich sehr darüber, nicht auch das zweite Experiment durchgeführt zu haben, aber das ändert alles nichts an den gewonnenen Daten, die für sich stehen.
25 [MacQ06], [MacQ11], [MacQ13], Seite 122 ff. [Schn18].
26 Siehe etwa den in den persönlichen Einführungen dieses Buches von Jörg Schneider zitierten Text der *NZZ*.
27 Siehe die Diskussion auf Seite 127, 128 in [Schn18].
28 [Hänt11].
29 »*NIST agrees with [Bažant's and Zhou's] assessment of the tower's required structural capacity to absorb the released energy of the upper building section as it began to fall as an approximate lower bound.*« Seite 323, Teil NCSTAR 1 6 von [NIST05].
30 [Spei16].
31 Das Buch ist im Text des *NZZ*-Artikels verlinkt, der Link ist jedoch nicht mehr aktuell. Mackeys Buch findet man unter https://sites.google.com/site/911guide/ryanmackey. Der etwas umständliche Titel »*On Debunking 9/11 Debunking*« bezieht sich auf ein Buch David Griffins mit dem Titel »*Debunking 9/11 Debunking*«, was so viel bedeutet wie »*Das Entlarven der 9/11-Entlarvung*«, wobei sich dieser Titel wiederum auf das Magazin *Popular Mechanics*

(*PM*) und andere Apologeten der offiziellen Geschichte des 11. September bezieht, die mit der Bezeichnung »9/11-Entlarvung« eine Sammlung von Aussagen meinen, von denen die Apologeten glauben, die Argumente der Kritiker der offiziellen Geschichte würden damit entkräftet.

32 [Pola06].

33 Seite 96 [Schn18].

34 Der Begriff Tiefer Staat stammt aus dem Türkischen: »*Derin Devlit*«. In der Türkei wurden solche Strukturen von der Regierung eingestanden und auch von den höchsten Repräsentanten des Staates so benannt. Die Türkei hat in ihrer jüngeren Geschichte mehrere Militärputsche erlebt, deswegen muss man dort niemandem erklären, dass nicht verfassungsgemäße Gewalt von staatlichen Akteuren ausgeübt werden kann. In Italien verwendet man die Bezeichnung »*Stato Parallelo*«. Der schwedische Friedensforscher Ola Tunander spricht auch von einem »*Dualen Staat*« und meint damit den demokratischen Rechtsstaat auf der einen Seite und einen »*Sicherheitsstaat*« auf der anderen Seite, dessen ausführenden Arm er als Tiefen Staat bezeichnet. Der Begriff »*Dualer Staat*« wiederum geht auf den renommierten deutsch-jüdischen Rechtswissenschaftler Hans Morgenthau, der in der NS-Zeit in die USA flüchten konnte, zurück. Der »*Sicherheitsstaat*«, so schrieb Morgenthau bereits 1955 über den amerikanischen Herrschaftsapparat, »*übt ein effektives Veto über dessen Entscheidungen aus*« (zitiert nach [Tuna12]). Die möglichen Handlungsalternativen des Rechtsstaats sind beschränkt und damit sind hier natürlich keine demokratisch legitimierten Weisungen gemeint, sondern Einflussnahmen und Aktivitäten, die außerhalb der demokratischen Verfasstheit des Staates liegen.

Eine Einführung in das Thema findet man in [Tuna09] oder [Pohl18].

35 [Gans09], siehe auch [Tuna12].

36 [deHa10].

37 Siehe Seite 78 ff. in [Maus18].

38 »*As I use the term ›rogue state‹, the leading ›rogue state‹ in the world is the United States.*« [ChGu01].

39 »*Remember the worst terrorist campaign in the world by far is the one that's being orchestrated in Washington.*« [ChKu15].

40 World Trade Center Building 7 (WTC 7, Gebäude 7) war der dritte Wolkenkratzer, der am 11. September zerstört wurde. Siehe dazu Kapitel 4.

41 https://www.ae911truth.org/

42 Siehe [Tusk13]. Eine Transkription des englischen Wortlautes von Tuskins Frage und Chomskys Antwort ist in Anhang B wiedergegeben.

43 [Ryan13].

44 Siehe Kapitel 5.

45 [GoCl07].

46 National Coordinator for Counter Terrorism.

47 »*Instead I walked into a serious of discussions about Iraq. At first I was incredulous that we were talking about something other than getting al Qaeda. […] It was too sophisticated and complicated an operation, [Wolfowitz] said, for a terrorist group to have pulled off by itself, without a state sponsor—Iraq must have been helping them. […] Rumsfeld was talking about broadening our objectives of our response and ›getting Iraq.*« Seite 30 [Clar04].

48 »*CBS News has learned that barely five hours after American Airlines Flight 77 plowed into the Pentagon, Defense Secretary Donald H. Rumsfeld was telling his aides to come up with plans for striking Iraq.*« [Robe02]

49 »*Null.*« Leroy Hulseys Antwort, auf einer Skala von 0 bis 100 einzuschätzen, wie wahrscheinlich es ist, dass WTC 7 durch Feuer eingestürzt ist [Huls16].

50 Siehe etwa Min. 27 ff. [Schn19a]

51 [Chan10a], Min. 70 ff. [Schn19a], Seite 39 ff. [Schn18].

52 NCSTAR 1A , [NIST08].

53 Siehe etwa [Grif17], Seite 49 ff. in [Schn18] oder Min. 40 ff. [Schn19a].

54 [Scha19].

55 Siehe etwa Seite 559 NCSTAR 1-9 [NIST08].

56 Ein vorläufiger Bericht erschien im September 2019, der Abschlussbericht im März 2020 [HQX20].

57 Siehe Min. 27 [Schn19a].

58 Ziffer 1 des deutschen Pressekodexes [DPR73/17].

59 [Schu11].

60 [Bald15].

61 [Stei16].

62 Hervorhebung bzgl. des World Trade Centers im Original mit halbseitiger Fotografie unterlegt, [Dwor19].

63 [Hass00].

64 [Meye04].

65 [Aven17].

66 »*Epstein was taken off suicide watch — which required a check every 15 minutes — despite a July 23 incident in which he was found with injuries to his neck. He had been downgraded to »special observation status,« which required two guards to make separate checks on him every 30 minutes, but that procedure was not followed, a source has told Reuters.« [Stei19] »In addition, because Mr. Epstein may have tried to commit suicide three weeks earlier, he was supposed to have had another inmate in his cell, three officials said. But the jail had recently transferred his cellmate and allowed Mr. Epstein to be housed alone, a decision that also violated the jail's procedure, the two [sic] officials said.*« [BIGS19]

67 [Hose19], [Pier19].

68 [SiLe20].

69 [Zimm16].

70 »*[…] many prominent men and at least a few women must be breathing sighs of relief that whatever Mr. Epstein knew, he has taken with him.*« [Stew19].

71 [Heil19].

72 [SZ19a].

73 [SZ19b].

74 [SZ13].

75 Ebenda.

76 Einen Vergleich der deutschen und amerikanischen Begrifflichkeiten findet man in [WD07].

77 Als »*vertraulich*« eingestufte Botschaftsdepesche der US-amerikanischen Botschaft in Dublin vom 8. August 1973, die britischen Staatsterrorismus zur Verschärfung eines sozialen Konfliktes vermutet: »*Ernstzunehmendster Spekulationsstrang ist, dass britische Agenten für die Bombenanschläge in Dublin im*

vergangenen Dezember, die niemals aufgeklärt wurden, verantwortlich gewesen sein mögen.« [USEM73].

78 »*We hate to see a corporation of this country promote the U.N. when we know that it is an instrument of the Soviet Communist conspiracy.* » Seite 80 [Hofs64].

79 »*This enemy is clearly delineated: he is a perfect model of malice, a kind of amoral superman — sinister, ubiquitous, powerful, cruel, sensual, luxury-loving. Unlike the rest of us, the enemy is not caught in the toils of the vast mechanism of history, himself a victim of his past, his desires, his limitations. He will, indeed he manufactures, the mechanism of history, or tries to deflect the normal course of history in an evil way. He makes crises, starts runs on banks, causes depressions, manufactures disasters, and then enjoys and profits from the misery he has produced. The paranoid's interpretation of history is distinctly personal: decisive events are not taken as part of the stream of history, but as the consequences of someone's will. Very often the enemy is held to possess some especially effective source of power: he controls the press; he has unlimited funds; he has a new secret for influencing the mind (brainwashing) ; he has a special technique for seduction (the Catholic confessional).«* Seite 85 [Hofs64].

80 »*In the paranoid style, as I conceive it, the feeling of persecution is central, and it is indeed systematized in grandiose theories of conspiracies.«* Seite 4 [Hofs65/96].

81 »*Notions about an all-embracing conspiracy on the part of Jesuits or Freemasons, international capitalists, international Jews, or Communists are familiar phenomena in many countries throughout modern history. One need only think of the response to President Kennedy's assassination in Europe to be reminded that Americans have no monopoly of the gift for paranoid improvisation. [Footnote 5:] Conspiratorial [sic] explanations of Kennedy's assassination have a far wider currency in Europe than they do in the United States, but no European to my knowledge has matched the ingenuity of Professor Revilo P. Oliver of the University of Illinois, who suggests that while Kennedy had performed many services for the Communist conspiracy, he was falling behind in a schedule for the ›effective capture of the United States in 1963‹ and was ›rapidly becoming a political liability.‹ He therefore had to be shot. The New York Times, February 11, 1964 [End Footnote 5]. More important, the single case in modern history in which one might say that the paranoid style has had a consummatory triumph occurred not in the United States but in Germany.«* Seite 7 [Hofs65/96].

82 »*[The paranoid style] is a common ingredient of fascism, and of frustrated nationalism, though it appeals to many who are hardly fascists and it can frequently be seen in the left-wing press.«* Seite 6 [Hofs65/96].

83 »*In contemporary right-wing movements a particularly important part has been played by ex-Communists who have moved rapidly, though not without anguish, from the paranoid left to the paranoid right, clinging all the while to the fundamentally Manichean psychology that underlies both.«* Seite 35 [Hofs65/96].

84 Seite 181, 182 [Popp45/80].

85 Diese Bewertung von Poppers Definition ist kein übertrieben wortwörtliches Verständnis des Wortes »*alles*«, was vielleicht nicht so umfassend gemeint sein könnte. Popper meint wirklich »*alles*«, wie er zwei Seiten später nochmals klarstellt: »*[Die Verschwörungstheorie der Gesellschaft] behauptet ja, dass alle Ergebnisse, sogar jene, die auf den ersten Blick von niemand beabsichtigt zu sein*

scheinen, die beabsichtigten Resultate der Handlungen von Menschen sind, die an ihrem Eintreten interessiert sind.« Seite 184 [Popp45/80].

86 Seite 183 [Popp45/80].

87 »*The distinguishing thing about the paranoid style is not that its exponents see conspiracies or plots here and there in history, but that they regard a ›vast‹ or ›gigantic‹ conspiracy as the motive force in historical events.«* Seite 19 [Hofs65/96].

88 Seite 42 [Butt18].

89 Seite 161 [Plan46].

90 Siehe etwa ab 2 h 00 min 40 sec in [Schn19a].

91 Seite 195 [Wolf20].

92 Wenn Sie also 177,3 cm gemessen haben, runden Sie die Maßzahl 177,3 auf 178 auf und das Ergebnis ist ›gerade‹, bei 176,0 cm runden Sie 176,0 auf 177 auf und das Ergebnis ist ›ungerade‹.

93 Das NIST teilte nach Anfrage auf Grundlage des amerikanischen Informationsfreiheitsgesetzes mit, dass die *»öffentliche Sicherheit«* durch eine Veröffentlichung gefährdet sei: *»We are, however, withholding 3,370 files. The NIST Director determined that the release of these data might jeopardize public safety.«* [NIST10]. Siehe auch [Broo11].

94 Seite 11 [Butt18].

95 Seite 12 [Butt18].

96 Seite 21 [Butt18].

97 Seite 36 [Butt18].

98 Seite 22, 23 [Butt18].

99 Seite 36, 37 [Butt18].

100 Seite 38 [Butt18].

101 Seite 38 [Butt18].

102 Seite 44 [Butt18].

103 [Lang14].

104 Um Butters Aussage zu falsifizieren, nehmen Sie folgendes triviale Beispiel: Franz Beckenbauer und Uli Hoeneß versuchen, den DFB (eine Institution) zu kontrollieren, und außerdem geschieht nichts durch Zufall, es ist auch wirklich gar nichts so, wie es scheint, und überhaupt ist alles geplant, zudem sind die beiden echt böse und alle andern gut.

Diese Aussage erfüllt alle Bedingungen 0.), 1.),2.), 3.), 4.) und sogar 5.). Es handelt sich also nach unserem bisherigen Kenntnisstand um eine »*Verschwörungstheorie*« im Sinne Butters. Allerdings sind in dieser »*Verschwörungstheorie*« nur zwei Bösewichte zu finden und nicht Dutzende. Damit ist gezeigt, dass Butters obige Aussage falsch ist.

105 Seite 40 [Butt18].

106 »*Suqami's passport survived the attack: a passerby picked it up from the World Trade Center and handed to a New York Police Department detective shortly before the towers collapsed.«* Seite 21 [EGHK04].

107 Siehe etwa Seite 14 [Schn18] oder Seite 27 [Davi13].

108 »*Today, our nation saw evil, the very worst of human nature*«, »*terrorist parasites who threaten their countries and their own*«, »*curse of terrorism that is upon the face of the earth*«, »*faceless enemies of human dignity*«. Zitiert nach Seite 5 [Jack05/15].

109 [Bush01].

110 »*President Bush fills that world with heroes and villains […]. For President Bush, the world is, as it ever was, divided between good and evil.*«, Seite 626 [Murp03].

111 Die drei Wolkenkratzer sind nicht durch die Feuer- und Flugzeugschäden zerstört worden und die 19 beschuldigten Araber und Osama bin Laden sind unschuldig. Siehe dazu auch Kapitel 10.4, 10.5.

112 Z. B. Seite 38 [Butt18].

113 »*Within months, the Taliban was driven from power, and nearly 1000 al-Qaida operatives were arrested in over 60 countries.*« Seite 2 [DoS02].

114 [FAZ01].

115 Seite 37, [Butt18].

116 Seite 60 [Butt18].

117 »*We just saw another one … Another plane just flew into the second tower. This has to be deliberate, folks … Now, given what has been going around the world, some of the key suspects come to mind, Osama bin Laden … Who knows what.*« Zitiert nach Seite 48 [Davi20].

118 »*Jon, I've just been told from a US law enforcement official, that they are saying it is evident, that this is a terrorist related attack, and among the key targets, key people that they're looking at is Osama bin Laden.*« Zitiert nach Seite 49 [Davi20].

119 »*Conspiracists quickly responded to the attacks. They rejected the conventional explanation that Al-Qaeda was responsible, because they already had an ample reservoir of evildoers on whom to pin blame.*« Seite 162 [Bark13].

120 Seite 59 [Butt18].

121 Der rechtshistorische Hintergrund dieser Frage reicht mindestens 2 000 Jahre bis in die römische Antike zurück. Überliefert ist die Verteidigungsrede von Marcus Tullius Cicero, der in einem Mordfall die Verteidigung für Sextus Roscius, den angeklagten Sohn des Ermordeten, übernahm und mit dieser Fragestellung den wahren Täter überführen konnte. Cicero greift in seiner Rede den Gedanken des römischen Richters Lucius Cassius auf: »*Jener L. Cassius, den das römische Volk als allerhöchst wahrheitsliebenden und weisen Richter schätzte, pflegte in solchen Fällen immer wieder zu fragen: Wem zum Vorteil war's gewesen? So ist das Wesen der Menschen, dass niemand ohne Hoffnung auf einen Vorteil versuchen würde, eine Übeltat herbeizuführen.*« Im Original: »*L. Cassius ille, quem populus Romanus verissimum et sapientissimum iudicem putabat, identidem in causis quaerere solebat, cui bono fuisset. Sic vita hominum est, ut ad maleficium nemo conetur sine spe atque emolumento accedere.*« Zitiert nach Seite 68 [Möbi25].

122 Siehe Kapitel 7, Abschnitt 3 – Methoden der Tatrekonstruktion [Weih17].

123 Seite 74, 75 [Butt18].

124 *Neue Zeitung für Strafrecht*: BGH, NStZ 2014, Seite 475, zitiert nach [Weih18].

125 Seite 78 [Butt18].

126 Seite 92 [Butt18].

127 [Keel99].

128 »*Further, the fire alarm system in WTC 7, which was transmitted to a monitoring service, was on ›test‹ the morning of September 11, 2001, because routine maintenance was being performed. Under test conditions (1) the system is typically disabled for the entire building, not just for the area where work is being perfor-*

med, and (2) alarm signals typically do not show up on an operator console.« Seite 214, Fußnote 35, NCSTAR 1 [NIST05].

129 »*What conspiracy theories get wrong, however, is that the existence of errant data alone is not a significant problem with a theory. Given the imperfect nature of our human understanding of the world, we should expect that even the best possible theory would not explain all the available data.*« Seite 120 [Keel99].

130 »*unwarranted conspiracy theories*«.

131 Fußnote 2, [Keel99].

132 »*I should emphasize at no point should the reader conclude that I am giving arguments for or against the truth of any given explanation. The issue here is not whether aliens are indeed visiting our planet, or whether Oswald acted alone.*« Seite 111, [Keel99].

133 Minute 33 in [Butt19].

134 Seite 603 NCSTAR 1-9 [NIST08], siehe auch die Diskussion dazu Seite 43 ff. in [Schn18].

135 Seite 9 [DFG19].

136 Minute 17 in [Butt17].

137 Seite 63 [Butt18].

138 Seite 187 [Butt18].

139 Seite 63, 64 [Butt18].

140 »*Some conspiracy theories may be harmless entertainment or a sign of healthy scepticism, but others are dangerous because they fuel racism, nationalism or terrorism. They can lead to political disengagement, distrust of the media, and, in the case of climate change and vaccination programmes, loss of faith in medical and scientific authorities.*« https://web.archive.org/web/20170705214310/http://conspiracytheories.eu/project-introduction/

Die ursprüngliche URL https://conspiracytheories.eu/project-introduction/ mit dem genannten Text war im Mai 2021 zwar noch erreichbar, aber nicht mehr auf der Startseite https://conspiracytheories.eu/ verlinkt, wo eine gekürzte und geänderte Einleitung *(»Introduction«)* erschien. In der neuen Einleitung wurde der *»Vertrauensverlust in die Medien«* gestrichen und es ist von einem *»Glaubensverlust in medizinische oder wissenschaftliche Fachkenntnisse«* die Rede: »*Some conspiracy theories may be harmless entertainment or a sign of well-founded scepticism. But at times they can be dangerous. They can lead to a loss of faith in medical and scientific expertise, to political disengagement, and even to violence.*« https://web.archive.org/web/20200410193138/ https://conspiracytheories.eu/

Eine Auseinandersetzung mit der ursprünglichen Einleitung findet man ab 2 h 16 min 15 sec in [Schn19a].

141 Seite 513 [Kant84].

142 Seite 47 [Butt18].

143 [Warr64].

144 In Anhang C befindet sich eine Kopie des Dokumentes.

145 Seite 45 [Butt18].

146 [Lobo18].

147 Seite 40 [Maus18].

148 Ziffer 5, Seite 32 [Maus18].

149 »*The knowledge regarding such operations has become so widespread that our country has been accused of being responsible for practically every internal difficulty that has occurred in every country in the world.*« Seite 141 [Chur76].

150 »*As long as it remains national policy, another important requirement is an aggressive covert psychological, political and paramilitary organization more effective, more unique, and if necessary, more ruthless than that employed by the enemy. No one should be permitted to stand in the way of the prompt, efficient, and secure accomplishment of this mission. It is now clear that we are facing an implacable enemy whose avowed objective is world domination by whatever means and at whatever cost. There are no rules in such a game.*« Seite 50 [Chur76].

151 » *— Create and exploit problems for International Communism. — Discredit International Communism, and reduce the strength of its parties and organization. — Reduce International Communist control over any areas of the world. — Strengthen the orientation toward the United States of the nations of the free world, accentuate, wherever possible, the identity of interest between such nations and the United States as well as favoring, where appropriate, those groups genuinely advocating or believing in the advancement of such mutual interests, and increase the capacity and will of such peoples and nations to resist International Communism. — In accordance with established policies, and to the extent practicable in areas dominated or threatened by International Communism, develop underground resistance and facilitate covert and guerrilla operations.*« Seite 51 [Chur76].

152 » *— Specifically, such [covert action] operations shall include any covert activities related to: propaganda, political action, economic warfare, preventive direct action, including sabotage, anti-sabotage, demolition, escape and evasion and evacuation measures ; subversion against hostile states or groups including assistance to underground resistance movements, guerrillas and refugee liberation groups; support of indigenous and anti-communist elements in threatened countries of the free world; deception plans and operations and all compatible activities necessary to accomplish the foregoing.*« Seite 51 [Chur76].

153 »*The Central Intelligence Agency has long-developed clandestine relationships with the American academic community, which range from academics making introductions for intelligence purposes to intelligence collection while abroad, to academic research and writing where CIA sponsorship is hidden.*« Seite 181 [Chur76].

154 »*Clandestine activities that touch American institutions and individuals have taken many forms and are effected through a wide variety of means: university officials and professors provide leads and make introductions for intelligence purposes; scholars and journalists collect intelligence; journalists devise and place propaganda; United States publications provide cover for CIA agents overseas.*« Seite 179 [Chur76].

155 »*The Central Intelligence Agency is now using several hundred American academics, who in addition to providing leads and, on occasion, making introductions for intelligence purposes, occasionally write books and other material to be used for propaganda purposes abroad. Beyond these, an additional few score are used in an unwitting manner for minor activities. These academics are located in over 100 American colleges, universities, and related institutes. At the majority of ins-*

titutions, no one other than the individual concerned is aware of the CIA link. At the others, at least one university official is aware of the operational use made of academics on his campus. In addition, there are several American academics abroad who serve operational purposes, primarily the collection of intelligence.« Seite 189/190 [Chur76].

156 Seite 193 [Chur76].

157 Seite 193 [Chur76].

158 »*›We ›had‹ at least one newspaper in every foreign capital at any given time,‹ one C. I. A. man said, and those that the agency did not own outright or subsidize heavily it infiltrated with paid agents or staff officers who could have stories printed that were useful to the agency and not print those it found detrimental.«* [Crew77].

159 »*The tasks they performed sometimes consisted of little more than serving as ›eyes and ears‹ for the CIA; reporting on what they had seen or overheard in an Eastern European factory, at a diplomatic reception in Bonn, on the perimeter of a military base in Portugal. On other occasions, their assignments were more complex: planting subtly concocted pieces of misinformation; hosting parties or receptions designed to bring together American agents and foreign spies; serving up ›black‹ propaganda to leading foreign journalists at lunch or dinner; providing their hotel rooms or bureau offices as ›drops‹ for highly sensitive information moving to and from foreign agents; conveying instructions and dollars to CIA controlled members of foreign governments.«* [Bern77].

160 Seite 1 [Ston99].

161 »*[T]he CIA was to pump tens of millions of dollars into the Congress for Cultural Freedom and related projects. With this kind of commitment, the CIA was in effect acting as America's Ministry of Culture.«* Seite 129 [Ston99].

162 »*The Agency study contended that this technique was ›particularly effective for democratically-run membership organizations, which need to assure their own unwitting members and collaborators, as well as their hostile critics, that they have genuine, respectable, private sources of income.‹«* Seite 183 [Chur76].

163 »*More importantly, CIA funding was involved in nearly half the grants the non-›Big Three‹ foundations made during this period in the field of international activities.«* Seite 182 [Chur76].

164 [AlSe17].

165 Gust: *This is a two-year-old report. It's from the Red Cross. They were gathering statements from Afghan refugees regarding Soviet atrocities in their village. This woman said the Russian soldiers came in, gathered them in a semi-circle and you know what they did?* Charlie: *What.* Gust: *The Russians forced them to learn how to read and write.* Abschnitt »*Charlie Wilson's War*« in [AlSe17].

166 »*The Agency's use of journalists in undercover operations has been most extensive in Western Europe (›That was the big focus, where the threat was,‹ said one CIA official), Latin America and the Far East. In the 1950s and 1960s journalists were used as intermediaries—spotting, paying, passing instructions—to members of the Christian Democratic party in Italy and the Social Democrats in Germany, both of which covertly received millions of dollars from the CIA. During those years ›we had journalists all over Berlin and Vienna just to keep track of who the hell was coming in from the East and what they were up to,‹ explained a CIA official.«* Abschnitt »*Working Press – CIA Style*« in [Bern77].

167 »*The real lesson of the Patman Flap is not that we need to get out of the business of using foundation cover for funding, but that we need to get at it more professionally and extensively.* » Seite 185 [Chur76].

168 [Schm02].

169 »*And then there was the office of strategic influence. You may recall that. And ›oh my goodness gracious isn't that terrible, Henny Penny the sky is going to fall.‹ I went down that next day and said fine, if you want to savage this thing fine I'll give you the corpse. There's the name. You can have the name, but I'm gonna keep doing every single thing that needs to be done and I have.*« [Rums02].

170 [MaDa05].

171 [Klaw06].

172 [Toml09].

173 »*During the 1960s the U. S. intelligence community was dominated by two developments: First, the enormous explosion in the volume of technical intelligence as the research and development efforts of the previous period came to fruition; second, the ever-growing involvement of the United States in the war in Vietnam.*« Seite 26 [Chur76].

174 »*The aggregate amount appropriated to the National Foreign Intelligence Program (NFIP) for FY 2005 is $39.8 billion, which includes funding to support Overseas Contingency Operations (OCO).*« [DNI15].

175 »*The aggregate amount of appropriations requested for the FY 2020 National Intelligence Program (NIP) is $62.8 billion, which includes funding requested to support Overseas Contingency Operations.*« [DNI19].

176 [Shan05].

177 »*Mr. Louie described the Corporation, called In-Q-It, as having been formed ›... to ensure that the CIA remains at the cutting edge of information technology advances and capabilities.‹*« [Yann00].

178 Seite 3 [IQT16].

179 Minute 1:45 [IQT20].

180 »I think In-Q-Tel is the only vehicle that sits at the intersection set of government, venture capital and the start-up community.« [IQT20].

181 »*Second, we suggest a distinctive tactic for breaking up the hard core of extremists who supply conspiracy theories: cognitive infiltration of extremist groups, whereby government agents or their allies (acting either virtually or in real space, and either openly or anonymously) will undermine the crippled epistemology of believers by planting doubts about the theories and stylized facts that circulate within such groups, thereby introducing beneficial cognitive diversity.*« [SuVe09] Eine ausführliche Diskussion von Sunsteins Äußerungen findet man in David Griffins »Kognitive Infiltration« [Grif18].

182 [SZ20].

183 [BaTa15].

184 Siehe etwa Seite 2, Fig. 1 in [D'Sou13].

185 Siehe etwa [Smit72].

186 Seite 13 [PeTh08].

187 »*There was no way to fight the fires. The piping providing the water supply to the automatic sprinklers had been broken, and water was flowing down the stairwells.*« Seite 24 in NCSTAR 1 [NIST05].

188 Das heißt, dass das Gasgemisch von keiner festen Hülle umgeben ist, in der sich ein hoher Druck aufbauen könnte.

189 Siehe Min. 13 ff. [Schn19a].

190 Siehe Kapitel 2.

191 Ab Minute 8:50, deutsche Synchronfassung [BaTa15].

192 *»[T]he overwhelming evidence presented in said petition demonstrates beyond any doubt that pre-planted explosives and/or incendiaries — not just airplanes and the ensuing fires — caused the destruction of the three World Trade Center buildings […]«* [LaCo19].

193 https://www.ae911truth.org/evidence/videos/video/110-bob-mcilvaine

194 https://www.ae911truth.org/news/646-ten-years-ago-the-jersey-girls-courageously-endorsed-ae911truth

195 [WoHu07].

196 Seite 11 [Khal08/13].

197 Seite 335 [Khal08/13].

198 *»While in the United States, some of the September 11 hijackers were in contact with, and received support or assistance from, individuals who may be connected to the Saudi Government.«* Seite 402 [GGSP02], siehe auch Seite 16 [Schn18].

199 Tatsächlich ist wie die Knallgas-Erklärung diese Falsche Fährte nicht öffentlich geächtet. So mahnte etwa die amerikanische Präsidentschaftskandidatin Tulsi Gabbard im Dezember 2019 in einer eigens zu diesem Thema veranstalteten Pressekonferenz eine entsprechende Aufklärung an. Gabbard: *»There are still ongoing questions as to whether the Saudi government or personal within their government were involved in any way with this attack or how they aided the attackers.«* Minute 4:00 [Gabb19]

200 Siehe etwa Kapitel 2 in [Davi13] oder Kapitel 4 in [Davi17].

201 Kapitel 3 in [Davi13].

202 Artikel 11, Absatz 1, Allgemeine Erklärung der Menschenrechte [VN48].

203 Siehe etwa Seite 50 [Davi13] oder [Sper14].

204 Seite 1 [KeHa04].

205 https://vault.fbi.gov/9-11%20Commission%20Report

206 *»He could not fly at all.«* [Yard02].

207 Siehe Seite 67 ff. [Davi17] und die darin angegebenen Quellen.

208 *»Several USDA employees had recently identified Atta to the FBI, and recalled that he wore Tommy Hilfiger clothes and a lot of cologne […]«* [WeBl01].

209 Siehe Kapitel 3 in [Davi17] und Kapitel 6 in [Davi20] und die darin angegebenen Quellen.

210 Punkt 61 in [LaCo19b].

211 *ABC News* schrieb, er habe das Geld in einem Socken getragen [IMSV02/06]. Ein dazugehöriges Dokument des FBI spricht von einem Beutel, Seite 86 in [FBI01]. Der Polizeibeamte Scott DeCarlo, der den Lieferwagen entdeckte und aus dem Verkehr zog, spricht von einem weißen Socken, der wie ein Sack befüllt war [DeCa01].

212 [IMSV02/06].

213 Punkt 62 in [LaCo19b].

214 Minute 36 in [MoSi04], siehe dazu auch [Hera03].

215 [Came01].

216 Seite 28 [FBI01].

217 Seite 10 [vonB03].
218 Seite 13 [Dahn19].
219 »*Further, the process of transformation even if it brings revolutionary change, is likely to be long one, absent some catastrophic and catalyzing event – like a new Pearl Harbor.*« Seite 51 [PNAC00].
220 »*Such an act of catastrophic terrorism would be a watershed event in American history. […] Like Pearl Harbor, this event would divide our past and future into a before and after. The United States might respond with draconian measures, scaling back civil liberties, allowing wider surveillance of citizens, detention of suspects, and use of deadly force. More violence could follow, either further terrorist attacks or U. S. counterattacks.*« Seite 81 [CDZ98].
221 »*Catastrophic terrorist threats have received far more attention than have the legal rules that are appropriate to a response. This suggests either that officials planning responses to terrorism are callous about those responses legal implications or that answers are being formulated without overt public discussion involving the larger legal community. In either event, the very real risks of catastrophic terrorism are being compounded, unnecessarily, by the risk that a crisis will evoke an inefficient and/or repressive reaction.*« Seite 563 [Kell99].
222 Seite 19 [BrWa11].
223 Für den aktuellen Stand der Dinge sei auf die Internetpräsenz von LC911 verwiesen: https://www.lawyerscommitteefor9-11inquiry.org/
224 Ziffer 1, Seite 192 [Gans16].
225 Seite 315 [VN01].

Autoren und Mitwirkende

1 [KeHa04].
2 [NIST05/08].

300 Seiten
ISBN 978-3-946778-21-9
Auch als E-Book erhältlich

Danny Patrick Rose
Die Verschwörung – Der 9/11 Roman

Ein geistiger Kleingärtner als US-Präsident, dessen Frau es mit dem Außenminister treibt, der nicht zufällig Collin Powell ähnelt, ein Haufen selbstgerechter Politschranzen, durchgeknallter Geheimdienst- und Medienleute - kurz: ein abgedrehtes Szenario voller spektakulärer Ereignisse und wild wuchernder Spekulationen über die Wahrheit, die hinter den Anschlägen des 11. September 2001 steckt. Das ist der Stoff, aus dem Danny Patrick Rose Roman gestrickt ist, der sich wie ein in Prosa umgesetzter Comic liest, in dem wir neben Martin Bormanns Sohn auch Fidel Castro und Che Guevara begegnen, die - alle quicklebendig - in die Befreiung von Guantanamo verwickelt sind ... Ein ungeheures wie unverschämtes Buch, schrill und schreiend komisch.

432 Seiten
ISBN 978-3-946778-23-3
Auch als E-Book erhältlich

Das fünfte Flugzeug –
Der 9/11 Thriller von Sven Böttcher und Mathias Bröckers

Für den einstigen Top-Journalisten Max Fuller klingt das Ganze zunächst wie eine durchgeknallte 9/11-Verschwörungstheorie: Ein mysteriöser Anwalt bietet ihm die wahre Geschichte des »fünften Flugzeuges« an, das am 11. September 2001 über die Radarschirme der US-Luftabwehr irrte - und dazu auch gleich noch den angeblichen Piloten. Aber als er diesen tatsächlich ausfindig macht und ihm das Versprechen abnimmt, on air auszupacken, wird der Pilot Opfer eines merkwürdigen »Unfalls«. Und Fuller weiß, dass er der nächste auf der Liste ist. Ein atemberaubender Politthriller über die Hintergründe des 11. September.

MIX
Papier | Fördert gute Waldnutzung
FSC® C083411

Zeitfracht Medien GmbH
Ferdinand-Jühlke-Straße 7
99095 Erfurt, Deutschland
produktsicherheit@kolibri360.de